La prophétie de la Femme-médecine

Récit d'une initiation

Titre original : *Kantu. El Poder de la Mujer*
Publié par Tiki Ediciones
Calle Ampatacocha N 109, Yanahuara, Arequipa, Peru

Traduit de l'espagnol par Pascale Chiantello

ISBN 978-2-85829-722-1

www.editions-tredaniel.com
info@guytredaniel.fr

Hernán Huarache Mamani

La prophétie de la Femme-médecine

Récit d'une initiation

Éditions Véga
19, rue Saint-Séverin
75005 Paris

Tant que dans le cœur de la femme
il continuera de briller la lumière de l'amour, le monde sera sauf ;
mais si cet amour diminue,
alors la haine et l'indifférence nous envahiront et finiront
par le détruire.

Note : Le terme espagnol curandera ou curandero a été gardé dans le texte. Voici une description que l'auteur en fait dans une interview reprise sur son site : www.hhmamani.com

« Un curandero est avant tout un connaisseur de la nature, de la nature humaine et aussi de la nature de la terre. C'est une personne qui, avec cette connaissance de la nature humaine et aussi avec la connaissance des lois qui gouvernent la terre, peut aider les autres à rétablir l'équilibre et ainsi à avoir la santé. Bien sûr, cette connaissance est à différents niveaux : au niveau physique, au niveau mental et au niveau spirituel.

Un curandero, s'il est vraiment curandero, doit bien connaître la nature humaine sinon on ne peut pas l'appeler curandero. »

A Rosa Mamani, ma mère, de sa bouche j'ai écouté les mythes et les légendes de notre peuple. C'est elle qui m'a appris à aimer tous les êtres vivants de la terre. A elle, qui a fermé les yeux à la clarté de l'étoile qui signale le début d'une nouvelle ère de lumière pour l'humanité et la fin de l'obscurité.

A Mama Qoyllurchiy, curandera des Andes qui vivait dans la communauté d'Ipana, Serpent d'Eau, gardienne de la connaissance sacrée des Incas, qui m'a éclairé de son savoir.

A Tomasa Qespi, curandera sage-femme, qui vivait dans le village de K'aqsiri et m'a permis d'entrer en contact avec la communauté secrète des femmes, encore existante aujourd'hui, avant que les treize ans de terreur (1980-1993) ne s'abattent sur les Andes.

A Matilda Casa, car son amour sans borne a égayé mon enfance, qui m'a enseigné que tous les animaux et que toutes les plantes parlent.

A Adriana Huarachi, ma mère spirituelle, pour son amour désintéressé, qui a illuminé ma vie.

A toutes les femmes indiennes, qui aujourd'hui luttent pour conserver et défendre notre culture.

A toutes les femmes du monde qui luttent pour un monde meilleur basé sur la paix, l'amour et le respect.

NOTE DE L'AUTEUR

J'ai médité longtemps sur la nature de ce livre et me suis demandé plus d'une fois : quelle autorité me donne le droit de parler de ce sujet ? N'était-il pas plus logique que ce soit une femme qui écrive ?

Mais les paroles de ma maîtresse me sont revenues en mémoire, Mama Qoyllurchiy, qui aimait répéter que les mères parlent au monde à travers leurs fils, et les maîtresses à travers leurs élèves. C'est pour cela, qu'en tant qu'élève, j'ai décidé de transmettre ce qu'elle m'a enseigné sur les créatures les plus belles et les plus mystérieuses de la terre : les femmes.

J'ai connu cette maîtresse des Andes dans la communauté des Ipana, un lieu où, aujourd'hui encore, se conservent et se transmettent les connaissances et les traditions andines. C'est elle qui m'a enseigné que la vie est une école, où il faut apprendre à aimer et à servir son prochain.

Par les paroles de Mama Qoyllurchiy, j'ai su que, dans le passé, la femme andine avait joué un rôle assez important. Elle l'avait vue participer activement à la constitution d'une nouvelle société : le *Tawantinsuyo*, la société parfaite, le gouvernement des quatre régions ou le fabuleux Empire de l'Or et de l'Argent des Incas, comme il est connu de presque tous les historiens occidentaux. C'est elle qui m'a parlé de l'*Akllawasi*, un centre éducatif féminin existant depuis plus de cinq siècles. Dans l'*Akllawasi*, une institution créée par les *Mamakuna*, les maîtresses apprenaient la science de la *Pachamama*, une science qui enseignait à comprendre et à respecter la nature. Sur les bases de ces enseignements se formèrent les Incas appelés aussi les « Enfants du Soleil » ; ce sont eux qui diffusèrent la lumière de leur spiritualité sur les Andes, jusqu'à l'arrivée des Espagnols.

Grâce à Mama Qoyllurchiy, je me suis rendu compte de la réelle importance de la femme, du grand pouvoir qu'elle possède et avec lequel elle pourrait guider la société. Actuellement, dans le monde, nous voyons de grands changements. A cause de l'utilisation irresponsable de la technologie et de la science, la terre est en train de vivre une vraie catastrophe écologique. Et personne, mieux que la femme, ne peut comprendre la gravité du problème car c'est elle qui doit travailler avec la terre, avec l'eau, avec l'air, avec le feu.

Peu à peu, des milliers de femmes prennent conscience que notre planète encourt un danger sérieux et instinctivement, elles retrouvent la force et l'énergie pour chercher une issue. Chaque fois que je les regarde, je repense à ce que disent nos traditions : « la clé pour entrer dans la sixième humanité, dans le nouveau millénaire, est entre les mains des femmes ». Et, comme si cette prophétie leur avait été révélée, beaucoup, consciemment ou non, sont en train de chercher cette clé qui leur permettra de jouer un rôle très important et de reprendre les rênes de l'humanité qui leur ont été retirées.

La femme n'est pas encore consciente du rôle qu'elle tiendra dans le futur, ni des immenses capacités qu'elle possède et qu'elle a oubliées.

J'ai décidé d'écrire ce livre pour diffuser les enseignements de ma maîtresse et pour montrer la voie initiatique andine que suivirent les femmes sages de notre peuple, en maintenant en secret les connaissances sacrées de la PACHAMAMA.

Les expériences vécues par Kantu sont applicables à n'importe quelle femme. Tous les événements racontés dans cette histoire démontrent ce qu'une femme est en mesure de faire en reconquérant le rôle que la nature lui avait assigné. A travers le long parcours de son réapprentissage, Kantu, notre héroïne, nous démontrera qu'il est possible de trouver en soi la force de volonté, le courage, la connaissance et l'énergie nécessaire pour changer le cours de notre propre histoire individuelle, en faisant de chaque douleur, de chaque solitude, de chaque tristesse un monde de joie, d'amitié et de plénitude. Elle démontrera aussi que pour la naissance d'une nouvelle relation basée sur la collaboration entre hommes et femmes, il est nécessaire de détruire la cage que certains hommes ont créée dans le but de soumettre la femme.

Les personnages de ce récit sont réels, mais leurs noms et ceux des lieux de cette histoire ont été changés dans le but d'en protéger la paix et la tranquillité.

J'ai tenté de raconter l'histoire le plus fidèlement possible, en en sacrifiant pourtant une partie, dans le but de rendre la lecture compréhensible et agréable.

Hernán Huarache Mamani

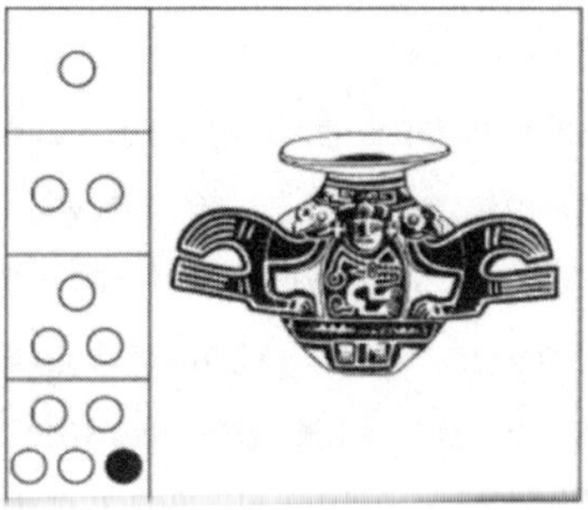

1.
TU AS LE POUVOIR

L'orage cessa, mais sur les terres arides et assoiffées de Coporaque, il continua de tomber une pluie torrentielle. Les nuages orageux couvrirent le ciel comme pour annoncer que, quelque part au Pérou, la saison des pluies avait déjà commencé. Puis, lentement, la pluie se fit plus fine. Le petit Tilico, âgé de sept ans, se précipita dans la cour pour jouer avec les flaques. Il s'amusait à patauger pieds nus éclaboussant de l'eau de-ci, de-là. Mais soudain, il s'arrêta saisi d'effroi : la maison voisine était en flammes ! Il courut à la maison en criant « la maison d'en face est en train de brûler! Le toit est en flammes ! » mais, à ce moment-là les mots « feu ! » et « incendie ! » étaient déjà dans la bouche de tous. Quelques minutes plus tard, la cloche de l'église sonnait l'alarme.

Les hommes et les femmes dévalèrent la rue, en hurlant « la maison des Quispe a pris feu ! » Quelques-uns accoururent munis de seaux, d'échelles et de pioches. De la paille du toit, humidifiée par la pluie, s'élevèrent de grandes flammes. Ils franchirent le portail d'entrée, dépassèrent le jardinet et, à terre, à la porte de l'habitation en flammes, ils virent Kantu. Elle était allongée, inanimée, les vêtements complètement trempés. Avec précaution, quatre personnes la soulevèrent du sol et la portèrent dans un lieu sûr, pendant que les jeunes et les adultes cherchaient désespérément à éteindre le feu.

Ignorant ce qui s'était passé, la jeune femme se réveilla, semblant sortir d'un rêve. Elle ouvrit les yeux et, surprise, se retrouva entourée de gens qui l'observaient étonnés. Tata Facundo, un voisin âgé, pleurait amèrement, pendant que Mama Santusa, sa femme, la regardait tristement en lui massant l'abdomen et la poitrine.

Kantu les connaissait : tous indiens comme elle. Ils portaient des vêtements tissés en laine grossière de mouton, alpaga ou lama. Certains d'entre eux avaient la tête nue, encore ruisselante de pluie. D'autres encore portaient des bonnets ou *chullos*[1] trempés. D'autres étaient chaussés des typiques sandales andines, faites à partir des chambres à air des pneus usés, d'autres sans chaussures.

« Elle est vivante ! Elle est vivante ! » s'exclamait Facundo cessant de pleurer, la sombre expression de son visage laissait place à un sourire radieux.

« Vite ! Nous devons lui changer ces vêtements trempés » dit Mama Santusa en continuant à la masser énergiquement et de la masser en lui frictionnant les mains. Puis elle lava le visage de Kantu, lui souleva la tête et la posa sur son bras.

« Ah, ma belle petite colombe, nous avons cru que tu nous avais quitté pour toujours » s'exclamait Tata Facundo émue, en séchant ses larmes. « Prenez des couvertures et des habits secs. Vite, portons-la chez moi ! »

Facundo était un ancien, simple et sincère, toujours attentif à ce qui se passait autour de lui. Il aimait son prochain et considérait son peuple comme une famille. Personne au monde ne pouvait se plaindre de lui. Très sensible, il partageait la douleur d'autrui comme s'il s'agissait de sa propre douleur. Il ne savait ni lire ni écrire, mais il connaissait la signification de l'amour paternel. Dans sa maison, on pouvait toujours trouver du pain, un abri et de bons conseils. Même si Kantu n'était pas de sa famille, il l'aimait beaucoup et la considérait comme sa fille. Il aimait l'appeler « ma petite colombe », expression affectueuse que les andins utilisent souvent pour s'adresser aux femmes, à l'image de l'amour et de la tendresse que s'échangent les colombes.

Peu après arriva aussi Mama Josefa. C'était une femme maigre, taciturne et un peu farouche, à l'air pensif, quelquefois énigmatique. Et pourtant, quand il s'agissait des autres, elle était toujours prête à aider. Même si elle vivait quelques maisons plus bas, elle ne parlait jamais avec Kantu ; se contentant de l'observer et de lui sourire. Ce jour-là, Josefa portait une jupe bleu foncé, un chemisier gris avec des motifs de couleur fuchsia et une couverture sur les épaules. Elle avait en main des couvertures pour couvrir la jeune fille, mais à peine la vit-elle, qu'elle s'exclama : « Nous avons besoin de vêtements secs et il faut aussi la soigner car elle saigne. »

Pendant qu'on la transportait chez Facundo, Kantu vit le sol complètement mouillé sur lequel s'écoulaient encore des filets d'eau. Elle regarda sa maison : sur le toit de paille noirci par le feu s'était formée une grande trouée au travers de laquelle on pouvait apercevoir les troncs et les poutres. Dans une grande confusion, quelques hommes tentèrent de dominer l'incendie en se passant des seaux d'eau, d'autres battaient la paille encore fumante avec des couvertures humidifiées. Sur la route des personnes âgées, des femmes et des enfants, aux vêtements colorés, observaient attentifs, cette lutte contre le feu.

A cet instant, Kantu Quispe se souvint de ce qui s'était passé quelques heures plus tôt... Appuyée contre la porte principale, elle était en train de regarder le ciel : de menaçants nuages noirs s'amassaient rapidement. Elle avait pensé que, peut-être, cet après-midi, sur la terre rendue aride par la sècheresse, enfin tomberait la première pluie. Au loin, au-delà de l'horizon, les nuages qui survolaient les montagnes s'étaient obscurcis au point d'en cacher la vue. Puis, le vent se mit à souffler avec violence, agitant les feuilles des eucalyptus. Dans le patio s'était formé un tourbillon d'air qui, comme un gigantesque aspirateur, avait aspiré des feuilles sèches, des morceaux de papier, de plastique et d'autres objets légers.

Kantu était restée devant la porte pour regarder. Ses longs cheveux jouaient sur son visage mus par le vent fort. Une chemise et un pantalon la protégeaient de celui-ci. Il s'avérait que la masse noire s'approchait encore plus rapidement, quand le vent se mit à changer de direction. Etrangement, le ciel s'était teinté de gris et de noir. Quelques minutes plus tard, les éclairs apparurent. Il semblait que le ciel se fut ouvert, transpercé par une infinité de couteaux et d'épées dorés. Il allait arriver un de ces orages qui se voient assez rarement, avec éclairs, foudre et grondements de tonnerre déchirant le ciel comme des coups de canon.

Kantu ne s'était pas inquiétée, n'avait pas eu peur ; depuis qu'elle vivait dans ce petit village retranché dans les montagnes, il lui était arrivé plus d'une fois d'assister à des orages de grande violence.

Elle était dans la pièce principale, quand tout à coup, elle se sentit inquiète. Le vacarme se rapprochait. Une voix en elle lui avait crié de fuir. Elle avait hésité un moment, puis elle courut dehors, rapidement. A ce moment-là, elle entendit un bruit assourdissant, et tout de suite après, elle eut la sensation d'être piquée par un million d'aiguilles qui se plantaient dans son corps et sentit l'odeur de brûlé, puis aveuglée, il lui avait semblé de dégringoler dans un puits sans fond.

En reprenant ses esprits, Kantu sentit son corps complètement endolori, son nez et ses oreilles saignaient. Les anciens l'allongèrent sur un lit rustique, puis sortirent de la chambre pour rassurer tous ceux qui attendaient peinés, pour la vie de la jeune fille : « Mademoiselle Kantu a été frappée par la foudre mais elle est vivante. Elle a besoin de soins. Elle restera ici pour se reposer jusqu'à ce que ses parents arrivent. »

Heureusement, la décharge électrique ne l'avait pas touchée complètement. Elle était parvenue à l'esquiver à temps : si elle avait été touchée par la foudre, elle serait sûrement morte. Cependant, elle n'a pas pu éviter d'être éjectée violemment à terre à quelques mètres de la maison.

Kantu essaya de bouger, mais une douleur très forte aux épaules et au dos la clouèrent au lit. La tête lui faisait mal et elle était prise de vertige. Tout s'était passé trop vite. Elle ne pouvait y croire. Et elle ne parvenait pas à bouger : c'était comme si son corps était engourdi. Mama Santusa et Mama Josefa la déshabillèrent et lui enfilèrent des vêtements secs mais, dès que les habits lui effleurèrent la peau, elle frissona à leur contact. Sa perception tactile n'était plus la même : il lui semblait que sa peau se détachait de son corps. Le sternum lui oppressait les poumons, gênant la respiration, et elle sentait une forte douleur la parcourir le long de la colonne vertébrale.

Elle tenta de se lever, mais ses membres ne répondaient pas. Elle essaya de parler, mais impossible d'émettre le moindre son. Son regard était empli de souffrance. Elle se sentait impuissante, sans défense, faible. La peur de la mort l'envahit, et elle se mit à crier en elle-même : « Je suis vivante ! Je ne veux pas mourir ! Je veux vivre ! » Ces phrases naissaient dans sa conscience, pendant que de ses yeux coulaient de grosses larmes.

Voyant que Kantu pleurait, Mama Santusa lui caressa la tête et à l'aide d'une couverture, elle épongea la noire chevelure brulée et encore humide.

« Repose-toi, essaie de ne pas faire d'efforts. La foudre n'a atteint aucun de tes organes et tu verras que tu iras mieux bientôt. » lui dit-elle en lui massant la poitrine avec un mélange tiède d'herbes médicinales. Kantu commença à respirer beaucoup mieux. Immédiatement, tout son corps fut secoué de frissons. Les mâchoires tremblaient au point de lui faire claquer les dents.

On lui fit boire une infusion de plantes médicinales. C'était Mama Jovita, la sage-femme, qui l'avait préparé. C'était une femme âgée aux cheveux désormais complètement blancs et au visage très ridé, mais la lumière de ses yeux laissait apercevoir une grande force intérieure et une âme forte et indomptable. Elle connaissait le secret des plantes et était accourue dès qu'elle apprit qu'une personne était blessée dans son village. Il avait suffi de quelques gorgées de ce liquide tiède pour donner à Kantu l'impression de retrouver des forces. Puis le sommeil lui vint ; les paupières se firent lourdes et, ne réussissant pas à garder les yeux ouverts, elle s'endormit.

« Laissons-la se reposer. Si elle se sent mieux d'ici trois jours, cela signifiera qu'elle est guérie, sinon il faudra chercher un curandero. Ou peut-être la foudre l'a-t-elle choisie pour faire d'elle une curandera... » dit un des anciens présents.

D'après une ancienne croyance, les hommes et les femmes frappés par la foudre étaient destinés à devenir des curanderos. Une telle conviction était liée à la médecine de la *Pachamama*[2] pratiquée par des curanderos renommés comme *Hampi kamayoq*[3]. Même s'il s'agissait d'une pratique assez peu répandue, elle était encore exercée dans quelques communautés. Dans la société du

Tawantinsuyo[4] organisée d'après une distribution technique du travail, les problèmes de santé étaient confiés aux personnes les plus habiles et les plus douées. Pour cette raison, le médecin était considéré comme un sage. Puisque la tâche qu'il devait accomplir n'était pas tout à fait simple, il devait posséder des dons spéciaux et une forte personnalité. Il ne se limitait, en fait, pas simplement à soigner les êtres humains, mais il se chargeait aussi de combattre les plaies et les épidémies qui touchaient les animaux et les plantes. Pour cette raison, le *Hampi kamayoq* était entouré d'un halo de mystères et de pouvoirs. Il possédait une grande capacité d'imagination, de jugement, d'abstraction et d'observation, supérieure à la moyenne et il appartenait à un rang bien déterminé au milieu du noyau social.

Les *Hampi kamayoq* se regroupaient en congrégations au sein desquelles leur venaient transmises les formules secrètes, les rites et les techniques de guérison. Ils recevaient une préparation spécifique et complète, tant théorique que pratique, et ils appartenaient presque toujours à la caste sacerdotale. Le procédé d'initiation, rigide, commençait dans le *Wamaq*. Ils étaient soumis aux jeûnes, aux privations, à des épreuves de résistance, exercices physiques et mentaux, mais surtout, on leur enseignait à dépasser la peur de l'inconnu. Leur alimentation était presque exclusivement végétarienne, et la consommation de plantes, de racines, de fruits et surtout de grains de maïs prédominait. Ils ne pouvaient manger ni viandes, ni poissons et ne pouvaient pas boire de boissons alcoolisées.

Leur apprentissage était lent, rigoureux et ardu. Le but à atteindre était le contrôle physique et mental. Ils vivaient dans des lieux isolés, organisés en petits groupes guidés par un Amauta, ou par un sage à même de leur expliquer les mystères des phénomènes humains. Ils devaient, entre autres, apprendre l'histoire de leurs ancêtres, les légendes, les mythes et connaître les fêtes et les cérémonies durant lesquelles étaient transmises les différentes méthodes de guérison. Jeûner ne devait pas constituer un problème pour eux et ils avaient l'obligation de prendre part aux rites qui étaient célébrés tous les ans pour purifier le corps. Les futurs curanderos devaient assimiler beaucoup de connaissances, apprendre le pouvoir curatif des plantes médicinales, des amulettes et des massages et parvenir à la compréhension du monde invisible. Ceux qui avaient acquis ces connaissances et acceptaient la tradition étaient reconnus *Hampi kamayoq*.

Parmi eux, certains pouvaient connaître le passé, le présent et le futur en utilisant simplement des feuilles de coca, des grains de maïs ou des viscères d'animaux, principalement celles des cochons d'Inde et des lamas. D'autres savaient entrer en contact avec les forces de la nature et réussissaient à communiquer avec la foudre, le soleil et la lune. Certains pouvaient parler avec les esprits des ancêtres, alors que d'autres pouvaient communiquer avec les *Apukuna*[5] les esprits protecteurs des hommes.

Les futurs curanderos pouvaient être choisis dans la communauté selon leurs capacités particulières et leur attitude, ou hériter cette tâche délicate d'un géniteur ou d'un proche parent. Mais il arrivait parfois que ce soit la foudre qui choisisse. Les personnes présélectionnées de cette manière étaient instruites directement par un curandero qui leur transmettait toutes ses connaissances.

Après la première invasion espagnole du Pérou, ce type de curanderos semblait disparu et leur connaissance était perdue. Mais l'antique tradition a été transmise rigoureusement de père en fils, et les détenteurs de cet antique savoir se réunissaient en secret. A la disposition du peuple, il restait seulement une connaissance de type rudimentaire qui pourrait être définie comme une médecine populaire, une espèce de pharmacologie générale notable comme *Hampi Qhato*. Les curanderos, les sages-femmes, les devins auxquels s'adressaient les personnes étaient les dépositaires d'une partie des antiques connaissances et enseignements et pouvaient prescrire des plantes médicinales et d'autres médicaments. Encore aujourd'hui, dans différentes zones de l'Amérique du Sud, on peut trouver des hommes de médecine, gardiens d'une part des connaissances antiques. Dans le sud du Pérou et en Bolivie, le *Yatiri*[6] et le *Qamile*[7], détenteurs des secrets curatifs des plantes, qui parcourent les villages de la Sierra, avec leur besace pleine de remèdes, d'amulettes et de plantes médicinales, sont très connus.

Il y aurait encore beaucoup à ajouter à propos des personnes frappées par la foudre. Mais pour le moment, il est suffisant de savoir qu'aujourd'hui encore beaucoup de peuples croient que celui qui est frappé par la foudre, doit devenir un curandero. Pour cela, les anciens de Coporaque étaient convaincus que Kantu avait été choisie pour devenir un jour une curandera. Mais ce qu'ils ignoraient, c'était que Kantu ne croyait pas du tout à tout cela. Elle, elle vivait à Cuzco, une ville moderne de plus de deux cent mille habitants qui possédait deux universités, vingt-cinq centres d'études supérieures et une infinité d'écoles, un aéroport international et des milliers d'autobus qui circulaient sur ses routes.

Cuzco, mi-andine, mi-occidentale, était la troisième ville du Pérou. Même si dans le passé elle fut la capitale du *Tawantinsuyo*, maintenant elle était un important centre touristique et ce n'est pas en vain qu'elle fut déclarée la capitale archéologique de l'Amérique du Sud. Et Kantu vivait dans une maison construite par ses parents dans un quartier plutôt central de cette ville animée, la population en était constituée de blancs, de touristes occidentaux, de métisses et d'indigènes.

Kantu était une splendide fille indienne, une fleur qui s'ouvrait à la vie. Elle était d'une stature moyenne et avait la peau douce et veloutée, cuivrée. Sur le visage aux traits fins, ressortaient les yeux vifs et doux, les lèvres rouges et sensuelles. Son cou délicat rappelait la grâce de la vigogne, l'animal le plus élégant des Andes. Sur son corps élancé et proportionné, étaient mis en valeur les seins gonflés, la taille fine, les hanches robustes et de belles jambes. Une vraie Vénus indienne née sur les montagnes andines.

Elle était dotée de nobles sentiments, souriante et toujours prête à trouver un bon côté à la vie. Intelligente et sensible, empreinte dès son plus jeune âge d'une grande intuition et à la capacité innée à comprendre les gens, mais peu intéressée à cultiver cette faculté, elle a préféré se vouer aux études. Elle a donné de grandes satisfactions à ses parents et elle n'aimait pas s'abandonner au pur divertissement comme le font, en revanche, bien des jeunes de son âge ; elle participait rarement à des fêtes organisées par les personnes de son âge. Ses parents désiraient que les enfants étudient et envisagent une situation et, dans la ligne de cet enseignement, Kantu essaya de se préparer à l'avenir qui l'attendait.

Quand José Quispe et sa femme revinrent de la campagne, ils trouvèrent la maison en partie brûlée et leur fille blessée, soignée par Mama Santusa, leur voisine. Dès qu'il leur fut possible, ils se procurèrent un moyen de transport et emmenèrent Kantu à l'hôpital de Cuzco afin qu'elle reçoive les meilleurs soins et qu'elle se remette rapidement. Quelques jours plus tard, Kantu quitta l'hôpital et retourna chez elle à Cuzco.

Après l'accident, des choses plutôt étranges commencèrent à lui arriver. Elle eut des visions, dans sa tête, comme sur un grand écran de cinéma, elle voyait les images projetées de ce qui arriverait aux autres. En outre, une crise nerveuse et physique survint qui l'obligeait à rester alitée pour plusieurs mois et qu'elle cherchait, en vain, à soigner par la médecine contemporaine.

Affligée par les conditions de sa fille, la mère de Kantu décida de l'accompagner chez Anselmo, le curandero de Coporaque, leur village. La fille doutait que cet homme, avec ses pauvres connaissances médicales, puisse résoudre ses problèmes. Elle avait vécu à Cuzco depuis son plus jeune âge. Là, elle y avait fréquenté le collège et le lycée et là aussi, elle poursuivait des études de Pédagogie à l'Université, outre les cours de langues et d'informatique. Voilà pourquoi le peu de souvenirs de sa culture ancestrale était effacé et elle avait adopté un nouveau mode de vie et de pensée, une nouvelle science, une nouvelle religion, une nouvelle langue, une nouvelle façon d'être et d'agir.

Elle s'était toujours refusée de se rendre chez un curandero, elle préférait consulter de nombreux médecins qui, ne trouvant rien d'anormal physiquement, lui suggérèrent de s'en remettre à un psychiatre. Après l'avoir soumise à une longue séries d'examens et d'analyses, ils en étaient arrivés à la conclusion que Kantu était « atteinte de troubles nerveux » et lui conseillèrent un séjour dans une clinique psychiatrique. Mais sa mère continuait à croire qu'un curandero pourrait l'aider et ainsi, à l'énième supplique de celle-ci, Kantu accepta de rencontrer Anselmo.

Un après-midi, ils se rendirent dans le village et marchèrent vers la cabane de l'homme. C'était le premier curandero que Kantu rencontrait car elle ne croyait pas à ces choses et elle n'accepta de s'y rendre que pour mettre fin à l'insistance de sa mère. Elle l'accompagna de mauvaise grâce, alors que celle-ci ne cessait de lui répéter : « Anselmo est fort, tu verras ».

Ce qui voulait dire que c'était un vrai curandero et pas un de ces nombreux charlatans que l'on pouvait trouver dans les parages.

Kantu, insatisfaite, lui répondit sur un ton pessimiste : « Maman, arrête. Je ne crois pas à ces choses. Comment peux-tu penser qu'un de ces charlatans pourrait me soigner ? Les médecins ont dit que c'est une maladie nerveuse et que j'ai besoin de repos : je ne dois pas travailler, je dois m'amuser et éviter les soucis ».

La mère était une femme d'âge moyen, trapue, mais plutôt agile. Ses petits yeux vifs éclairaient son visage au teint cuivré creusé par quelques rides. Elle coiffait ses longs cheveux en deux grosses tresses qui lui tombaient dans le dos. Elle avait toujours essayé de résoudre les problèmes de sa famille avec allégresse et optimisme et avait réussi à gagner la confiance et l'affection de tous ceux qui la connaissaient : c'était une personne de qualité.

Elle travaillait dans un petit commerce d'aliments et de boissons. En ville, elle portait des vêtements occidentaux, mais quand elle retournait à Coporaque, elle s'habillait de façon traditionnelle ; bonnet de laine marron avec des lacets colorés, couverture de laine sur les épaules, jupes de diverses couleurs qui juraient avec les chaussures qu'elle utilisait aussi bien à la ville que dans sa communauté pour se protéger du froid des montagnes.

Elle marchait lentement, suivie par Kantu. A un certain moment, pour rompre le silence, elle se tourna vers Kantu et lui dit d'un ton soucieux : « Ma fille, écoute-moi au moins cette fois-ci. Tu n'as rien à perdre et puis la visite, c'est moi qui la paierai. »

« L'unique chose que fera cet homme sera de te prendre ton argent. » lui répondit Kantu énervée.

La mère répondit contrariée : « Ah, Kantu, tu es incorrigible, si les médecins ne sont pas parvenus à soigner ton mal, cela ne veut pas dire que d'autres personnes ne peuvent le faire. Anselmo pourra peut-être t'aider. Je lui ai demandé de nous attendre pour qu'il te voie avant d'aller travailler. Tu dois savoir que ces curanderos ne vivent pas de ce qu'ils gagnent grâce aux pouvoirs dont ils sont dotés, mais des produits qu'ils récoltent en travaillant la terre. Et s'il nous attend, c'est uniquement parce qu'il me connaît et m'estime. »

Quand elles atteignirent la cabane du curandero, elles frappèrent à la porte. Ne recevant aucune réponse la femme cria en quechua : « *Hampusqayki* ? (Y a-t-il quelqu'un ?) ».

D'une maison très modeste sortit un indien d'environ soixante-cinq ans. Il était de taille moyenne, avait la peau couleur cuivre, le torse ample, légèrement musclé, les cheveux grisonnants et le visage bronzé et buriné par le soleil et le froid. Ses yeux noirs se posèrent d'abord sur la mère, puis sur la fille. Il semblait les analyser quand ses lèvres esquissèrent un sourire légèrement mystérieux.

Kantu l'observait attentivement. A peine se mit-il à parler à sa mère que l'expression de l'homme changea ; sur son visage se lisait un sourire sincère et cordial. Il portait les typiques sandales andines, un pantalon usé et décoloré semblant avoir été gris, et une chemise rayée. Kantu vit qu'il avait retroussé son pantalon jusqu'aux mollets. Son visage inspirait la confiance : il pouvait difficilement être un imposteur. Il avait le nez large, les lèvres charnues et les sourcils fournis ; ses yeux étaient légèrement rougis à cause de la tension et de l'âge.

« Entrez ! » dit-il, en faisant signe avec ses mains.

Kantu entra suivie de sa mère qui lui dit immédiatement : « Don Anselmo... le service dont je te parlais. Je voudrais que tu guérisses ma fille. Elle est malade des nerfs. Elle ne parvient pas à faire d'efforts. Il y a quelque chose qui la trouble, il lui arrive des choses étranges. Je te l'ai amenée car je crois que tu peux l'aider à guérir. »

Don Anselmo observa avec attention la fille. Ses yeux lui scrutèrent le visage, le corps, les mains, les pieds. Même si Kantu était complètement habillée elle avait la sensation qu'il pouvait voir en son intérieur. Puis il lui saisit les poignets en utilisant l'index, le majeur et l'annulaire et enfin il posa les doigts sur les tempes de la fille en lui demandant : « Que ressens-tu ? ».

Kantu, toujours mal disposée et réfractaire à toute collaboration, répondit froidement : « Je ne le sais pas exactement. Je me sens bien même si eux disent que non. Je suis ici seulement parce que ma mère m'a obligée à venir. »

« C'est vrai ? » dit Anselmo. « Voyons un peu ce que tu as et comment je pourrais t'aider. » Anselmo s'arrêta un instant pour penser sans arrêter d'observer la fille. Puis, en s'adressant à la mère, il lui demanda : « Tu pourrais sortir un moment, s'il te plaît ? Je voudrais lui dire deux mots en tête à tête. »

Kantu ne voulait pas rester seule avec le curandero. Elle appréhendait de se trouver seule avec lui. Par crainte de ce qu'il lui ferait ou lui demanderait, elle questionna sa mère des yeux mais celle-ci lui fit signe qu'elle devait rester. Kantu ne put qu'obéir. Anselmo la regarda amicalement et, en silence, lui fit signe de s'installer confortablement. Pendant qu'elle s'asseyait à une table rustique, le curandero étendit une étoffe carrée d'une quarantaine de centimètres de côté avec trois franges à chacun des coins. Sur l'étoffe, il posa un tissu coloré sur lequel il disposa quelques feuilles de coca tirées d'un petit sac. Il plia ce dernier de manière à former une sorte de carré et commença à prier à voix basse. Puis il tourna le tissu en direction des quatre coins cardinaux, fit des inclinaisons et prononça des prières pour bénir les feuilles de coca qu'il allait utiliser pour diagnostiquer la maladie de Kantu.

Depuis des millénaires, les indiens utilisaient les feuilles de coca pour connaître le passé, le présent et pour prédire l'avenir, pour lire dans l'esprit de l'homme et pour diagnostiquer les maladies et les problèmes physiques et spirituels, car d'après leur tradition, cette plante n'est pas simplement un aliment et un médicament mais elle est surtout une substance munie de pouvoirs magiques grâce à laquelle il est possible de se mettre en contact avec le monde de l'esprit.

Kantu regardait avec stupeur et curiosité ce que l'ancien faisait. Tentant de détacher son regard de lui, elle se mit à observer la pièce. Elle se rendit compte, à ce moment-là seulement, que le sol était fait de simple terre battue. Les murs étaient de pierres et de briques brutes. La paille du toit, usée par le temps, était noircie par la fumée du foyer posé à un angle de la pièce. D'une des poutres pendait une corde dont l'extrémité était fixée à une paroi et qui servait à soutenir un seau. Peut-être ce système servait-il à maintenir les aliments hors de portée des chiens, chats et rongeurs.

Anselmo s'assit face à Kantu. Il lui approcha de la bouche le paquet qu'il avait en main et lui ordonna : « souffle dessus trois fois et ne dis rien ».

Kantu obéit. Le curandero ouvrit l'enveloppe et répartit de nouveau les feuilles sur tout le tissu ; il en souleva une poignée et les fit tomber en rythme. Il regarda celles qui étaient tombées et les sépara des autres. Puis il dit : « Il n'est pas nécessaire que tu me parles. Moi, je te dirai ce que je vois. Les gens croient que tu es folle parce que tu as commencé à lire l'avenir. Tu peux voir le lendemain, tu peux prédire des choses assez désagréables et cela dérange les autres. Ce qui te fait te sentir mal, c'est la vision du futur. Ta santé est parfaite, ton corps va bien mais ce que ton âme réussit à voir pénètre dans ton corps et c'est cela qui te rend malade. »

L'ancien la regarda avec gravité puis ajouta : « Jeune fille, tu possèdes le don de la prophétie. Tu pourras devenir une grande voyante. »

Kantu l'écoutait attentivement, cherchant à mémoriser chaque parole. Elle le fixa dans les yeux avec un regard triste et lui dit : « J'avais vraiment peur que vous me disiez justement cela. »

« Mais c'est la vérité. Tu as le don de la prophétie. »

« Je sais. » dit-elle alors que ses larmes coulaient lentement. Elle continua, d'une voix émue : « Les gens croient que je suis folle mais ce n'est pas vrai. »

« Tu n'es pas folle. » la rassura le curandero. « En toi, se sont simplement réveillés les pouvoirs dont tu es pourvue et que tu ne sais pas comment contrôler. Avec de l'exercice, tu pourras les développer, mais tu devras aussi apprendre à les contrôler et à les utiliser uniquement lorsque tu le voudras. »

« Moi je veux être normale, je veux être comme avant. Je veux rester avec mes amies et avec les personnes que je connais. Les choses que je dis dérangent, et les gens cherchent par tous les moyens à me fuir. » La fatigue de Kantu éclata. « Il y a quelques semaines, par exemple, je vins ici au village, en visite. Alors que je me promenais avec ma tante, je vis passer une ancienne que je connais depuis de nombreuses années. Avec une immense tristesse je dis : « Cette ancienne ne vivra pas plus de quinze jours » « Elle mourra ? » me demanda ma tante plutôt alarmée. Je fis signe que oui. Et avant la fin des quinze jours cette femme est morte.

Un jour, alors que je me reposais dans notre maison en ville, mon père parlait avec un collègue, d'un vol qui se produisit sur son lieu de travail, je me levai rapidement, me rapprochai de lui et lui murmurais à l'oreille : papa, c'est cet homme qui a volé mais ils vont t'accuser toi. Et ce fut vraiment ainsi.

Et puis, à une de mes cousines qui allait se marier et qui vint me rendre visite, à peine je la vis, je lui dis : « Ton fiancé va t'abandonner à l'autel ». Je ne pus éviter de faire cette affirmation qui, malheureusement s'avéra exacte. Ma cousine ne me l'a pas pardonné, elle est convaincue que je lui ai jeté un sort alors que je ne lui souhaitais aucun mal. Il s'agit simplement de visions et d'idées qui surgissent dans mon esprit. Je ne dis que ce que je vois », ajouta Kantu inconsolable. Son beau visage se contracta en un rictus de douleur et elle se mit à pleurer en silence.

« Je te comprends, petite » lui dit le curandero cherchant à la consoler. « Si tu veux redevenir une personne normale, moi je t'aiderai. Mais, pourquoi veux-tu être normale ? Celui-ci est un don rare. Certaines femmes, si vraiment elles le souhaitent, peuvent avec le temps réussir à acquérir cette capacité, mais peu naissent avec cette énergie et ce pouvoir. Mère Nature a été généreuse avec toi. Si tu veux, nous curanderos, nous pouvons t'aider à l'utiliser ; mais si tu préfères, je peux restituer à ton corps ladite "normalité" et annuler ce pouvoir. »

« Oui, je vous en prie, je ne veux plus voir certaines choses. Assez ! » répondit-elle « Je veux à nouveau être normale ». Les larmes continuaient à inonder son visage.

« D'accord. Mais tu dois savoir que tu n'es pas folle et que tu ne l'as jamais été. Il s'agit simplement d'un état mental, de l'effet provoqué par le pouvoir que tu possèdes. Mais si tu veux redevenir comme tu étais avant, moi je te soignerai. » lui dit le vieux en la regardant avec compassion.

« Faites tout ce qui est nécessaire mais moi je veux redevenir comme avant. » C'était une demande désespérée.

Le curandero chercha encore à la dissuader : « La nature t'a offert un don et toi, au lieu de lui en être reconnaissante et d'apprendre à l'utiliser, tu préfères le gâcher. Mais au fond, c'est toujours comme ça : parfois ce pouvoir va chez celui qui le désire le moins. D'accord... Je t'expliquerai le travail que je dois faire. »

Quand la mère et la fille s'en allèrent, Anselmo se mit à réfléchir sur le pouvoir qui s'était réveillé chez la jeune fille. Grâce à la foudre un être humain, qu'il soit homme ou femme, pouvait recevoir un don, directement des *Apukuna*, les grands esprits de la lumière, capacité surprenante. Dans le cas de Kantu, la foudre ne l'avait pas frappée directement, mais ce fut suffisant pour réveiller en elle un pouvoir qu'elle possédait déjà.

« Cette jeune fille ne connaît pas son pouvoir et combien il pourrait lui être utile pour aider les autres. » pensa-t-il attristé, pendant qu'il préparait son repas dans sa petite cabane, qui lui servait en même temps de cuisine, séjour et chambre à coucher. La marmite de terre cuite émit un bruit indiquant que l'eau commençait à bouillir. Il versa dans le liquide bouillant quelques pommes de terre, un morceau de viande sèche et de la farine de maïs, il continua à remuer avec une cuillère en bois jusqu'à ce que le contenu soit prêt.

Pendant qu'il mangeait, il continuait de penser aux « frappés par la foudre », aux fameux *Alto Misayoq*[8]. En ville, ils appelaient ainsi les *Paquos*, ceux qui après avoir été frappés par la foudre, devenaient des prêtres-guérisseurs. Selon la tradition, ils recevaient trois décharges successives, la première les tuait, la deuxième désintégrait leur corps en petits morceaux et la troisième le recomposait dans sa forme originale.

Quand ils revenaient à eux, ils se retrouvaient toujours plutôt loin du lieu où ils étaient au moment où la foudre les avait frappés et ils avaient toujours une blessure en forme de croix. A leur côté gisait une pierre à forme bizarre, à rayures rouges, la *Qhaqya Mesa*[9].

Chaque rayure représentait la protection d'un esprit de lumière. Celui qui était choisi par dix *Apukuna* était considéré particulièrement puissant, étant lui-même un *Paqo* ou un *Kallpaq*[10] et se réjouissant de leur protection pour trois ans ou plus, période au terme de laquelle ils perdaient ce pouvoir concédé.

Les jours suivants, lors de la rencontre avec le curandero, Kantu se soumit à une série de traitements qui comprenait des massages, un régime particulier, quelques exercices qu'elle devait suivre à la maison et la prise de quelques plantes médicinales à heures déterminées. En bref, les visions qui la dérangeaient tellement disparurent. Elle redevint la fille d'avant et reprit ses activités quotidiennes.

Connaître Anselmo avait été pour Kantu une expérience complètement nouvelle. Pour la première fois dans sa vie, elle comprit qu'il existait des façons différentes d'affronter les problèmes : d'un côté la médecine traditionnelle exercée par les médecins et les spécialistes, de l'autre la médecine populaire exercée par les curanderos qui recourraient à des pratiques et des traditions qui sont transmises de générations en générations. Anselmo avait en même temps conquis sa confiance ; il avait réussi à lui démontrer concrètement qu'il était un curandero et non pas un imposteur, comme elle l'avait cru au début. Il lui a montré son extraordinaire capacité à comprendre les choses et les personnes et sa profonde connaissance de la psychologie masculine, aussi bien que féminine, qui surpassait de loin celle de nombreuses personnes cultivées. Entre eux deux naquit une amitié sincère et la fille comprit bien des choses qui l'inquiétaient encore.

Kantu voulut comprendre comment elle fut guérie et comprendre la nature de ces pouvoirs qu'elle possédait par le simple fait d'avoir été frappé par la foudre. Un jour, elle demanda à

Anselmo : « Comment une personne peut changer autant après avoir été frappée par la foudre ? »

L'homme lui sourit : « Petite, la Nature accorde à tous les êtres humains des grands pouvoirs mais, d'habitude, ils restent endormis en nous. La vie que nous menons, tout ce que nous faisons, pensons ou ressentons font que, peu à peu, les canaux qui nous permettent de communiquer avec la Nature, se ferment. D'habitude, ce sont les femmes, les êtres les plus spirituels et les moins matérialistes que les hommes, qui se rapprochent plus facilement de ces pouvoirs. Comme toutes les femmes, toi aussi tu possèdes ces pouvoirs assoupis en toi. L'un d'entre eux s'est réveillé grâce à la foudre qui a frappé ton corps. Si tu avais été frappée de plein fouet, tu serais morte ; tu es vivante parce que tu as été seulement effleurée. Sa puissance a modifié ton être ; elle a ouvert les canaux qui coulent en toi et que moi j'ai dû refermer pour pouvoir te guérir. »

Kantu regarda au loin, vers le soleil couchant derrière les montagnes. Les paroles d'Anselmo raisonnaient en elle. Ce fut l'homme qui brisa le silence en disant doucement : « Petite, il est l'heure d'aller à la maison. La nuit tombe et bientôt il va faire froid ».

Mais avant que Kantu s'en aille il ajouta : « Tu étais douée d'une capacité, d'un don qui s'était réveillé en toi et que tu aurais pu utiliser. Tu possèdes une grande force intérieure que tu pourrais utiliser pour ton bien et celui des autres. Si tu veux, tu peux encore le faire. »

Kantu pensa qu'il était superflu de continuer d'en parler. Le pouvoir de prédire l'avenir lui avait créé trop de problèmes. Et elle prit congé : « Anselmo, je dois vraiment y aller. Bonne nuit ». Et elle sortit rapidement.

C'était une belle soirée. Elle regardait le soleil à l'horizon. Devant elle se déroulait un magnifique spectacle : le disque doré s'était transformé en couleur vermillon et tout le ciel s'était embrasé, seulement entouré par les ombres énormes des montagnes imposantes, alors que les nuages changeaient de couleurs continuellement.

Alors qu'elle contemplait ce magnifique panorama, dans les oreilles de Kantu raisonnaient les paroles d'Anselmo : « Tu possèdes un pouvoir que tu pourras utiliser uniquement lorsque tu le voudras. »

---

1. Couvre-chef à pointe et muni de rabats sur les oreilles.
2. Mère Cosmique, Mère Nature.
3. Médecin-prêtre ou curandero.
4. Indique l'entier territoire appartenant à l'Empire Inca, subdivisé en quatre régions, qui avait son siège social dans la ville de Cuzco.
5. Esprits protecteurs des hommes, qui vivent sur les montagnes les plus hautes.
6. Maître et sage qui vit sur la rive du lac Titicaca.
7. Curandero bolivien.
8. Aujourd'hui, on indique par ce nom la plus haute hiérarchie de médecins sacerdotaux du Pérou du sud.
9. Météorite, quartz, qui se trouvait près de ceux qui ont été frappés par la foudre.
10. Curandero qui entre en contact avec les énergies vitales de la nature.

2.
PAR AMOUR, ON PEUT PERDRE LA RAISON

Durant ses visites successives au curandero, Kantu évita de parler de sa guérison ou de ses pouvoirs de voyante : elle ne lui posait pas de questions et évitait le sujet. Un jour, elle se rendit chez Anselmo pour l'interroger sur son avenir. Elle a connu un jeune ingénieur qu'elle fréquentait dernièrement. Elle rêvait de se marier avec lui, mais il y avait quelque chose qui l'inquiétait et souvent elle se posait la question : « Réussirais-je à devenir sa femme ? » Ses doutes venaient du fait qu'elle était une indienne, alors que lui était un blanc. Dans la ville, sévissaient la discrimination raciale, encore bien ancrée, avec les problèmes économiques, politiques mais surtout sociaux inhérents, et peut-être que ses parents n'accepteraient jamais un tel mariage. Mais serait-elle vraiment heureuse avec lui ? Quand lui demanderait-il sa main ? Auront-ils eu des enfants ? Elle voulait des réponses à toutes ces questions qui l'assaillaient et elle savait qu'Anselmo pourrait les lui donner. Il lui avait démontré pouvoir prédire l'avenir le jour où il l'avait guérie, et avait eu l'occasion de le lui prouver lors de ses visites successives. Même les habitants du village croyaient aveuglément en ses capacités et ils répétaient : « Anselmo voit tout avec une extrême clarté; rien n'échappe à son regard lorsqu'il lit les feuilles de coca » parce que, outre le fait d'être un curandero, c'est un voyant.

Cette après-midi-là, Kantu lui a demandé de lui prédire l'avenir ; elle désirait savoir à tout prix si elle allait unir sa vie à celle de l'homme auquel elle s'était donnée complètement et duquel elle était éperdument amoureuse.

Le long de la rue qui menait à la maison d'Anselmo, elle repensa au moment où elle avait fait la connaissance de Juan.

En ce temps-là, elle était pratiquement fiancée avec Lucho, un jeune homme profondément amoureux d'elle qui, avec insistance, lui demandait : « Kantu, quand nous marions-nous ? » Elle, elle éprouvait pour Lucho l'amour fraternel ou amical mais, certainement, elle n'avait jamais pensé à lui en tant que compagnon avec lequel elle passerait toute sa vie.

Tout était arrivé à l'improviste alors qu'elle et Lucho dansaient à une fête organisée par une association culturelle. Elle se rendit compte que quelqu'un la regardait avec insistance et chercha à savoir qui c'était. Devant elle se tenait un inconnu au regard pénétrant, décidé, sûr de lui. Pendant un moment qui lui parut très long, leurs regards se croisèrent et s'immobilisèrent. Un frisson glacé la parcourut. Il y avait quelque chose de féérique, de magique en cet homme. Elle frissonna sans parvenir à se détacher de ce regard charmeur, elle continua à le regarder comme si son âme en fut désormais indubitablement attirée. Elle ne parvint à retrouver ses esprits qu'au moment où une amie qui dansait à côté d'elle l'eût poussée du coude « Kantu, qu'est-ce qui te prend ? Tu sembles ensorcelée. Ce ne serait pas ce type qui te plairait par hasard ? »

Elle n'avait rien dit mais ses yeux brillants reflétaient la fascination que Juan avait provoquée en elle. La musique arrêtée, les présentations se firent. Elle lui avait présenté son fiancé Lucho qui était aussi ami de Juan : « Juan, je te présente Kantu, ma fiancée » lui avait dit Lucho.

Au cours de la soirée, Juan l'avait invitée à danser plusieurs fois en la flattant : « Tu danses magnifiquement. Tu es une vraie danseuse. Tes mouvements sont parfaits. » lui avait-il dit. « Comme j'aimerais avoir une amie comme toi. »

Quand il l'avait regardée avec douceur, elle avait rougi : elle n'avait jamais rien éprouvé de semblable. Il lui avait semblé flotter sur les nuages et de se mouvoir dans un monde enchanté. Son cœur battait la chamade et Juan s'était soudain rendu compte de l'effet qu'il avait eu sur elle.

« Je pourrais être ton amie ou même un peu plus » lui avait-elle répondu, surprise de ses propres mots.

Cette audace était plutôt insolite chez elle mais, à ce moment, c'était son cœur et non sa raison qui parlait. Une étrange sensation l'avait envahie : cet homme lui avait fait perdre la tête en lui faisant oublier tout le monde, même Lucho.

Juan, désormais sûr de l'avoir séduite, lui avait susurré doucement à l'oreille : « Que dirais-tu de sortir prendre un peu l'air ? Il fait très chaud ici ».

Elle le suivit, sans rien dire. En cette nuit glacée, ils ont marché vers un parc tout près. Là, à la clarté de la pleine lune, qui à ce moment-là leur semblait encore plus grande, ils se sont regardés. Une étrange lueur est apparue dans leurs yeux. La lumière de la lune réfléchie sur son visage révélait toute sa bonté, toute la beauté d'une femme amoureuse. Un instant, elle se sentit troublée. Juan, la regardant tendrement lui a tendu les bras, et elle s'est blottie contre lui. Il l'a embrassée tendrement d'abord sur la joue et puis sur le front ; elle s'est étonnée de la passion avec laquelle elle avait répondu à ses avances. Ils se sont regardés dans les yeux et leurs lèvres se sont unies dans un baiser passionné, comme s'ils se connaissaient et s'aimaient depuis toujours. Toute enivrée, elle a serré son corps contre le sien. Le feu de la passion avait totalement exacerbé leurs sens. Soudain, ils se rendirent compte de la situation et ils s'éloignèrent subitement.

« Nous devons retourner auprès de nos amis mais, d'abord, je dois t'avouer que ta beauté m'a fait complètement perdre la tête » lui a susurré Juan dans un sourire.

« Moi aussi je me suis sentie attirée par toi. Mais, s'il te plaît avant de rentrer et de nous laisser, embrasse-moi une dernière fois » l'avait-elle imploré, les yeux pleins d'émotion.

Juan ne s'est pas fait prier et, la serrant dans ses bras, l'embrassa à nouveau. Elle avait espéré que ce moment ne finisse jamais et que le temps s'arrête pour toujours. Juan l'écarta un peu de lui pour la regarder, puis d'une voix profonde et émouvante, lui avait susurré. « Kantu, je te désire beaucoup. Je voudrais rester avec toi, te tenir serrée contre moi. Te connaître m'a ému. »

« Et toi tu m'as émue. Je perds la tête : je ne parviens pas à penser, je ne parviens pas à faire autre chose que suivre ce que je ressens» avait-elle répondu, en se serrant contre lui, cherchant ses lèvres, ressentant des émotions inconnues jusqu'ici.

Voulant éviter que la situation ne se complique par la suite, Juan lui avait demandé : « Tu ne crois pas que nous sommes sur le point de faire quelque chose que nous pourrions regretter ? ».

« Non » lui répondit-elle. « Tu es l'homme que toutes rêvent de rencontrer ; un homme pour lequel on ferait n'importe quoi. Juan, je ne l'ai jamais dit à personne, mais avec toi, tout vient si naturellement : je t'aime. C'est quelque chose que je ne peux contrôler. »

Lui, s'est écarté et, en la regardant sérieusement dans les yeux s'est écrié : « Nous devons rentrer. »

« Tu as raison, Juan. Je sais que je dois retourner chez mon fiancé, mais il y a quelque chose qui m'en empêche. Mes jambes n'obéissent pas. Tu veux vraiment rentrer ? » lui avait-elle demandé, les yeux lumineux, le regardant comme si elle voulait l'attirer en elle.

« Pour l'amour de Dieu, Kantu. Ne précipitons pas les choses, allons-y » lui a-t-il répondu, essayant de comprendre si elle s'était vraiment éprise de lui à ce point.

Elle l'implora :

« Juan, ne t'éloigne pas de moi. Je veux rester avec toi ».

Il la regarda, essayant de donner la juste mesure à ses paroles, en essayant de comprendre ce qui était réellement en train de se passer et, enfin il lui répondit : « Entendu. A cause de ta folie je vais probablement perdre un ami, mais comment puis-je te dire non ? » Et, en la serrant à nouveau contre lui : « Allons-nous-en avant que je ne le regrette. Je suis confus. Je cherche à éviter une situation qui détruira sûrement mon amitié avec Lucho et te fera souffrir toi aussi. Mais tu as réussi à m'enlever le peu de volonté qu'il me restait. »

Enlacés, ils s'éloignèrent à travers les rues désertes et échangèrent des baisers passionnés.

Tant de fois elle a revécu cet événement dans son cœur ! Sa première rencontre avec l'amour. Ce n'était pas un rêve ! Quelque chose de fort montait en elle. Pendant un instant, elle voulut fuir ce cercle qui l'étouffait ; un cercle doux et dangereux. Elle s'est sentie comme un oisillon charmé par le serpent qui, tout en sachant qu'il finira par être dévoré, au lieu de l'éviter va à sa rencontre.

« Veux-tu que nous allions en un lieu où nous pourrons rester ensemble ? »

Elle accepta d'un naturel absolu. Juan l'a dirigée vers une maison et, en ouvrant la porte, lui a dit : « Moi, je vis ici ».

Ils étaient entrés : sa maison était vieille, archaïque et très désordonnée. Elle a hésité quand elle s'est rendue compte que Juan, au lieu de l'inviter à rester dans la salle de séjour la conduisait vers la chambre à coucher. Elle s'est arrêté brusquement devant la porte. Juan a compris sa peur, s'est retourné vers elle et l'a embrassée passionnément. Son regard doux et profond l'a émue, faisant tomber son appréhension et sa résistance. Juan l'a guidée vers le lit.

Elle éprouva de la honte : elle n'avait jamais fait l'amour. Elle lui adressa un sourire timide alors qu'elle lui avoua : « Je suis heureuse d'être ici mais j'ai peur. »

« Tu as peur que je te fasse du mal ? » lui a-t-il demandé en la regardant avec un sourire ressemblant davantage à celui d'un gamin qu'à celui d'un adulte.

« Je ne sais pas… c'est la première fois que… » Levant son regard sur lui : « Etre ici, comme ça, comme nous sommes maintenant ». « Oh, Kantu. » Il lui a souri gentiment, l'a caressée tendrement, en lui murmurant : « Moi, je t'aime beaucoup, tu es un trésor, je t'aime ».

Pendant un temps qui lui avait semblé interminable, ils sont restés silencieux : puis il a fait deux pas vers elle et, en la serrant contre lui, il l'a embrassée avec toute la tendresse et la passion dont il était capable. Kantu avait senti sa chaleur et son odeur et, pour des raisons qu'elle ne put expliquer, elle n'a pas repoussé ce baiser, au contraire elle s'est serrée contre lui et s'est rendu compte que ses lèvres répondaient avec passion à son baiser. Il lui a semblé que des heures passèrent avant que Juan ne se détache d'elle.

« Je te désire Kantu, je sais que tu as peur, mais je t'aime vraiment. » Juan continua à lui sourire pendant qu'il lui déboutonnait le chemisier. Ses mains effleurèrent lentement ses épaules. Elle a laissé échapper un faible gémissement : « Juan… s'il te plaît… je… ».

Il l'étreignait plus fort contre lui sentant la passion monter en elle. Elle a appuyé sa tête contre son torse sans plus résister à ces caresses sensuelles.

« Où étais-tu jusqu'ici Kantu ? » lui susurrait-il alors qu'il prenait son visage entre ses mains et continuait de la fixer en silence. Comme réponse, elle le serra dans ses bras comme si elle voulait se lier à lui pour l'éternité.

« Kantu, Kantu, je te désire tant » lui dit-il tout en l'embrassant encore et encore.

Ils sont tombés sur le lit, Juan lui a caressé les mains, l'a embrassée tendrement sur le visage et, délicatement l'a déshabillée. Sa peau était douce et veloutée. Il a respiré son parfum et s'écarta un peu pour contempler sa beauté. La couleur de sa peau cuivrée et luisante contrastait avec sa propre peau bronzée. Ses yeux avaient parcouru tout son corps, ses formes harmonieuses. Puis ils s'étreignirent, se caressèrent et s'embrassèrent avec passion.

Elle était sûre de l'aimer, leur amour était vraiment de l'amour. Les mots d'amour susurrés par Juan lui semblaient être une musique très douce qui lui procurait un plaisir immense.

Son cœur battait de plus en plus fort : tout était plus beau que ce qu'elle s'était imaginé. Le contact de cette peau forte, vigoureuse mais, en même temps délicate et douce l'avait complètement subjuguée.

L'idée de s'enfuir, ressentie en premier lieu, s'était évanouie ; quelque chose en elle avait changé et elle s'était complètement abandonnée. Elle s'est sentie comme une offrande sur l'autel de l'amour ; étendue à côté de cet homme, avec les yeux radieux et les lèvres entrouvertes, elle a senti monter en elle, les cris et les gestes ancestraux qui accompagnent l'amour profond entre homme et femme.

Les caresses, les baisers de Juan l'ont enivrée, l'entraînant peu à peu dans un monde magique, enchanteur ; elle a vécu des moments d'intense bonheur.

Juan s'est allongé sur elle et lui a entouré les épaules avec un bras ; elle a senti la force calme de son corps et le contact chaud de sa main. Quand elle a senti son genou appuyer sur ses jambes, elle a repensé que c'était sa première fois… Juan a vu une larme couler lentement sur sa joue.

« Tu es triste mon amour ? » dit-il d'une voix tendre et profonde.

« Ce n'est pas de la tristesse, mais du bonheur d'être avec toi, maintenant. » Elle l'avait regardé avant d'ajouter : « Peut-être penseras-tu que je suis une femme libre, sans préjugé, mais je suis vierge. »

Juan s'est raidi, sans un mot. C'est elle qui rompit le silence pour lui demander : « Ça te tétanise de savoir que je suis vierge ? »

« Non, non, mais peut-être la première fois ça te fera un peu mal. Je ferai attention » avait-il répondu en l'embrassant encore.

C'est ainsi que Juan a fait l'amour avec elle, avec toute la tendresse, l'aptitude, la précaution d'un homme expert et il a su rendre ce moment très beau.

Au moment suprême elle s'est serrée avec force contre Juan et s'est sentie pleinement heureuse de se sentir sienne, de lui appartenir. Quand la passion arriva à son point culminant, elle s'est senti la femme la plus chanceuse, la plus importante de l'univers, il lui semblait que le monde entier tournait autour d'elle.

Cette première rencontre avec Juan lui a fait éprouver un sentiment nouveau, un plaisir indescriptible. Durant cette nuit d'amour Juan a su toucher les cordes les plus intimes de son être et a fait d'elle une femme amoureuse, passionnément. Et il a continué à lui murmurer « Ma vie, mon amour, tu es la plus belle du monde. Je t'aime de tout mon cœur. Je suis fou de toi. »

« Serre-moi fort contre toi » l'a-t-elle supplié. « Oh Juan, combien je t'aime, je t'aime, je t'aime follement. »

« Et moi je t'adore ! Je passerais toute la nuit à te dire combien tu es belle, combien tu es merveilleuse. » Lui disant cela en lui caressant les cheveux. Cette nuit-là, ils ont offert tous les deux leur passion sur l'autel de l'amour !

A la fin, fatigués, vidés : l'un à côté de l'autre, les corps enlacés, Juan lui dit doucement : « Je crois que l'on devrait dormir un peu… »

« J'aimerais bien ! Je ne voudrais vraiment pas me séparer de toi, mais je dois partir. A la maison ils vont s'inquiéter si je ne rentre pas ce soir » lui avait-elle répondu, en se rhabillant rapidement.

Peiné, Juan s'est aussi rhabillé pour la raccompagner. Mais dehors il faisait très froid et il avait encore insisté : « Mon amour, je t'en prie, reste. Je veux me réveiller avec toi dans mes bras. »

Elle l'a embrassé sur le front et en posant un doigt sur ses lèvres, elle lui dit : « Ce sera pour une autre fois, Juan ; cette nuit je dois retourner à la maison. »

Jamais elle ne s'était sentie aussi proche d'un homme. Elle s'était toujours demandée comment se passerait la première rencontre avec l'amour et, quand finalement c'est arrivé, elle a découvert que l'amour était quelque chose de fondamental, c'était sa seule raison de vivre.

Ils ont pris un taxi qui, en quelques minutes, les conduisit à la maison de Kantu. Elle vivait dans un immeuble moderne à deux étages, peint en vert et avec des grandes baies vitrées. A peine arrivés, elle avait sorti les clefs du sac et s'était dirigée vers une des portes latérales.

« Moi, je vis ici… J'espère te revoir demain, j'espère te voir tous les jours. » Elle l'a longuement embrassé, puis s'est libérée de ses bras. Elle a ouvert silencieusement la porte et est entré dans sa chambre. En cette froide nuit, elle entendit aboyer des chiens alors que son bien aimé arrêtait un autre taxi.

Une fois à la maison, Juan s'est remis au lit sans même se déshabiller : il était trop excité. Il repensa à ce qui venait de se passer en évoquant chaque mot, chaque geste, chaque mouvement. Comment cela est-il arrivé ? Finalement, il n'avait fait aucun plan pour cette soirée et il ne s'était certainement pas imaginé qu'il vivrait une telle expérience. Kantu avait un beau corps et était la femme la plus tendre, la plus belle et la plus désirable qu'il n'ait jamais fréquentée. En se souvenant de ces instants merveilleux il s'endormit profondément et ne se réveilla que lorsque le soleil était haut dans le ciel.

Ce fut leur première rencontre suivie de nombreuses autres. Le feu de leur passion fusait comme la lave d'un volcan en éruption. Dans l'esprit de Kantu il n'y avait que Juan, celui qui lui avait fait éprouver les joies de l'amour, celui avec lequel elle avait expérimenté les sensations les plus agréables. Finalement, elle avait appris ce qu'était l'amour : elle n'était plus la petite fille d'autrefois, maintenant elle se sentait une vraie femme.

Kantu, désireuse de passer sa vie aux côtés de Juan, pensait que la chose la plus évidente était celle de se marier.

« Juan, ça fait déjà longtemps que nous sommes ensemble et j'aimerais que ce soit ainsi pour toujours. J'aimerais que l'on régularise notre union » lui avait-elle avoué un jour.

Surpris par ces paroles, il se raidit. Quelques instants plus tard, il lui répondait par un sourire : « N'y pensons pas pour le moment. Profitons de notre amour. Connaissons-nous mieux et puis… on en reparlera. »

Depuis, plusieurs semaines étaient passées, et elle était impatiente : elle voulait se marier au plus vite.

Ce jour-là, elle alla chez Anselmo et lui dit, en lui tendant les feuilles de coca : « Je t'en prie, lis-moi ma destinée. Je veux savoir ce que me réserve l'avenir, et surtout, si j'épouserai l'homme que j'aime. »

L'ancien observa la jeune fille et à ses yeux comprit combien elle était amoureuse.

« Voyons ce que disent les feuilles de coca. » lui répondit-il en souriant.

Avec calme et assurance il accomplit les gestes que désormais Kantu connaissait bien et qui lui permettaient d'établir un contact avec les forces mystérieuses de la nature. Ce n'était pas par hasard si tous le considéraient comme un grand voyant : son extraordinaire capacité à voyager à travers le temps et à connaître le passé, le présent et l'avenir était notoire dans tout le village.

« D'après ce que je vois, il ne me semble pas que le mariage soit proche. » lui dit-il. « Mais si vraiment tu veux te marier avec lui, tu vas y arriver. Sois décidée ! Si toi tu le veux de toutes tes forces, tu réussiras à le persuader de demander ta main. Tu possèdes une force intérieure, un pouvoir tel qui te permettra de le faire tien ou n'importe quel autre homme que tu choisisses. »

« Et que dois-je faire pour y parvenir ? » demanda-t-elle anxieusement.

Le curandero la regarda comme un bon père de famille regarde sa fille perdue.

« Ma fille dans tes yeux je vois une partie de ta force, mais tout le reste est emprisonné dans ton corps. Utilise-le et tu gagneras. Seulement ainsi tu pourras posséder l'homme que tu aimes. D'ici une semaine ce sera la pleine lune. Tu demanderas à Juan de faire une promenade et tu le conduiras dans un endroit tranquille où vous pourrez être seuls sans être dérangés. A peine verras-tu la lune, grande et lumineuse, qui se fera toujours plus petite au fur et à mesure qu'elle atteindra le sommet des montagnes, tu la fixeras intensément avec les yeux grands ouverts. Tu inspireras profondément et retiendras ton souffle durant quelques instants puis tu lèveras les yeux vers ceux de ton amant et en le fixant, tu lui répèteras mentalement avec force ces paroles du plus profond de ton âme. « Tu seras mien, tu seras mon époux. » Ainsi fait, il t'aimera encore plus. Il te cherchera et te demandera de l'épouser. Tu devras feindre de devoir y penser un peu, mais si tu vois qu'il insiste et que tu es sûre de le vouloir et bien alors accepte immédiatement. »

La voix d'Anselmo était tranquille, rassurante, mais elle se sentait incertaine, pas sûre d'elle et elle lui demanda en souriant : « Mais c'est vraiment aussi simple ? Et si ça ne se passe pas comme tu dis ? ».

« Ça se passera comme ça. Tu dois avoir confiance au pouvoir que tu possèdes. C'est ce pouvoir qui te distingue de toutes les autres femmes » lui garantit le curandero, remettant dans un petit sac les feuilles de coca utilisées pour la lecture.

« Tu le soutiens ? Et sur quel fondement ? Comment fais-tu pour savoir que je possède des pouvoirs ? » l'interrogea-t-elle.

« Je l'ai su immédiatement, dès ton entrée dans ma maison, la première fois » lui répondit-t-il en lui souriant avec bienveillance. « J'ai compris que tu possèdes le pouvoir à ta façon de regarder : tu as le regard typique des Akllakuna. »

« Et qui suis-je ? De quelles femmes es-tu en train de me parler ? » demanda Kantu surprise.

« Hum... » fit-il évasif, comme quelqu'un qui ne veut pas rentrer dans les détails, en cherchant d'abréger la rencontre. « Maintenant je n'ai pas le temps de t'expliquer. Je dois aller travailler. Peut-être en reparlerons-nous un jour. »

En guise d'argent Kantu lui laissa des vivres en signe de récompense et s'en alla presque mélancolique. Chemin faisant, elle se demanda si le plan d'Anselmo ne pourrait jamais avoir un effet sur son fiancé. « On verra » se disait-elle « peut-être que ce ne sera pas aussi facile. »

Elle se dirigea à petits pas rapides vers la maison de ses parents, là où elle était née, à Coporaque, petit village de mille habitants, riche de parcelles de terrains en terrasse pour une culture de maïs, de pommes de terre, de quinoa, héritée des incas, et aussi de l'orge et du blé, introduits par les espagnols. Peu de temps après sa naissance, ses parents déménagèrent pour Cuzco, tout en gardant cette maison située au pied de la colline.

En chemin, elle croisa plusieurs paysans indiens, enveloppés dans leurs habits multicolores qui la saluèrent affectueusement. Etant la fille d'un membre de la communauté, elle était considérée spirituellement comme la fille de tous. Elle était aimée non seulement parce qu'elle était une belle jeune fille de la communauté mais aussi par égards pour son père José Quispe, pour le profond respect et l'affection que tous éprouvaient pour lui, apprécié pour sa grande générosité et sa cordialité. Ces paysans s'adressaient souvent à elle en quechua et elle se limitait à leur répondre par un doux sourire, puisque dans la ville où ils avaient déménagé elle avait l'habitude de parler castillan.

Même si elle était très belle, elle était une indienne et elle était embarrassée du fait que son amoureux soit un blanc, et en plus désiré par d'autres femmes en lice pour le conquérir. « On verra si Anselmo dit vrai. Moi je me marierai avec Juan même si sa famille devait s'y opposer ou ne devait pas m'accepter » se disait-elle se rapprochant de sa maison, érigée sur le flanc d'une montagne, entourée de petits arbustes qui de loin semblaient des cheveux ébouriffés.

Dans le village il y avait des eucalyptus, des pins et des cyprès que quelqu'un avait apporté jusque-là de la ville. Aux côtés de celle de Kantu, s'élevaient d'autres maisons aux toits de zinc, de paille ou de tuiles et aux murs couleur brique, construites en pierres ou en briques brutes, même si quelques-unes, spécialement celles à deux étages, étaient peintes en blanc.

Au centre s'élevait l'église catholique, l'édifice le plus haut du pays, flanquée à côté de deux tours carrées au toit pentu se terminant par une lucarne couverte de tôle en zinc. Les routes du village, toujours déformées, étaient couvertes de poussière durant les périodes sèches, dangereuses et glissantes durant les périodes de pluies.

Coporaque se situait à 3600 mètres d'altitude, baignée par un ruisseau sur les bords duquel poussait une végétation assez pauvre, typique de cette région. La majorité de ses habitants descendait des fameux Incas, les fondateurs de l'Empire de l'Or et de l'Argent.

Voir les visages résignés de ces indigènes se déplaçant dans leur vêtement humble et brut en laine de chèvre, lama ou alpaga, était comme regarder en face le passé et la pauvreté. Les hommes s'habillaient autant qu'ils le pouvaient en noir, bleu, gris clair ou beige. Ils portaient des chapeaux ou *chullos* orné de franges ou de rubans. En revanche, les femmes portaient des couleurs plus vives et embellissaient leurs couvertures avec des franges et chemises et chapeaux avec des rubans colorés ou fleuris.

Ils menaient une vie simple. Leurs pauvres maisons, aux toits croulants étaient mal tenues, sans eau, ni lumière et ils avaient peu d'habits. Ils survivaient avec peine, se nourrissant de quinoa, de blé, d'orge, de maïs et de pommes de terre qu'ils cultivaient avec des moyens rudimentaires et d'énormes efforts. Ils étaient désorganisés et incultes, résignés à leur destin. Les rares qui avaient décidé de changer de mode de vie avaient émigré en ville ou dans une région au climat plus clément.

Les parents de Kantu aussi ont décidé de partir. De temps en temps, quand ils ressentaient le besoin de fuir le tumulte de la ville, ils se réfugiaient dans leur maison de campagne. Chaque fois que José et sa femme Manuela retournaient à Coporaque, ils emmenaient avec eux leur fille mais, lors de leurs derniers voyages, c'est surtout Kantu qui se montrait désireuse d'aller avec eux. Convaincus qu'elle les suivait parce qu'elle se sentait à l'aise au sein de la communauté, ils ignoraient qu'en réalité, elle les accompagnait uniquement pour aller chez Anselmo qui, entre temps, était devenu son confident et conseiller.

Ce jour-là quand Kantu est entrée, son père lisait un vieux journal assis sur un banc adossé au mur, pendant que sa mère était à la cuisine occupée à préparer le repas. Kantu s'approcha de son père et s'assit à ses côtés ; alors il referma le journal et lui demanda : « Ma fille, mais où étais-tu passée ? Tu es partie depuis deux heures. »

« N'exagère pas, papa. Je ne me suis absentée qu'une heure. Je me suis promenée un peu dans le village » mentit-elle cherchant à remettre ses idées en place.

« Y a-t-il quelque chose qui trouble ta belle petite tête, ma colombe ? » lui demanda-t-il souriant.

« A dire vrai, oui. Je suis en train de penser que le moment est venu de fonder une famille, de me marier avec Juan » lui répondit-elle, alors que son regard trahissait son anxiété. « Je voudrais avoir ta permission et ton approbation ».

Le père fut stupéfait par ces paroles surprenantes. Une fois le trouble initial passé, il lui demanda inquiet : « Et comme ça, tu veux te marier ? ».

Il cherchait en vain de paraître sévère, mais il aimait tellement cette jeunette !

« Tu es encore tellement jeune, tu n'as pas encore terminé tes études et tu veux déjà te marier. Pourquoi tant de hâte ? Continue tes cours, obtiens d'abord ton diplôme. »

Kantu était en quatrième année de pédagogie et si elle termi nait ses études, elle pourrait devenir enseignante.

« Papa, s'il te plaît, je ne suis plus une enfant » dit-elle en rougissant et en cachant ses yeux pour ne pas montrer combien elle était amoureuse.

« J'ai vingt ans depuis un bout de temps. Et si je ne me marie pas avant vingt-cinq ans, je serai une vieille fille hystérique ainsi qu'un grand poids pour toi. »

A cette observation l'homme rit et ajouta : « Ma fille, tu ne seras jamais une vieille fille. Tu sais, j'ai vu comment te regardent les garçons. »

Elle sourit ; elle aimait beaucoup son père, cet homme gai, toujours le sourire aux lèvres. Depuis qu'ils vivaient à Cuzco, il avait toujours travaillé dur pour lui donner, à elle ainsi qu'à ses frères, une bonne éducation. Le jour, il faisait le ménage dans un bureau du gouvernement et la nuit, il était gardien de l'école du soir où il avait appris à lire et à écrire. Pour arrondir son salaire, en fin de semaine il cultivait un petit lopin de terre en dehors de la ville où il récoltait des légumes pour toute la famille. Il avait peiné pendant de nombreuses années mais il l'avait fait volontiers parce qu'il espérait que ses enfants auraient une vie meilleure que la sienne.

« Mon petit papa, ne t'inquiète pas, je terminerai mes études. Je me diplômerai après m'être mariée : je te le promets. J'étudierai sérieusement » lui garantit Kantu.

Le père, en secouant la tête, lui affirma sur un ton triste : « Ma fille, mes yeux ont déjà vu beaucoup de situations semblables et mes oreilles ont entendu de nombreuses fois des histoires comme celle-là. Si tu te maries, tu auras rapidement des enfants ; tu devras t'en occuper et t'occuper de ton mari et tu finiras par abandonner tes études. Ecoute-moi, ma fille. D'abord finis tes études et puis, une fois diplômée, tu pourras te marier avec qui tu veux. Et puis, si ce garçon t'aime vraiment, il saura t'attendre ».

Mais Kantu, qui ne se résignait pas et ne voulait plus attendre, ajouta avec colère : « Papa, s'il te plait, on va finir par se disputer. Je veux me marier avec lui et tu ne me donnes pas ton approbation. Moi, je te l'ai demandé, j'ai fait mon devoir. » Et, disant cela, elle se précipita hors de la pièce.

Le père resta assis tête baissée, blessé par ce comportement si incorrect. Peu de fois, il l'avait vu agir de la sorte. Peut-être vivait-elle un moment particulièrement difficile. Il le lisait dans ses yeux et il le percevait à ses mots : Kantu était profondément amoureuse de Juan Camargo. C'est pour cela qu'elle lui avait demandé la permission de l'épouser, mais elle n'avait pas besoin de son consentement : c'était une adulte désormais, même si elle dépendait encore économiquement de lui.

Juan était un jeune homme de race blanche, grand, plutôt maigre, avec la barbe et les cheveux châtains, le nez long et fin, les sourcils bien dessinés et les lèvres charnues. Il avait le regard attrayant d'un acteur de cinéma et il réussissait avec une certaine facilité à faire vibrer n'importe quelle femme. Son corps était musclé, ses mouvements agiles. Il avait le comportement d'un battant, fier et il s'habillait avec élégance. Il évitait toujours de rencontrer José ; et il n'avait nullement cherché à gagner son amitié. Même s'il était un brave garçon, il y avait quelque chose en lui qui ne lui plaisait pas. Et si Juan avait désiré Kantu uniquement pour s'amuser et ensuite l'abandonner ? Les blancs avaient cette habitude… Il espéra qu'avec le temps, une fois la fièvre de l'amour calmée, sa fille se raviserait.

José était satisfait de la beauté de la fille : « La *Pachamama* a été généreuse avec elle » se disait-il. Et en plus d'être belle, elle a aussi un caractère doux et affectueux et elle est toujours gaie. Durant les moments de fatigue, c'était elle qui lui susurrait des mots gentils et qui l'encourageait…

Kantu se comportait respectueusement à l'égard des autres et les nouvelles expériences ne lui faisaient pas peur. Elle s'habillait avec élégance et elle pouvait être confondue avec une princesse : elle était un joyau qu'il ne voulait pas donner à Juan.

Le père aurait préféré que sa fille tombe amoureuse de Felipe, un jeune professeur, un jeune homme bien, et indien comme eux. Juan n'était pas antipathique, mais il n'était certainement pas une personne agréable. Les rares fois où il s'était rendu à la maison pour ramener Kantu, il n'avait démontré ressentir ni affection ni sympathie pour lui ou sa famille ; il s'était limité à une froide courtoisie. Il se souvint même des regards coléreux et méprisants que la sœur de Juan adressa à sa fille et il pensa avec inquiétude : « Ce sera difficile pour Kantu de vivre dans cette ambiance. Et si Juan venait vivre ici avec nous, il se sentirait comme un homme civilisé perdu au milieu d'une horde de sauvages, ce que bien de blancs ont l'habitude de penser à l'égard de nous, indiens ».

José aimait profondément sa fille et, comme chaque bon père, il désirait le meilleur pour elle. Au fil des ans, il a dû faire face à la discrimination raciale, dans ce pays où les descendants des espagnols se sentaient supérieurs par le simple fait d'être blanc et d'avoir un nom hispanique. Il fut un temps où la famille de Juan possédait de vastes mines et elle continuait à se considérer comme appartenant à l'élite de la société, même si leur richesse avait nettement fondu.

José, de son côté, n'était plus un humble paysan, mais avait reçu une bonne instruction. Travaillant au Ministère, il avait l'occasion de fréquenter des personnes de tous genres et sa tenue vestimentaire était tout à fait citadine.

Seule la couleur de sa peau révélait qu'il était indien. José a préféré ne rien dire à sa fille. Il espérait qu'avec le temps elle redevienne sa fille de toujours. Seule dans sa chambre, Kantu réfléchissait. Juan ne lui avait pas encore demandé de l'épouser, ni demandé sa main, alors qu'elle se préoccupait déjà d'obtenir l'approbation de ses parents. Elle repensa aux paroles d'Anselme et attendit la nuit de pleine lune. Les indications sur ce qu'elle devait faire ce soir-là lui semblait presque trop simples pour pouvoir avoir une issue favorable, mais la confiance qu'elle plaçait dans le curandero l'induisait à croire que cela aurait quand même un résultat.

Bien du temps était passé depuis le jour où elle a fait connaissance de Juan et bien des choses ont changé pour elle : Juan occupait désormais toutes ses pensées.

Enfin la pleine lune tant attendue arriva ! C'était une nuit fraîche et, derrière les montagnes, on apercevait à peine sa lueur. Kantu et Juan étaient assis sur le banc d'un parc près de sa maison, à l'écart de la lumière des réverbères. Ils étaient là, enlacés, à s'embrasser passionnément, se tenant par la main. Suivant le conseil d'Anselmo, Kantu a choisi un endroit d'où elle pouvait nettement voir la lune, qui était désormais haute dans le ciel. Les yeux grands ouverts, elle fixa l'astre nocturne, inspira à fond et puis tourna son regard vers Juan, se répétant in petto de toute ses forces : « Tu seras mien, tu seras mon époux ». Les yeux dans les yeux, les deux jeunes gens restèrent immobiles durant de très longs instants. Ce fut Juan qui interrompit la magie du moment lui murmurant : « Mon amour, cette nuit tes yeux sont plus brillants que jamais, à un moment il m'a semblé y voir une étrange lueur en sortir et pénétrer profondément dans les miens ».

« Ce devait être la lumière de mon amour, » dit-elle doucement « de tout l'amour que j'éprouve pour toi, de l'énorme désir que j'ai de vivre pour toujours avec toi.»

« Alors on devra se marier » répondit Juan ému. Entendant ces mots, Kantu sauta de joie et l'embrassa sur les mains, le visage, en murmurant : « Merci, mon amour, je ne me suis jamais sentie aussi heureuse et aussi chanceuse. Ce sera merveilleux d'être ta femme ».

A partir de ce jour, commencèrent leurs fiançailles. Emporté par une émotion qu'il n'avait jamais connue, Juan s'était laissé transporter et avait prononcé le mot fatidique « mariage » et, désormais, il était trop tard pour faire marche arrière ; Kantu avait accepté, en prenant ses mots pour une déclaration ferme. Cette femme lui plaisait vraiment, elle a été comme un cadeau tombé du ciel. Elle n'était pas simplement belle, mais elle a aussi une extraordinaire personnalité, une façon d'être élégante et raffinée et elle est très sensuelle. Elle savait se donner complètement à lui avec passion et avec amour. Il adorait leurs rencontres et ne voulait pour rien au monde les arrêter. Mais il ne se sentait pas prêt pour le mariage, c'est un moment de faiblesse qu'il avait eu. Il avait toujours pensé de se marier à un âge plus avancé : ce qu'il voulait en ce moment c'était jouir de la vie, mais les pensées de l'un ne coïncident pas toujours avec les pensées de l'autre. Elle l'aimait, lui l'aimait bien. Il y a une différence entre aimer et aimer bien !

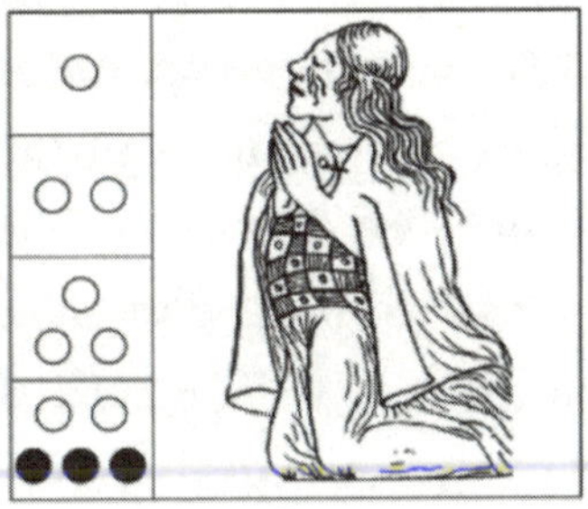

3.
CE N'EST PAS TOUJOURS POSSIBLE

Les maisons aux toits rouges de Cuzco apparaissent désormais noircies par les années et la pollution atmosphérique que, déjà depuis quelque temps, l'on respirait dans la ville.

A cette heure-là, peu de personnes déambulaient dans les rues du quartier de Saint-Blas. Kantu allait suivre ses cours à l'université, en marchant lentement le long de ces rues raides et étroites. Elle est sortie tôt parce qu'il n'y avait plus personne à la maison et elle pensait que, si elle se promenait un peu au milieu des gens elle parviendrait peut-être à se distraire.

C'était un matin frais et humide. Hommes, femmes et enfants habillés à l'andine ou à l'occidentale marchaient d'un côté ou de l'autre de la rue. Kantu avançait au milieu de la foule. Ce jour-là elle portait une veste turquoise, des blue-jeans, une paire de chaussures foncée et un sac en bandoulière. Ses longs cheveux, épais, retenus par un élastique multicolore en une coiffure accentuant toute la beauté de son visage. Elle marchait concentrée, en pensant aux examens désormais proches et elle ne se rendit pas compte que quelqu'un s'était approché d'elle :

« Kantu, qu'est-ce qui t'arrives ? Tu es distraite ? Je t'ai appelée mais tu ne m'as même pas entendue » lui dit une femme en lui touchant l'épaule. Kantu se retourna et vit avec stupeur qu'il s'agissait de sa tante Maria, la plus jeune sœur de son père, un peu plus âgée qu'elle. Maria avait deux enfants en bas âge et était séparée de son mari. Elle vivait seule et gérait une petite boutique de peinture dans une des rues de Cuzco. Sa taille, autrefois fine, s'était légèrement alourdie avec les années, mais son caractère était resté joyeux et batailleur. Grâce à sa détermination et à sa faculté d'entreprise, elle était parvenue à se frayer un chemin dans la vie. Elle s'habillait à l'européenne avec beaucoup de goût. Ce jour-là, elle était particulièrement élégante portant une veste lilas, une large jupe noire et une paire de chaussures à talons.

« Tante Maria, quelle belle surprise ! Qu'est-ce que tu fais par ici ? » « Je suis venue acheter du matériel pour le magasin et encaisser de l'argent » répondit-elle en souriant. « On m'a dit que tu vas te marier, n'est-ce pas ? J'imagine que c'est avec ce garçon « blanc » avec lequel tu sors récemment. A propos, comment s'appelle-t-il ? Que fait-il dans la vie ? » « Oui, tante Maria, je suis sur le point de me marier. Il se nomme Juan Camargo. Il est ingénieur et vit à Santa Monica » acquiesça Kantu enthousiaste. « Et sa famille t'accepte ? Comment ça se passe avec elle? » « Je connais seulement sa sœur et je ne lui suis pas très sympathique. Je ne connais pas encore ses parents. » « Espérons que tu t'entendes bien avec eux. Très souvent le bonheur d'un couple dépend justement de la famille. Mais dis-moi, il t'aime ? » « Oui, tante Maria. Il dit m'adorer et vouloir me rendre heureuse. » « Espérons qu'il est sincère. Certains de ces blancs sont de vrais aventuriers : ils se servent des femmes pour s'amuser et puis, advienne que pourra. L'idéal est de se trouver un compagnon de notre race » déclara Maria.

« Mais tante Maria, Juan n'est pas comme ça, lui, il m'aime vraiment ! » affirma Kantu en prenant sa défense. « Avec le temps tu verras. C'est vrai qu'il y a de bons blancs, venant de familles également honnêtes, mais il y en a aussi de terribles. A ce propos je vais te raconter une histoire, ainsi tu sauras quoi faire au cas où les choses devaient prendre mauvaise tournure. »

Kantu n'était pas pressée et donc elle se dit prête à écouter.

« On dit qu'il fut un temps, au Marché Central de la ville de Puno, travaillait une certaine Mercedes, une jeune vendeuse originaire de Putina, indienne comme nous. Les affaires allaient bien et elle épargnait tout son argent dans l'espoir de pouvoir un jour retourner dans son tranquille et paisible village.

Mais le diable est toujours à l'affût, et elle fut assez vite attirée par un jeune blanc, grand, beau et bon garçon qui tournait autour de toutes les jeunes vendeuses dont elle justement. Il s'appelait Marcial Salcedo, ne travaillait pas et n'avait aucune intention de le faire ; grâce à sa prestance il parvenait toujours à se faire entretenir par l'une ou l'autre femme.

Au fil des ans, Marcial acquit le don de repérer celle qui le prendrait sous son aile. Et ce fut ainsi que, quand il fit la connaissance de Mercedes, il la harcela jusqu'à ce que la jeune fille cédât à ses avances. Il s'installa rapidement dans sa maison, mangeant et dormant chez elle sans aucune participation aux dépenses du ménage. En lui racontant des tas d'histoires, il parvenait même à lui extorquer de l'argent : « Je dois solder un crédit » ou bien « J'ai besoin d'argent pour ma sœur qui est malade ; prête-m'en, je te le rendrai dès que mes parents m'enverront de l'argent. » Mais, avec l'argent de Mercedes, il s'achetait des vêtements élégants : vestes, pantalons, chemises blanches, cravates.

« J'irai travailler. Je suis en train de chercher un travail » lui promettait-il. "Petite indienne, je t'aime, c'est pour cette raison que je reste avec toi. Mais prête-moi de l'argent ; ici on a besoin d'argent pour tout » lui répétait-il constamment. Mercedes, profondément amoureuse, ne lui refusait jamais rien. Fort heureusement, elle lui avait caché avoir des économies, sinon qui sait ce que ce garçon aurait pu faire. En réalité, Martial ne cherchait pas du tout du travail, mais toute autre chose : il avait jeté son dévolu sur la fille d'un commerçant, une blanche de peau comme lui, riche et de bonne famille. « Celle-là oui, elle pourrait devenir ma femme ! Je l'épouserai et j'abandonnerai Mercedes ; si je suis avec elle, c'est uniquement par intérêt. Moi je lui donne mon corps et, en échange, elle me donne de l'argent» pensait Marcial qui, entre temps, était parvenu à conquérir l'autre jeune fille et même à fixer la date du mariage ».

Mais le soupirant continuait à vivre sur le dos de la pauvre Mercedes, qui ignorait tout. Lui faisant confiance quant à ses dires au sujet d'un travail, il avait toujours à disposition chemises lavées et repassées, chaussures cirées et argent. Elle apprit que Marcial allait se marier avec une autre peu de jours avant les noces. Elle ne fit pas de scène et ne lui reprocha rien ; elle se limita à pleurer inconsolable pour l'homme qu'elle aimait et qu'elle pensait épouser un jour. Découvert, Martial lui dit sans aucune pudeur : « Durant toutes ces années je t'ai donné mon corps. Que veux-tu d'autre de moi ? Ton argent ? Je te le rendrai dès que je serai marié. Car je vais épouser cette jeune fille et tu ne réussiras pas à me mettre de bâtons dans les roues. Si tu t'avises à m'empêcher de le faire, tu le payeras : tu ne sais pas encore ce dont je suis capable. Et puis, de quoi te plains-tu ? Je ne t'oublierai pas : nous continuerons à nous voir, à dormir ensemble, je continuerai à te donner ce que je t'ai toujours donné. » Mais ce n'était pas vraiment ce qu'elle désirait. Elle ne voulait pas être une amante occasionnelle : elle voulait être sa femme.

Cette nuit-là, Marcial consola Mercedes en lui donnant toutes sortes de caresses et de baisers, en lui faisant l'amour comme jamais auparavant, espérant ainsi contrôler la situation.

Dès que le jour se leva, Mercedes se rendit à *Layqa Qota*[11] en quête d'un curandero de sa famille. En larmes, elle lui raconta ce qui lui arrivait : « Arrête de pleurer, Mercedes ! » lui dit le curandero. « Que veux-tu que je fasse ? Que je le rende malade, que je change la couleur de sa peau, ou bien que je le tue avec mes arts ? »

« Non, non » dit-elle « je veux seulement que Martial oublie cette femme et qu'il reste toujours avec moi. Moi je l'aime et je ne peux vivre sans lui » affirma-t-elle, désespérée. Le curandero réfléchit un moment et puis lui dit : « Reviens demain. Je te donnerai un remède qui résoudra ton problème ».

Le lendemain, le curandero confia à Mercedes deux flacons de couleurs différentes et lui expliqua : « Pour faire en sorte qu'il oublie cette femme tu devras lui administrer le contenu de ce premier flacon et puis tu devras l'emmener loin d'ici. Mais si un jour tu devais te lasser de lui, alors tu lui feras boire le contenu de cet autre flacon et ainsi il se réveillera comme d'un rêve et te laissera. »

Après avoir écouté ces recommandations, Mercedes s'en alla, décidée à résoudre ce problème.

Ignorant complètement ses plans, Marcial continuait d'aller manger chez Mercedes comme si rien ne s'était passé. Mais, entretemps, décidée de se venger, non seulement de Marcial mais aussi de la jeune fiancée, elle décida de lui donner la potion seulement quelques heures avant les noces.

« Je te prépare un délicieux repas d'adieux. Viens chez moi avant la cérémonie. Et viens habillé en marié car je veux te voir beau de pied en cap pour la dernière fois » lui avait-elle demandé.

Le jeune homme, comptant sur ses qualités de séducteur, décida d'accepter l'invitation. Seulement quelques heures avant la cérémonie, il se présenta chez Mercedes. Il y trouva son plat ainsi que sa boisson préparée avec le contenu du flacon.

Sitôt le repas terminé, Martial sombra dans un état amnésique, et semblait en état d'ivresse. Fiancée, parents, témoins et invités l'attendirent en vain à l'église. Ils le cherchèrent partout, mais ne le trouvèrent pas ; en fait, quelques heures plus tôt, l'époux était emmené en camion à Putina avec Mercedes et tous ses biens.

Ils vécurent de nombreuses années ensemble. Désormais Mercedes n'était plus la jeune et robuste vengeresse d'un temps : elle était rongée par le remord qui l'avait transformé en une femme décharnée, vieille et frêle. Lui non plus n'était plus le jeune sympathique et élégant, mais un homme aux cheveux blancs et le front marqué par les rides, la barbe hirsute, le regard absent et sans volonté, totalement esclave de Mercedes.

Jusqu'à ce qu'un beau jour, elle fut atteinte d'une pneumonie aiguë et, présageant que l'heure de la mort était proche, elle décida de libérer Marcial.

« Marcial, avant de mourir je voudrais que tu me pardonnes pour tout ce que je t'ai fait : je l'ai fait seulement parce que je t'aimais. Je t'en prie pardonne-moi » lui dit-elle.

« D'accord je te pardonne, même si je ne sais pas pourquoi » répondit-il distraitement. « Mais maintenant repose-toi, veille à ne pas faire d'efforts. »

« Dès que je mourrai, tu devras ouvrir ce bahut et en sortir tes vieux vêtements ; tu les enfileras et ensuite tu boiras le liquide de la petite bouteille que tu trouveras dans un coffret. Voici les clefs pour ouvrir le bahut et le coffret. Promets-moi que tu le feras » le supplia la moribonde, sortant les clefs qu'elle gardait dans un petit étui attaché à son cou. « Je te le promets, mais maintenant repose-toi » lui répondit Martial.

Après les funérailles, Marcial se souvint de la promesse faite à Mercedes, il ouvrit donc le bahut indiqué et il trouva un frac et une paire de chaussures. Il enfila le tout et ouvrit ensuite le coffret et but le contenu de la petite bouteille. Quelques instants après, comme réveillé d'un rêve, il s'exclama :

« Je dois courir à l'église ! Dans une heure seulement ce sont les noces ! »

Il se précipita dehors et seulement à ce moment, il se rendit compte qu'il n'était pas du tout à Puno mais ailleurs. Il remarqua que ses mouvements n'étaient plus agiles comme dans le passé et qu'il avait mal aux articulations. Il rentra dans la maison et quand il se regarda dans le miroir il failli s'évanouir : son visage n'était plus celui d'un jeune, mais celui d'un adulte aux cheveux blancs, au front ridé et au regard triste. Il chercha à savoir en quelle année l'on était, à peine le sut-il, il eut un coup au cœur. Plus de vingt ans s'étaient écoulés et il lui semblait que ce n'était seulement qu'un bref instant.

Après avoir terminé le récit, Maria dit à Kantu : « Maintenant tu sais ce que tu devras faire si les choses avec ce garçon devaient mal se passer. »

« J'espère que tu plaisantes, tante Maria. Juan ne me laissera jamais. Et puis, même s'il me laissait, moi je ne lui ferai jamais une chose de ce genre, si c'est vrai que l'on peut faire ces choses. Je suis sûre que ce ne sont que des légendes. »

« Il fut un temps où les curanderos de *Layqa Qota* étaient célèbres dans tout le sud du Pérou. Ce n'est pas pour rien que *Layqa Qota* signifiait « Lagune des Curanderos ». Peut-être qu'aujourd'hui ils ne vivent plus dans cette région mais, et de ceci j'en suis sûre, ici, à Cuzco il y en a encore » lui assura Maria en ajoutant ensuite : « A propos, je te conseille de faire une offrande à la *Pachamama* avant de te marier ; si tu le fais, ton mariage réussira sinon tu sais ce qui t'attend. »

« Je ne crois pas à ces choses, tante Maria ; je ne crois pas qu'elles fonctionnent » lui répondit Kantu manifestant son scepticisme. « Elles fonctionnent, elles fonctionnent, ma fille. Cherche un curandero et remets t'en à la *Pachamama*. Ta mère saura sûrement où en trouver un. C'est un rite dont il faut absolument tenir compte avant n'importe quel mariage. Je te conseille de le faire parce que je t'aime bien. Au revoir, ma fille, bonne journée. »

« A bientôt, tante Maria et merci pour l'histoire. C'était amusant. » A peine Maria Quispe se fut-elle éloignée que Kantu se mit à penser à la vie de sa tante. Elle s'était mariée plutôt jeune avec un homme dont elle était très amoureuse. Elle avait travaillé dur pour contribuer au bien-être de la famille, mais son mari ne l'avait pas du tout aidée. Bien vite, il se révéla être un joueur invétéré et aimant boire. Il fréquentait des gens malfamés connus au casino et un jour il se vit même mêlé à une affaire de drogue. Après le mariage, il avait beaucoup changé et il buvait, il devenait violent et il agressait aussi bien sa femme que les enfants. Maria l'avait longtemps supporté en espérant qu'un jour il se serait lassé de conduire cette vie de garçon immature et qu'il changerait. Mais il n'en fut pas ainsi : le temps passait et les choses ne semblaient pas s'améliorer. Fatiguée d'attendre, à la fin elle se convainc enfin que son mari ne changerait jamais et donc, un jour, elle le quitta. Grâce à son caractère décidé, elle était vite entrée dans le monde des affaires et elle s'était refait une vie. Maintenant, elle vit avec ses enfants, elle gère un commerce et ne dépend plus de personne.

Elle avait l'habitude de dire : « La vraie richesse des personnes réside dans le caractère et le talent, dans le pouvoir créateur de la pensée. Nous naissons tous avec des qualités déterminées par la nature et, si nous voulons réussir à bien vivre, nous devons les utiliser. »

Outre le fait d'être une personne extrêmement pratique, Maria est aussi une femme très généreuse, toujours disposée à donner un conseil ou de l'aide. Personne ne sortait de sa maison avec le cœur ou les mains vides. Elle disait que pour pouvoir demander, il fallait d'abord donner, et que celui qui donne, peut ensuite recevoir.

En ce qui concerne Juan, Maria ne le connaissait pas et n'avait jamais eu affaire à lui ; elle l'avait aperçu de loin. Kantu pensait que ce serait bien de le présenter à sa tante pour voir quelle impression il lui ferait.

Quelques jours après, Kantu retourna à Coporaque. Elle eût désormais l'approbation de ses parents, qui, malgré toutes leurs réserves devant l'obstination de la fille ne purent faire autre chose que d'accepter le mariage. Tous les trois bavardaient dans la cuisine, quand Kantu demanda : « Maman, je voudrais que tu m'accompagnes chez Anselmo et que tu lui demandes de faire une offrande à la *Pachamama* afin que mon mariage soit heureux. »

Le rite de la *Pachamama* appartient à la religion andine. Anciennement dans les Andes, il existait une religion de type féminine : c'était la religion de la Mère Nature, de la Mère cosmique. Durant des millénaires, les andins embrassèrent ces croyances et se firent guider par les principes de cette religion.

Pachamama signifie Mère Cosmique, Mère Céleste, Mère Nature, celle qui comprend chaque chose. Elle est l'entité qui fait que les êtres vivants font partis d'un immense engrenage cosmique, d'un plan universel qui comprend tout ce qui a été créé. *Pachamama* c'est l'union entre l'homme et la nature, l'homme s'identifie à elle. Et ce que tante Maria a conseillé à Kantu de faire, c'était justement d'entrer en contact avec les forces de la nature, opération que réalisaient les prêtres connus dans ces terres sous le nom de curanderos. Anselmo était l'un d'eux : il maintenait les anciennes traditions et il savait comment établir ce contact.

L'homme qui communique avec la nature est un homme qui connaît la vérité, qui comprend et qui vit en grande simplicité. Loin des concepts, des dissertations philosophiques, des raisonnements, la nature est claire, simple et complexe en même temps. Puisqu'elle est le point de contact avec la réalité, à l'occasion d'événements particulièrement importants, les andins s'adressent à la *Pachamama* pour lui demander conseil.

« Ma fille, dois-je de nouveau aller prier ce curandero ? Pourquoi ne lui demandes-tu pas toi-même ? »

« Je l'ai déjà fait maman, mais il m'a dit que ce n'était pas encore le bon moment. Il dit que Juan est une personne plutôt compliquée et que j'aurai des problèmes avec lui. Mais il dit aussi que si j'y mets du mien je pourrais me sentir mieux et être heureuse » répondit Kantu.

« Et pourquoi n'écoutes-tu pas les paroles d'Anselmo ? Il a raison, ce n'est pas encore le bon moment pour toi, ma petite. Tu as encore tellement de choses à faire, comme passer ton diplôme, par exemple. »

« Ah, maman ! Toujours la même histoire, comme avec papa ! »

« Tu ne fais rien que dire « Ah, maman, maman », en revanche, tu devrais m'écouter. Mais depuis quand, vous les jeunes, écoutez les conseils des adultes ? Ce que nous vous disons entre dans une oreille et vous ressort par l'autre, surtout quand vous êtes aveuglément amoureux » ajouta la mère en la fixant d'un regard soucieux.

« Maman, j'aime Juan ! » lui répondit fermement Kantu.

« L'épouser est ce que je désire le plus au monde. Je l'aime, tu comprends ? Laisse-moi être heureuse ! »

« J'espère tellement que tu puisses l'être vraiment, ma fille ! » répondit la mère. Son regard était triste et sur son visage se lisait toute son angoisse profonde. « J'invoquerai les *Apukuna* afin que tu sois heureuse » dit-elle et elle ajouta enfin, avec bonté : « Mais pour plus de sécurité, peut-être vaut-il mieux faire aussi une offrande à la *Pachamama*. Courage, allons chez Anselmo. »

Alors les deux femmes prirent le chemin de la maison du curandero, peu distante de la leur. C'était une journée splendide : le ciel était clair et une légère brise rafraichissait l'air ; au loin on apercevait les terres cultivées dorées par la lumière du soleil. Kantu laissait allait son regard sur les montagnes qui, à ce moment-là, brillaient d'une variété de couleurs spectaculaires : du doré des champs de maïs embrassés par le soleil, au noir des endroits couverts d'ombre.

Arrivées devant la maison d'Anselmo, la mère cria plusieurs fois en quechua : « *Hampusqayk*i, don Anselmo ». Ne recevant pas de réponse, Manuela dit à sa fille : « Peut-être n'est-il pas à la maison ».

« Et moi je pense qu'au contraire il y est, maman. Il y a de la fumée qui sort de la fenêtre » répondit Kantu. Effectivement, peu de temps après, apparut Anselmo sur le pas de la porte presque complètement plongée dans l'obscurité. Il fixa les deux femmes et sur son visage se dessina un tendre sourire de bienvenue. Cela semblait être une bonne journée pour lui : il avait l'air content.

« Pourquoi me cherchez-vous ? » demanda-t-il à la mère de Kantu, en lui souriant affectueusement.

Elle, avec humilité, répondit : « Ma fille va se marier. Son fiancé nous a demandé sa main et la date des noces est déjà fixée.

Anselmo, je viens te demander une faveur : bénis leur union avec une offrande à la Pachamama, afin que leur mariage soit libéré des disputes, que leur relation soit durable, afin qu'enfin elle soit acceptée et aimée par la famille de Juan. Prie pour nous la *Pachamama* et demande aux Apukuna de l'aider à résoudre chaque problème à venir. »

Manuela espérait que cette cérémonie serait suffisante pour aplanir chaque difficulté. Elle savait que la *Pachamama* était une alliée puissante et conciliatrice, quand elle voulait. Même le curandero pensait la même chose. L'homme hésita un instant et, enfin, dit à la mère soucieuse : « Je sais, je sais. Elle est déjà venue plusieurs fois pour me demander : « Il m'aime ou il ne m'aime pas ? » « Serais-je heureuse ou pas ? »

« Qu'est-ce que tu veux y faire ? La jeunesse actuelle est ainsi » commenta la mère résignée. « Impatients en amour et idéalistes en ce qui concerne le mariage. Ils ne savent pas que, en réalité, la vie conjugale ne correspond pas toujours à nos attentes ».

Kantu écoutait en silence, souriant, avec espoir : « Anselmo ne peut pas refuser à maman, il la respecte trop » pensait-elle.

L'affection qu'Anselmo éprouvait pour la mère de Kantu datait de longtemps. Il était devenu orphelin alors qu'il était à peine adolescent, et bien vite, il était entré au service des parents de Manuela, qui l'avaient toujours traité comme quelqu'un de la famille. A la mort de ses parents, Manuela l'avait aidé à s'insérer dans la communauté, lui prêtant de l'argent, et lui fournissant outils et graines. Quand elle et son mari se furent établis en ville, elle lui avait confié ses terres, en accompagnant ce geste de peu de paroles : « Avec le fruit de ces terres, tu en achèteras d'autres pour toi : pour l'instant prends-en soin et fais-les fructifier. » Grâce à ce geste, Anselmo était parvenu à s'acheter quelques parcelles sur lesquelles il cultivait maintenant du maïs, des pommes de terre et de l'orge.

Pour toutes ces raisons, Anselmo ne pouvait refuser cette faveur. Il savait que pour le moment il n'y aurait pas de mariage, du moins c'est ce que dirent les feuilles de coca, mais peut-être le *qoymi*[12] pourrait changer le cours des choses. Anselmo y croyait.

« Ma chérie, vendredi prochain nous célébrerons la cérémonie et alors nous verrons si la *Pachamama* acceptera de protéger cette union. Dans certains cas, si les circonstances ne sont pas favorables, il vaudrait bien mieux se résigner et utiliser l'énergie pour orienter la *Pachamama* en notre faveur» lui répondit-il avec l'autorité que lui conféraient ses années d'expérience en tant que curandero.

Le vendredi suivant, à la tombée de la nuit, père, mère et fille se présentèrent ponctuels au rendez-vous. Cette nuit-là serait célébrée l'une des cérémonies de l'ancienne religion andine, qui aura survécu grâce aux prêtres itinérants qui continuaient à officier selon les rites des anciens Incas.

Anselmo était un de ces prêtres de la nature qui, sous ses humbles vêtements de paysan, suivait la tradition spirituelle du peuple andin.

Après s'être salués, ils s'assirent sur des couvertures et des peaux de cuir et attendirent l'heure propice pour commencer la cérémonie. Alors qu'Anselmo terminait les derniers préparatifs, père, mère et fille parlaient entre eux à voix basse. De temps en temps, Anselmo scrutait le ciel par la fenêtre pour déterminer si c'était l'heure de commencer.

« Je crois que c'est le moment » déclara-t-il avec une voix sûre, après avoir observé attentivement l'horizon. « Nous pouvons commencer ». Le visage du curandero, avec ses cheveux légèrement décoiffés, prit un air solennel comme s'il entrait dans une autre dimension. Ses yeux habituellement joyeux, se firent sérieux :

il y avait une forte détermination dans son regard. Il prépara un feu dans un petit brasero et aviva la flamme en soufflant dessus à plusieurs reprises. Quand les braises s'allumèrent, il les saupoudra d'extraits de plantes sacrées et d'encens. Il passa tous ses instruments de curandero dans la fumée de ce feu, comme s'il voulait les nettoyer, alors il s'agenouilla et souffla la fumée d'une cigarette sur son torse.

Par la suite, il sortit de la toile dans laquelle il avait enveloppé tous ses instruments de travail, une petite couverture carrée de couleur rouge et il l'étendit par terre. Sur la couverture, il mit en place un petit foulard bariolé, la recouvrant de moitié, ayant trois franges de différentes couleurs sur chaque angle. Il prit ensuite une feuille de papier blanc avec laquelle il fit une espèce de bol. Avec une grande maîtrise et habilité, il mit en place aux quatre coins du foulard quelques objets : au coin de droite, un coquillage rosé dans lequel il versa de la liqueur ; au coin de gauche, un coquillage noir, plus profond que le précédent qu'il remplit d'un liquide rougeâtre brillant à la lumière du feu ; dans le troisième coin, des grains de maïs et, dans le dernier, un peu de graisse de poitrine de lama.

« Le moment d'établir le contact est arrivé » annonça solennellement Anselmo, avec une voix inhabituelle.

Tout de suite après, il ordonna à Kantu et aux siens de rester silencieux et de choisir des feuilles de coca entières qu'ils devaient arranger en petits bouquets de trois. Ils obéirent. D'un sac, il sortit des objets attachés entre eux, appelés *wallqa*[13] et il le passa à travers la fumée. Sans hésiter, il prit ensuite le brasier et fit osciller par-dessus tous les objets présents. Ensuite, il prit un deuxième paquet et le fit passer plusieurs fois au milieu de la fumée sans l'ouvrir, en prononçant à voix basse des phrases incompréhensibles. Puis, il prit, l'un après l'autre, tous les coquillages et il commença à renverser le liquide qu'ils contenaient, d'abord sur le paquet fermé et puis dans le récipient de papier qui contenait les autres offrandes. Il prit dans ses mains tous les coquillages et sortit de la cabane.

Kantu le suivit du regard, intriguée. De l'endroit où elle se trouvait, elle vit qu'Anselmo, après avoir sifflé, et non soufflé sur les récipients qu'il avait en main, lança le contenu d'un des coquillages d'abord vers l'est et puis vers l'ouest et celui de l'autre coquillage en direction sud-nord, puis il rentra et mis les coquillages à leur place, sur le foulard.

« Passez-moi les feuilles de coca que vous avez regroupées » dit Anselmo.

Et ainsi commença la cérémonie sacrée à la *Pachamama* durant laquelle on chantait et on priait à voix haute et à voix basse. Une fois prêt, Anselmo bénit l'offrande pour pouvoir finalement la brûler. Avant de ressortir, il dit : « Attendez-moi ici : je vais brûler ceci dans le feu. Nous verrons ce que répondra la *Pachamama.* »

Pendant qu'il était dans la maison, préparant le rituel, une personne était restée dehors, chargée de raviver le feu qu'Anselmo avait précédemment allumé, dans le but d'obtenir beaucoup de braises. En effet, au moment de l'offrande, elles devaient être de bonne taille et sans flammes. Une fois dehors, il ordonna à son assistant de se retirer et il commença le rite final. Resté seul, sifflotant et jouant d'un petit grelot, il installa l'offrande sur les braises. Il invoqua les collines, les montagnes, les lacs et la terre avec des chants et des prières. La lueur du feu illumina son visage et laissa entrevoir le couvre-chef décoré des symboles géométriques avec lequel d'ordinaire, il se protégeait du froid des nuits montagnardes.

« *Fiuuu ! Fiuuu ! Hamuriychis, Pachamama, qollana mama, qocha mama, tukuy Apukuna hamuriychis.* » (Fiuuu ! Fiuuu ! Mère du temps et de l'espace, Mère Sacrée, Mère Eau, venez. Esprits protecteurs de l'homme, rapprochez-vous).

Quelques instants plus tard, il termina la cérémonie, retourna à la cabane tête nue et le poncho noué à la taille. Soudain, de l'une des bougies éclairant la pièce d'une lueur dansante, coula de la cire par terre. Anselmo la regarda inquiet.

« Nous attendrons que les braises brûlent complètement l'offrande et ainsi nous connaîtrons la réponse de la Pachamama et des Apukuna. »

A cet instant, on entendit un coup. Tous les quatre tournèrent la tête, avec une immense stupeur, ils virent qu'un verre posé devant la fenêtre s'était brisé sans que personne ne l'ait touché.

« C'est un mauvais signe, mais nous attendons quand même la réponse des cendres de l'offrande » dit Anselmo sur un ton inquiet, cherchant malgré tout à tranquilliser les gens présents.

Dans la pièce, une certaine tension se fit sentir. Mère et fille se regardèrent : la fille effrayée, la mère inconsolable. Le père se limitait à écouter, sans rien dire. Visiblement inquiète, la mère dit : « Espérons que tout aille bien. Anselmo, tu as suivi correctement la cérémonie ? »

« Oui, ma chérie, mais il appartient à la *Pachamama* de nous dire ce que réserve le futur de ta fille : si cette union durera ou non » dit Anselmo soucieux. « Moi je suis simplement le serviteur de la *Pachamama*… Attendons. »

Quelques minutes plus tard, après avoir lancé quelques feuilles de coca sur le *wallki*[14], le curandero dit : « Le moment de voir le résultat de l'offrande est arrivé ».

Il sortit et quand il rentra il dit d'une voix affligée : « La *Pachamama* ne permet pas cette union. Sur les cendres blanches, il s'est formé une ligne de cendres noires, ce qui n'est pas de bon augure. Le mariage de ta fille ne se fera pas. Notre mère nous dit qu'il y a quelque chose qui ne va pas… On verra ce qui arrivera plus tard. » A cet instant, des chiens commencèrent à aboyer.

« Même ceci est un mauvais signe. L'aboiement des chiens n'indique rien de bon » ajouta Anselmo.

Sitôt la cérémonie terminée, père, mère et fille, tristes et mal à l'aise s'en allèrent.

Ce qui arriva durant les semaines suivantes fut très triste. Les gens du pays racontent que, peu de jours avant les noces, Juan a été appelé de toute urgence par ses parents. Un éboulement avait eu lieu dans leur mine et sa présence sur les lieux était indispensable. Juan se vit obligé de les rejoindre pour faire face à la situation ; et de ce fait la cérémonie dut être ajournée. Avant de partir, il alla saluer Kantu, en lui assurant qu'il serait de retour dès qu'il parviendrait à résoudre les problèmes de la mine. Il lui dit qu'il ne savait pas combien de temps il devrait rester éloigné : peut-être quelques semaines ou même quelques mois. Sur son visage, on lisait le mécontentement qu'il éprouvait de devoir la laisser, mais il ne pouvait vraiment pas refuser la demande de ses parents. Ce fut la dernière chose que Kantu sut de lui.

Ce qu'elle ne savait pas c'est qu'en réalité, l'affaire de la mine n'avait été qu'un prétexte imaginé par Juan pour s'éloigner d'elle. Il n'avait jamais eu l'intention de l'épouser et ainsi, avec l'aide d'un ami, il s'était inventé ce stratagème. De cette manière, il pouvait s'en sortir gagnant et, si ensuite les choses n'allaient pas dans son sens, il pourrait retourner chez elle. Juan, en réalité, n'avait jamais été amoureux de Kantu ; il avait simplement cherché à jouir le plus possible de sa beauté et de sa jeunesse.

Kantu était loin d'imaginer les vraies intentions de Juan. Elle n'avait pas beaucoup d'expérience en ce qui concerne l'amour et elle ignorait les subterfuges habituels auxquels ce genre d'homme a recours. Dans toute cette histoire, Juan était l'épervier et Kantu la naïve colombe abusée.

Juan ne revint plus de la mine. Des semaines et des mois passèrent sans qu'il ne donne signe de vie. La dernière chose que Kantu savait de lui, par les amis, c'était qu'il avait commencé à travailler dans une mine d'argent pour le compte d'une compagnie étrangère. Profondément inquiète de ne pas recevoir de ses nouvelles, fatiguée d'attendre et peinée que ses proches ne l'informent pas, elle décida de se tourner vers Anselmo pour qu'il lui dise où se trouve Juan et comment il allait.

Comme il l'avait déjà fait au cours des occasions précédentes, Anselmo sortit tous les instruments nécessaires à la divination et commença à voyager à travers le temps et l'espace, pénétrant les mystères et les secrets de la nature. Des mystères inaccessibles au plus grand nombre, mais pas à Anselmo, grand connaisseur des mécanismes qui permettent à l'homme de voyager dans le temps pour savoir, scruter, demander et vérifier.

Après avoir attentivement observé les feuilles de coca éparpillées sur le foulard, l'ancien curandero se tut, en cherchant à trouver les mots justes pour dire à Kantu ce qu'il avait vu. Puis, d'un air résigné, il la regarda attentivement et, finalement, lui dit : « Ma fille, Juan travaille vraiment où l'on t'a dit, mais je le vois avec une autre. Il semble qu'il vive avec elle. »

« Ce n'est pas possible ! Ça ne peut pas être vrai ! Il m'a juré un amour éternel. Il m'a promis qu'il serait revenu et que nous nous serions mariés » dit-elle en prenant sa défense, espérant le revoir à nouveau à ses côtés.

Souvent, lorsqu'une femme tombe amoureuse, elle se noie dans un monde de fantaisies et d'illusions qui l'empêchent de penser et de raisonner, un monde dans lequel l'homme devient son prince charmant. Et c'était justement ce qui arrivait à Kantu.

Elle nourrissait l'espérance que Juan reviendrait ; il le lui avait juré tant de fois qu'elle avait continué à l'attendre avec confiance et patience. Elle imaginait que son amoureux traversait des difficultés qui l'empêchaient de lui écrire.

Ça devait vraiment être ainsi ! Il y avait certainement une raison pour laquelle il ne pouvait se mettre en contact avec elle. Mais elle était certaine d'une chose : il l'aimait.

Même si elle avait pleinement confiance en lui, peu à peu, les mots d'Anselmo commencèrent à semer le doute en elle. Et ce fut ainsi qu'un jour, elle monta dans un de ces camions, faisant la navette entre la mine et la ville, pour aller à la recherche de Juan. Le conducteur, un indien de forte corpulence, à la peau cuivrée et plutôt taciturne, lui avait offert de voyager en cabine avec lui. Ses cheveux noirs étaient légèrement décoiffés, ses mains grossières étaient gercées. Il portait un casque de mineur, un passe montagne, une veste fourrée, un pantalon en laine et des bottes de mineur. Avant de partir, il lui avait conseillé :

« Mademoiselle, habillez-vous chaudement pour vous protéger du froid et attendez-vous à ce que le voyage soit dur. La route est mauvaise et il fait très froid. »

Durant le voyage, Kantu se rendit compte que l'homme avait vraiment raison : il faisait un froid glacial. Le camion avançait lentement le long de la route semée d'ornières qui la faisait tressauter jusqu'à effleurer le toit de la cabine avec la tête. Le passage du véhicule qui se dirigeait vers le haut plateau grisâtre soulevait des nuages de poussière.

Il n'y avait que terre, cailloux, et de rares petits arbustes constituant une pauvre végétation. De temps en temps, on apercevait des maisons de briques nues aux toits de zinc construites sur le bord de la route par les habitants de la région. A l'horizon, l'intense azur du ciel contrastait avec le gris des montagnes, dont certaines encore enneigées. La route se perdait dans l'immensité de ce paysage.

Ils avaient déjà parcouru une bonne partie du trajet quand le conducteur arrêta le véhicule devant une maison de torchis et de pierres. Le toit de paille, doré brillant à l'origine, était désormais complètement noir. La porte de bois s'ouvrit et sur le seuil apparut une vieille femme.

« Grand-mère, as-tu du thé, du café ou quelque chose à manger ? » demanda le conducteur en descendant du camion. Puis, en se tournant vers Kantu, il dit : « Mademoiselle, si vous désirez manger ou boire quelque chose, faites-le maintenant, car cette auberge est la dernière étape sur cette route déserte avant la mine. De nombreuses heures de voyage nous attendent encore. Nous arriverons à la tombée de la nuit. »

« Oui, merci. Je vais boire quelque chose » dit Kantu en descendant du camion. Elle regarda les montagnes au loin, qui, à la lumière du soleil couchant, étaient teintées de rouge vif.

Quand ils eurent consommé le peu que la vieille femme avait à leur offrir, ils reprirent le voyage. Kantu demanda au conducteur s'il connaissait l'ingénieur Juan Camargo.

« Je ne crois pas, mademoiselle. Ce doit être un des nouveaux ingénieurs de la société » lui répondit-il redevenant silencieux.

Kantu décida de fermer les yeux pour s'assoupir un peu, mais elle n'y parvint pas tout de suite. Le camion avançait difficilement : ils étaient déjà à plus de cinq mille mètres d'altitude.

« Nous serons bientôt arrivés » fut la dernière chose qu'elle entendit avant que le sommeil ne la surprenne.

Quand ils furent à la mine, Kantu se dirigea vers l'unique hôtel de la zone. Alors qu'elle marchait, elle vit devant elle un visage familier qui se rapprochait, accompagné d'une femme.

C'était son Juan bien-aimé ! Celui qu'elle aimait tant avançait main dans la main avec une autre femme. Sans se rendre compte de la présence de Kantu, le couple continua vers l'hôtel jusqu'à ce que les deux fiancés se trouvent face à face. Juan resta tétanisé, comme si le vent glacé lui fouettait les joues.

Il faisait très froid sur ces hautes montagnes. Les vêtements lourds que Kantu portaient cachaient ses jolies formes. De loin, Juan ne l'avait pas reconnue et, maintenant qu'ils se trouvaient à quelques mètres, il ne savait vraiment plus quoi faire. Son visage se contracta et devint pâle ; ses lèvres se mirent à trembler : il ne pouvait pas en croire ses yeux. Le premier moment de stupeur passé, il réussit à se contrôler. Il réfléchit rapidement afin de se sortir de cette embarrassante situation et fit semblant d'être calme, lui sourit d'un air naturel, la regardant et lui dit : « Salut Kantu ! Quand es-tu arrivée ? » « Je te présente ma fiancée… » ajouta-t-il après une courte pause.

Kantu aurait voulu disparaître. La terrible douleur qu'elle éprouva à ce moment-là, la désarma tant qu'elle ne savait plus si elle devait pleurer ou crier, se jeter dans ses bras ou le frapper. La gorge serrée, des pensées contradictoires lui trottaient par la tête. Voyant que Kantu ne parvenait pas à articuler un mot, la femme qui accompagnait Juan lui sourit et puis, en s'adressant à lui, dit : « Ou bien ton amie est muette, ou bien elle ne t'a pas entendue. Peut-être est-ce à cause de l'altitude. Laissons-la se reprendre, on parlera avec elle plus tard. Très contente de te connaitre » ajouta-t-elle en s'éloignant.

Faisant semblant de ne pas se rendre compte de sa souffrance, Juan lui dit : « Tu logeras à l'hôtel ? On se verra là. Ça me ferait plaisir de te parler. » Puis il rejoignit sa partenaire et ils s'éloignèrent tous les deux. C'était une métisse, élégante, ayant une certaine allure, probablement une employée de la mine.

Les yeux de Kantu se remplirent de larmes, son corps se mit à trembler. Encore une fois, elle ne parvenait pas à comprendre si elle était réveillée ou si elle rêvait, si ce n'était qu'un vilain cauchemar ou une triste réalité. Oppressée par une douleur aiguë, le souffle coupé, tout se mit à tourner autour d'elle, l'emmenant dans une spirale obscure : Kantu s'affala, évanouie. Quelques passants la secoururent et l'accompagnèrent chez le médecin de la mine.

Quand elle revint à elle, elle se retrouva étendue dans un petit lit d'infirmerie. A ses côtés, un médecin et une infirmière. Etourdie, elle entendit des voix qui disaient : « Elle revient à elle ».

Puis elle entendit une voix familière. C'était Juan qui était revenu sur ses pas pour la chercher : « Laissez-moi passer ! Je dois lui parler ! » dit-il.

En voyant le visage souffrant de Kantu, le médecin intervint pour éviter le pire et il affirma : « Pour le moment il vaut mieux qu'elle se repose. Elle ne peut pas recevoir de visites. Je vous prie de revenir demain ou dès qu'elle se sentira mieux. »

Puis, alors qu'il remplissait le dossier médical, il demanda à Kantu : « Tu travailles à la mine ? Tu es d'ici ? »

« Non, je viens à peine d'arriver. J'allais à l'hôtel » lui répondit-elle profondément exténuée et à bout de forces.

« Reste tranquille. Tu t'es probablement évanouie à cause de l'altitude. Tu dois te reposer. Nous te ramènerons à l'hôtel, mais évite de faire trop d'efforts. Nous te garderons en observation » lui communiqua le médecin alors qu'il lui faisait une piqûre.

Kantu savait bien que la cause de son malheur n'était pas celle-là, mais plutôt l'insoutenable douleur qu'elle éprouvait : Juan, l'homme qu'elle adorait, l'avait trahie.

Quand ce soir-là, elle rencontra Juan à l'hôtel, elle le regarda dans les yeux sans rien lui dire. Elle se mit à pleurer en silence, sans oser se jeter dans ses bras. Lui, incapable de soutenir son regard, baissa les yeux. Kantu comprit alors qu'il n'y avait plus rien à dire.

Le jour suivant, elle monta dans la première voiture qui allait vers la ville, le cœur brisé, les yeux rougis par les pleurs, habité par une douleur et une tristesse infinie. Juan l'a fréquentée uniquement pour satisfaire son bon plaisir et ses envies, sans avoir jamais eu l'intention de l'épouser ; elle s'était donnée complètement, avait vibré entre ses bras. Par amour, elle avait donné tout ce qu'une femme peut donner à un homme, mais lui, ne l'avait pas compris. Elle se résigna à croire que les prophéties d'Anselmo étaient la cruelle vérité : pour le moment Juan ne l'épouserait pas. Et si vraiment elle voulait changer le cours des événements, elle devrait avoir recours au pouvoir qu'elle possédait. Sans armes il est impossible de combattre et cela n'était certainement pas son cas.

Alors que la voiture filait sur la route poussiéreuse, Kantu se répétait en elle-même qu'elle aurait dû réfléchir avant de se donner à un homme qu'elle connaissait à peine. Mais elle se souvint aussi de ce qu'Anselmo lui avait dit : si vraiment elle avait voulu s'attirer les avantages de la Pachamama, elle aurait dû faire appel à son énergie intérieure : « Si tu le veux, tu le peux » lui avait-il répété de nombreuses fois. Elle ne l'avait pas écouté et maintenant elle était là, de retour vers la ville portant avec elle tout le poids de sa douleur et de sa tristesse. Brusquement, tout son monde s'est écroulé ; toutes ses espérances se sont brisées comme une fragile coupe de cristal.

---

11. Marché populaire de la ville de Puno. Anciennement il existait une lagune appelée « Lagune du sorcier ».
12. Mélange réduit en cendres qui est utilisé en offrande à la Pachamama et aux Apukuna.
13. Collier sacré que les curanderos utilisent durant le rite dédié à la Pachamama.
14. Châle sur lequel il est habituel de déposer les feuilles de coca, utilisées durant la divination.

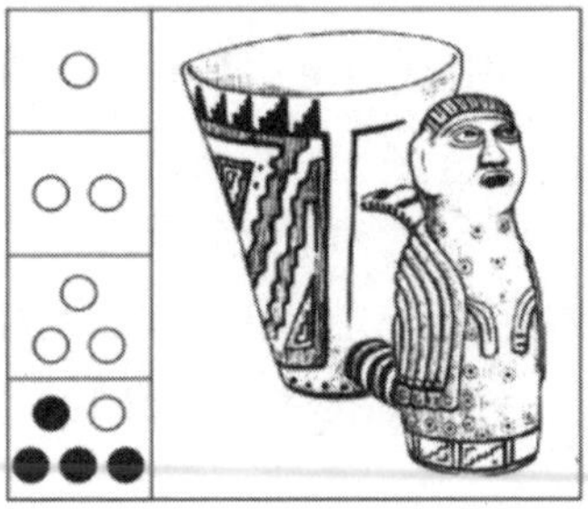

4.
QUAND TU VEUX, TU PEUX

L'amour est un sentiment magique, mais le désenchantement est un événement vraiment tragique. L'homme ou la femme ont des projets et des buts qui souvent, malheureusement, ne coïncident pas : leur façon de penser, leur mode de vie est, en fait, très différente.

Esclave de la passion, jusqu'à présent Kantu n'avait connu qu'un aspect de la personnalité de Juan, sans comprendre qui il était vraiment. Mais, à la mine, elle a vu aussi l'autre visage de l'homme qu'elle aimait : son cynisme, son audace, sa cruauté, son manque d'estime et de respect envers son prochain. Dès lors, l'avenir lui est paru plus sombre que jamais, parce que sans Juan sa vie n'aurait plus de sens. Profondément blessée, affligée, Kantu ruminait : pourquoi n'avait-elle pas discuté avec Juan ? Pourquoi n'avait-elle pas éclairé cette situation ? Elle avait été incapable de dire quoi que ce soit, se contentant de le regarder.

Lui aussi s'était tu. Elle s'était éloignée de lui silencieuse, en se réfugiant dans la solitude de sa chambre ; Juan, de son côté, n'avait pas insisté.

« Je dois retourner chez Anselmo, j'ai besoin de savoir la vérité » se dit-elle. Elle se souvint qu'avant d'entreprendre ce voyage, Anselmo lui avait prédit l'existence d'une rivale. Que faisait-il ? Pourquoi n'est-il pas revenu vers elle ? Qu'est-ce qui le retient aux côtés de cette femme ? Elle décida de le vérifier une fois pour toute.

Comme toujours, elle alla chez Anselmo emmenant un sac de feuilles de coca. Une énième fois elle lui demanda de lire l'avenir, passant sous silence son voyage effectué ainsi que ce qui était arrivé à la mine.

Le curandero commença à entrer dans l'inconnu, jouant avec la cascade de feuilles de coca qui tombait sur le foulard. Pour lui ces feuilles étaient comme un livre ouvert. Après les avoir lancées plusieurs fois, il dit, en la regardant droit dans les yeux : « Tu l'as surpris avec une autre femme ! Exactement comme je te l'avais dit ! Tu as été le chercher et ce que tu as vu t'as fait beaucoup souffrir. Alors, ma petite, c'était vraiment vrai que cet homme n'avait pas de bonnes intentions. Et pourtant tu ne t'es pas battue, tu t'es laissé prendre ton fiancé par cette femme : tu n'as pas vraiment lutté à ce moment-là comme tu l'avais fait avant. »

« Mais maintenant oui que je veux combattre ! » affirma-t-elle en colère. « Qui est cette femme ? »

« Maintenant c'est sa compagne. Il dort avec elle toutes les nuits. Cet homme aurait pu être le tien, mais tu n'as pas voulu. Tu as en toi un pouvoir que tu n'utilises pas du tout » conclut Anselmo.

« Mais quel est ce pouvoir ? » demanda-t-elle décidée, d'un air de défi. « Tu n'as jamais voulu me l'expliquer » ajouta-t-elle, laissant entrevoir la haine qui naissait en elle.

« Petite, je t'ai répété maintes fois que tu pouvais, mais en réalité tu ne le voulais pas vraiment. »

« Je le veux mais je ne le peux pas » répondit-elle répondit Kantu inconsolable et atteinte.

« Non, non, non. Ce n'est pas du tout ainsi » la contredit Anselmo. « Tu soutiens que tu le veux, mais ce n'est absolument pas vrai. Et c'est pour cette raison que tu ne le peux. Celui qui veut vraiment, peut. Mais pour pouvoir et vouloir, il faut d'abord savoir et, surtout, oser. Mais toi, tu n'as pas voulu savoir, tu n'as pas voulu pouvoir, et surtout tu n'as pas voulu oser. »

« Je ne comprends pas Anselmo. Tu dois vraiment m'expliquer. »

« En ce moment, ça ne te servirait à rien. Désormais, il est trop tard. Fais ce que te disent tes parents, écoutes-les » décréta le curandero en continuant de scruter les feuilles de coca. « Ne nourris pas de fausses espérances et ne t'inquiètes plus pour lui, car tu n'as pas perdu grand-chose avec cet homme. »

En entendant ces mots, Kantu pensa amèrement : « S'il savait combien je l'ai aimé et combien je l'aime encore il ne parlerait pas ainsi. »

Le regard encore fixé sur les feuilles de coca, le curandero continua : « Tu te sens profondément blessée parce que tu l'aimes encore, mais il n'en vaut pas la peine, il ne fait rien pour toi. C'est mieux comme ça : il ne t'aurait jamais rendue heureuse. Il n'a jamais eu de bonnes intentions ou peut-être que si mais, sitôt parti, il s'est mis à la recherche d'une autre. Ce qui signifie que ce qu'il éprouvait pour toi n'était pas un amour vrai, donc, oublies-le. Ici je vois qu'il y a d'autres hommes à qui tu plais : tu pourrais te décider pour l'un d'entre eux ».

Kantu savait qu'il disait la vérité : d'autres hommes la courtisaient, mais elle ne s'intéressait qu'à Juan. C'était une obsession ; elle avait cet homme dans la peau. Et maintenant elle se sentait blessée et était décidée à se venger.

Comme s'il pouvait lire dans ses pensées le curandero lui dit : « Et maintenant tu penses te venger en fréquentant d'autres hommes ? Attention, car tu ne feras de mal qu'à toi-même : les blessures d'amour doivent se cicatriser toutes seules. Essaies de ne plus penser à lui et tu verras que, avec le temps, tu l'oublieras. »

Après s'en être allée, Kantu repensa aux conseils d'Anselmo : elle essayerait de les suivre au mieux, même si elle savait que ce serait impossible car, depuis le départ de Juan, Cuzco lui était devenue insupportable. Même en sachant que c'était une folie, au fond de son cœur, elle l'aimait encore. Une seule chose la perturbait : que voulait dire Anselmo avec son « tu pourrais mais tu ne veux pas savoir comment » ? Elle ne parvenait pas à comprendre la véritable signification de ces paroles.

Jusqu'au jour de son désenchantement, elle avait cherché en vain d'oublier Juan : trop de souvenirs la liaient encore à lui.

Un beau jour, alors qu'elle marchait dans les rues de San Blas, elle rencontra sa tante Maria. Kantu se força d'être courtoise et gaie comme toujours : « Tante Maria, ça faisait longtemps ! » dit-elle emplie d'émotions.

« C'est vrai » dit la tante en l'observant. « A propos, comment vas-tu ? » « Bien, tante Maria » répondit Kantu d'un air triste. « Comment vas-tu ? » redemanda la tante, en la regardant attentivement. « Bien, tante Maria » répondit encore Kantu s'efforçant de sourire.

« Ne simule pas avec moi, Kantu, je te connais trop bien. Même si tu cherches à paraître heureuse, je sais que tu ne l'es pas du tout. Que s'est-il passé ? Tu t'es disputée avec ton fiancé ? Comment se fait-il que vous ne soyez pas encore mariés ? » demanda la tante.

Un état de triste amertume envahit la pauvre Kantu et les larmes lui coulèrent sur les joues. « Il m'a quitté, tante Maria. Il m'a trahi » dit-elle en sanglotant, les yeux baissés.

La tante, ayant une certaine expérience du genre masculin, répliqua : « Je te l'avais bien dit. Il n'y a rien de bon à s'attendre d'un tel individu. J'ai plus d'expériences que toi avec les hommes ! Dans ma vie j'ai appris à bien les connaître : j'ai vécu avec l'un d'entre eux et, souviens toi, ils sont très différents de nous, les femmes. »

« Mais tante Maria, moi je l'aimais ! » s'exclama Kantu. « Pour lui, je serai allée au bout du monde. »

« Petite, ça arrive quand on aime pour la première fois. Ce n'est pas pour rien que l'on dit : le premier amour est d'or, le deuxième d'argent et les suivants de métal. Mais tu verras, ça te passera ».

« Maman et d'autres personnes à qui j'ai raconté ce qui s'est passé me disent aussi la même chose. »

« Et c'est vraiment ainsi » lui confirma la tante. « Souviens-toi, petite jeune fille, que les hommes et les femmes pensent de manière différente et que, souvent, ils confondent le sens du mot amour. Pour les hommes, l'amour signifie une chose, alors que pour les femmes, il a une autre signification. Je crois que Juan n'a jamais aimé personne. Il en est incapable. Un homme qui agit ainsi, qui détruit le lien en blessant le cœur d'une femme, ne peut aimer. N'oublie pas qu'il existe des hommes bons et des hommes mauvais. Ces derniers jouent avec les sentiments d'une femme et continuent à vivre leur vie sans remords, leur ego est si fort qu'ils veulent la priorité sur tout. Tu es jeune encore et, justement, tu dois être sur tes gardes. Et s'il t'arrivait de rencontrer un homme bon, un homme vrai, alors aime-le, consacre-toi à lui mais avant de le faire, apprends à le connaître, écoute-le, parle-lui. Sois prudente, ne sois pas pressée. Je suis sûre que tôt ou tard tu rencontreras un homme meilleur que Juan. »

« J'ai bien peur de ne jamais rencontrer quelqu'un qui me plaise autant que lui» répondit Kantu.

« Mais Juan t'a quittée, il est parti ».

« Je le sais, tante Maria » affirma Kantu d'une voix triste « mais je n'y peux rien. Je serai incapable de me jeter dans les bras du premier venu. J'ai toujours rêvé de me marier et d'avoir des enfants, mais uniquement avec celui que j'aimerai vraiment. Jamais plus je ne pourrai aimer autant que j'ai aimé Juan. »

« Écoute-moi bien, "nigaude" dit la tante. « Ne fais pas comme moi qui ai gâché une grande partie de ma vie en voulant un mari selon mes souhaits : tu finiras dans le mur. Ne te renferme pas, ouvre ton esprit, lève la tête et avance, la vie continue. Moi je n'ai aimé qu'un homme dans ma vie. Au début, je pensais qu'il m'aimait, mais avec le temps qui passait, j'ai dû me raviser. Il était incapable d'aimer. Et qu'ai-je obtenu en voulant être une jeune fille amoureuse ? Qu'y ai-je gagné ? La solitude la plus absolue. » « Tante Maria, mais toi, tu aimais ton mari. » « Bien sûr que je l'aimais. Mais attention : j'aimais un homme comme je l'avais imaginé ». Ceci dit, la tante prit congé : « A bientôt, petite ». Kantu la regarda s'éloigner et se fondre dans la foule, alors elle reprit sa marche, triste et exténuée.

Même en sachant que la vie sans amour n'est pas une vie, elle préférait rester seule, sans fiancé. Son plus grand espoir était de réussir à oublier Juan, de réussir à avancer sans lui. Elle s'efforça à vivre le plus sereinement possible, essayant de transformer chaque tristesse en joie et chaque souffrance en plaisir. Pour s'occuper l'esprit afin de ne pas penser à Juan, elle se réfugia dans les études et le sport et commença à rédiger sa thèse en vue de l'examen.

Un an plus tard, Kantu eut son diplôme et trouva un poste d'institutrice dans une école de Cuzco. Elle donnait à ces petits tout l'amour et la tendresse dont elle était capable. Elle vivait encore chez ses parents et donc n'avait pas de gros frais ; plus d'une fois, elle s'était proposée pour contribuer aux dépenses du ménage, mais son père s'y était toujours opposé. « Economise ton argent, il te servira à t'acheter une maison, par exemple » lui a conseillé José.

Suivant le conseil de son père, elle ouvrit un compte en banque où, à la fin de chaque mois, elle déposait la majeure partie de son salaire. Un jour, alors qu'elle attendait son tour, assise sur l'un des bancs de la banque, quelqu'un la toucha à l'épaule. Une voix de femme, aigüe, lui serina : «Qu'est-ce qu'elle nous raconte notre éternelle amoureuse ? Quand oubliera-t-elle celui qui l'a abandonnée comme une sotte ?».

Se retournant pour voir qui osait dire ces méchancetés, elle vit qu'il s'agissait de Carmen Mosquera, une de ses camarades d'université qui connaissait son histoire avec Juan. Elle aussi avait eu son diplôme en pédagogie, même si ensuite elle a préféré diriger le commerce de son père, une des merceries les plus prospères de Cuzco.

En entendant ce commentaire si acide, Kantu, incapable de garder son calme, lui répondit furieuse : « Carmen, tu es incorrigible ! Tu es incapable de respecter la douleur d'autrui, au contraire tu te réjouis des malheurs des autres. »

Ces mots prononcés pleins de colère, Kantu ressentit une profonde douleur : voilà qu'après tout ce temps on la mettait devant la dure réalité en lui remettant en mémoire l'abandon par l'homme qu'elle avait aimé plus que tout. Elle se leva tout à coup en larmes, et sortit de la banque. Tout se passa très vite. Carmen se rendit tout de suite compte d'avoir exagéré par son commentaire incisif, et cherchant à l'aider, elle la rattrapa en criant : « Kantu ! Attends. Je ne voulais pas te blesser, je t'en prie, pardonne-moi ! Je ne savais pas que Juan était aussi important pour toi. Je te promets que plus jamais je ne dirai une chose pareille. »

Alors Kantu s'arrêta et, après l'avoir écoutée, se dirigea de nouveau vers la banque suivie par Carmen à laquelle elle dit, très sérieusement : « Je te pardonne uniquement parce que nous sommes amies, mais ne t'avise plus jamais d'agir ainsi. »

« Merci, Kantu » répondit Carmen et, s'efforçant de changer de sujet, elle lui demanda : « Comment se fait-il que tu sois là ? »

« Je suis venue déposer de l'argent. J'épargne pour m'acheter une maison ».

« Puis-je te demander de combien d'argent tu disposes ? Peut-être vaudrait-il mieux que tu investisses. Les intérêts offerts par la banque sont très bas, si tu investis, en peu de temps tu pourras doubler ou même tripler tes économies et tu pourras ainsi t'acheter une maison. »

« Je n'ai pas grand-chose. Et puis je ne saurai pas comment investir, ni comment faire fructifier cet argent » ajouta Kantu.

« Et à quoi servent les amies ? Si tu es intéressée, je pourrai te conseiller. Je dois aussi me faire pardonner d'une manière ou d'une autre le mauvais moment que je viens de t'infliger, tu ne trouves pas ? »

« Non, non » répondit Kantu. « Je ne veux pas entrer dans les monde des affaires. C'est trop compliqué pour moi. »

« Ecoute-moi, Kantu » dit l'amie « Si tu veux que ton argent rapporte, fais bien les choses. Laisse-moi te conseiller ; tu es une institutrice formidable et tu te donnes complètement à ton travail et tu ne penses pas à autre chose. Tu dois investir l'argent que tu possèdes. »

« Ça va, si tu le veux ou si ça te sert, essaie d'en faire quelque chose » se rendit Kantu. « Non, non » répondit l'amie. « Je n'en ai pas besoin. Cet argent est le tien, tu l'as gagné à la sueur de ton front : investis-les, moi je t'aiderai. »

Et ce fut ainsi que Carmen Mosquera parvint à la convaincre d'investir ses économies dans une mercerie. Elle l'avait blessée et elle se devait de s'amender de quelque manière que ce soit. Au fond, Carmen n'était pas une méchante personne. Elle s'amusait seulement parfois à taquiner les gens.

Kantu continua sa vie de routine. Avec le temps, elle mûrit et devint encore plus belle. Sa vie était partagée entre la communauté et la ville.

Un jour, elle retourna d'urgence au village pour rencontrer Anselmo, son confident. En règle générale, elle lui demandait conseil quant à son travail ou sur la gestion de l'investissement qu'elle avait fait, mais cette fois-ci elle lui demanderait de lui parler de Juan qui, entretemps, lui avait rendu visite. Elle était sûre de ne plus être amoureuse mais, le revoir, lui avait fait prendre conscience qu'au fond de son cœur, elle l'aimait encore et maintenant elle voulait savoir si Juan l'aimait vraiment, comme il le lui avait déclaré lors de leur dernière rencontre.

Comme toujours, elle se rendit chez Anselmo avec son sac plein de feuilles de coca qu'il utiliserait pour prédire l'avenir. Quand elle arriva devant la porte, elle appela plusieurs fois, sans succès. Elle ne sut que faire : attendre ou s'en aller. Finalement, elle décida de s'en aller mais, elle était si anxieuse, et voulant savoir, elle revint sur ses pas une heure plus tard, à la nuit tombante. Anselmo devait sûrement être à la maison car une faible lueur apparaissait à la petite fenêtre. Vivait-il seul ? C'est une question qu'elle ne s'est jamais posée. Elle ne lui avait jamais rien demandé sur sa vie : elle avait suffisamment de préoccupations.

Elle frappa à la porte avec insistance, jusqu'à ce qu'Anselmo apparaisse en disant : « Jeune fille, que veux-tu à cette heure-là ? Tu n'as pas peur de circuler dans la région toute seule ? ».

« Peur de quoi ? » demanda Kantu. « Au village tout le monde me connait et je suis plus en sécurité ici qu'en ville, personne ne me ferait du mal. »

« Oui, c'est vrai » répondit Anselmo. « Mais je ne faisais pas référence aux gens, mais plutôt aux fantômes que tu pourrais rencontrer sur ton chemin. »

« Des fantômes ? Et qui est-ce qui y croit aux fantômes ? » répondit-elle sceptique.

« Kantu, les fantômes existent... » affirma-t-il.

« Nous reparlerons de ceci un autre jour : pour le moment j'ai besoin d'une consultation. J'ai apporté les feuilles de coca » dit-elle en lui donnant le paquet et entrant dans la pièce où Anselmo la recevait d'habitude.

Dès que la préparation rituelle sur l'humble table fut terminée, Anselmo ouvrit le paquet contenant la coca précédemment pliée. Il observa attentivement les feuilles éparpillées sur la petite couverture de laine et il ébaucha un sourire à peine perceptible. Successivement, il les souleva et les fit tomber, attentif à la façon dont elles se posaient sur le *wallki*. Après les avoir observées avec soin, les lisant, il demanda : « Tu veux me demander quelque chose à propos de Juan, n'est-ce pas ? »

« Oui, comment le sais-tu ? » répondit Kantu étonnée.

« C'est l'homme que tu n'as jamais cessé d'aimer, l'homme auquel tu penses toujours, qui te vole ton sommeil et t'empêche de vivre en paix » répondit-il en continuant d'observer scrupuleusement les feuilles de coca.

Les yeux de Kantu s'illuminèrent et elle l'interrogea anxieuse : « Il m'aime encore ? Il pense à moi ? Comment va-t-il ? »

« Tu l'as vu, vous vous êtes rencontrés chez ta sœur. Tu es à nouveau sortie avec lui. Ce serait mieux que tu l'oublies et que tu te cherches une autre compagnie masculine. Mais je vois que ton cœur est encore épris de lui, que tu continues de penser à lui. Depuis combien de temps l'attendais-tu ? »

Kantu repensait à la lettre que Juan lui avait envoyée avant de la laisser tomber. Il disait : « Kantu, ma chérie, je suis désolé de ne pouvoir t'épouser maintenant, mais j'ai besoin d'un peu de temps pour résoudre certains problèmes. Peut-être est-ce mieux ainsi.

Nous sommes jeunes et nous avons toute la vie devant nous avant de nous marier. Profitons de notre liberté. Entre temps toi, pense à obtenir ton diplôme. Mon tendre amour, merci pour tous ces moments de bonheur que tu as su me donner jusqu'ici ! J'ai beaucoup pensé à notre vie de couple et, nous étions bien, jusqu'à ce que nous parlions de mariage. Notre relation était une relation libre. Je t'aime Kantu, tu es merveilleuse. Merci infiniment pour tous les jours et toutes les nuits que tu m'as offerts, pour les moments de bonheur partagés. Je ne les oublierai jamais. Tu peux être certaine qu'au fond de mon cœur, je continuerai à t'aimer. Tu seras toujours l'étoile qui illuminera mon chemin. Je te serre dans mes bras et t'embrasse avec amour, Juan. »

Kantu avait lu et relu cette lettre mille fois, cherchant à déceler un sens caché, un indice. A aucun moment, il ne lui disait qu'ils se seraient revus quelque part, ou qu'un jour, ils se seraient remis ensemble et finalement mariés. Cette lettre était un adieu, un adieu pour toujours.

Plusieurs années s'écoulèrent. Kantu avait connu d'autres hommes, en avait fréquenté quelques-uns mais n'était jamais parvenue à tomber amoureuse. L'expérience vécue avec Juan était restée gravée dans son âme comme un souvenir indélébile.

Elle repensa aussi à leur dernière rencontre dans la maison de sa sœur. Kantu était dans la cuisine préparant des petits pains, quand elle entendit une voix familière. Une voix qui réveilla en elle des sentiments qu'elle croyait éteints. Sans réfléchir elle sortit de la cuisine et se heurta à Juan. Son beau-frère, ignorant ce qui s'était passé entre eux quelques années plus tôt, avait dit : « Kantu, je voudrais te présenter un ami d'enfance. Nous avons grandi ensemble et voilà que je le revois après tant d'années : il sera mon associé. Il effectue des prélèvements minéraux dans le Grand

Canyon du Colca. Il s'est spécialisé dans la recherche de l'or et il est devenu un véritable expert. »

Kantu l'avait regardé intensément, incrédule. L'homme qui durant les dernières années l'avait privé de sommeil, l'empêchant de vivre sereinement, maintenant était là, devant ses yeux. Elle avait éprouvé une douleur aiguë qui s'est immédiatement transformée en colère soudaine. Son corps se mit à trembler et elle fut prise de sueurs froides. Il lui semblait rêver, sidérée, elle n'avait pas su comment réagir. Elle essaya de se reprendre et reprenant courage, elle avait tendu la main vers lui en disant : « enchantée… »

Juan s'était levé et lui serra la main, souriant. Elle aussi s'était efforcée de sourire. Elle avait cherché à retenir ses larmes sur le point de couler, elle ne savait pas très bien si c'était de douleur ou dû à l'émotion du moment. Son cœur battait la chamade. Juan lui avait paru encore plus attirant et élégant que jamais, plus intéressant, plus mûr. Elle sentait sur elle son regard insistant. Bien sûr, elle aussi avait changé : elle n'était plus la jeune fille qu'il avait connue. La souffrance l'avait transformée en une autre femme. Cherchant à se maîtriser et prenant son courage à deux mains elle parvint à lui dire : « Ça me fait plaisir de te revoir. »

Alors Juan lui avait demandé : « On peut s'asseoir une minute ou tu es occupée à la cuisine ? ». « Non » avait-elle dit. « A dire vrai j'ai terminé ce que je faisais ».

Son beau-frère, Manuel, les regardait, disant : « Excusez-moi mais, vous vous connaissez ? »

« Oui, on s'est connu il y a quelques années à une fête. Depuis on ne s'est plus revus » avait dit Kantu.

« Etant donné que vous vous connaissez, je vous laisse seuls un moment » avait dit Manuel en sortant de la salle de séjour. « Je dois passer quelques coups de fil. Ces jours-ci, j'ai dû résoudre des affaires plutôt délicates qui m'ont pris du temps et je dois encore finir rapidement les derniers détails. Je reviens tout de suite. Et pourquoi n'iriez-vous pas vous promener en attendant le repas ? Vous devez avoir beaucoup de choses à vous raconter ! »

« Ce sera parfait. Sortons » avait suggéré Juan.

Pour Kantu ce fut un moment très difficile. La douleur n'avait pas encore complètement envahi son cœur. Avec son tempérament d'indienne orgueilleuse, consciente d'être admirée et courtisée par les hommes, elle était toujours parvenue à réprimer sa souffrance. Mais maintenant qu'elle se retrouvait de nouveau devant Juan, tout était différent : elle se sentait apeurée, désolée, bien qu'elle se forçat à être sereine en apparence. Elle avait même dû se maîtriser pour ne pas être tentée de se jeter dans ses bras.

Juan l'avait regardée droit dans les yeux, lui offrant son sourire le plus captivant. Alors qu'ils marchaient, il lui avait pris la main et l'avait serrée fort en cherchant à entrelacer ses doigts aux siens. Il était revenu sans rien lui dire, soulevant en elle colère et douleur. Et voilà qu'il se permettait de faire des avances, la touchant ! Son comportement était inattendu et déconcertant : il avait probablement oublié le mal qu'il lui avait fait. Il était revenu comme si de rien n'était, alors qu'elle était marquée pour toujours par le passé, un passé qui était seulement : lui.

Ils s'assirent sur un banc du parc, désert l'après-midi, fréquenté uniquement par des enfants et quelques personnes âgées. Juan, assis près d'elle, brisa le silence en disant : « Eh bien, il semble que tout va pour le mieux, Kantu. Je suis agréablement surpris de te retrouver bien plus belle qu'avant. » « Moi aussi je te trouve bien, encore plus beau, la dernière fois que nous nous sommes vus c'était seulement pour quelques instants. A propos, pourquoi ne m'as-tu jamais écrit ? Pourquoi ne m'as-tu plus recherchée ? » l'avait-elle interrogée.

« A vrai dire, c'est que j'étais très loin de toi et je ne voulais pas être un poids pour toi. Je te l'ai déjà expliqué, différents problèmes familiaux qui m'ont contraint de m'en aller d'ici » lui avait-il répondu promptement.

« Tu aurais pu au moins m'écrire une lettre, me dire que tu étais vivant. Maintenant tu reviens et comme si de rien n'était, comme si on s'était salué hier, voilà que tu me caresses. A quoi est-ce que tu t'attends ? A quoi est-ce que tu penses ? Crois-tu que je sois restée là toutes ces années à t'attendre ? » lui avait-elle dit un peu gênée.

« Oh non ! Tu auras vécu ta vie, comme j'ai vécu la mienne » lui avait répondu Juan avec indifférence.

« Ma vie ? Mais tu étais ma vie » s'est-elle exclamée spontanément. « Durant toutes ces années, je n'ai fait qu'espérer te revoir, être à nouveau avec toi. » Kantu sentit son bras fort, tendre et amoureux, la prendre par la taille.

« Combien de temps resteras-tu ? » lui demanda-t-elle en se montrant très curieuse.

« Quelques semaines, je crois. Puis, je devrais aller à la recherche de ces mines » s'est-il empressé de lui répondre.

Et elle lui demanda : « Tu es revenu uniquement pour les mines ? »

« Non, non » a-t-il répondu. « Je suis revenu aussi pour te revoir. Je voulais savoir comment tu allais. Je n'ai pas cessé de penser à toi un seul instant : il n'y a personne comme toi, il n'y en aura jamais. » Esquissant un léger sourire, Juan l'a regardée dans les yeux et, en lui prenant délicatement les mains, il a ajouté : « Ça me ferait un immense plaisir de te revoir alors que je suis en ville, mais si tu ne le veux pas, je comprendrai ».

« Tu pourras me revoir aussi souvent que tu le voudras, Juan » avait-elle répondu décidée.

« Formidable, fantastique. Dis-moi, où et quand je viendrai te chercher ou plutôt où pourrions-nous nous rencontrer ?» lui a-t-il demandé anxieux.

« Je te le ferai savoir » a-t-elle répondu assez vite.

Juan a noté le nom et le téléphone où il logeait et elle a remarqué qu'il était à deux pas de chez elle. Elle lui avait souri, en lui promettant : « Je t'appellerai demain après-midi vers cinq heures. »

Après s'être entendus pour le jour suivant ils sont revenus vers la maison de sa sœur. Le repas est passé tranquillement ; Juan semblait très décidé à informer Manuel des dernières découvertes dans la mine et Manuel lui avait parlé de derniers échantillons relevés et de ses espoirs économiques. Pendant ce temps, Kantu parla avec sa sœur des derniers achats qu'elle avait faits en ville et des semences qu'elle devra envoyer à leur père qui en ce moment se trouvait dans la communauté.

Une fois le dîner et la discussion avec Manuel terminé, Juan se retira. En prenant congé de Kantu il lui dit : « Bien, Kantu, ce fut un plaisir de te rencontrer et j'espère que nous nous reverrons encore » en faisant un geste entendu. Puis il avait salué la femme de Manuel d'un baiser sur la joue et, en s'adressant de nouveau à son ami, il lui dit : « Je t'appellerai ». Et puis il s'en est allé.

Cette nuit-là, Kantu avait très peu dormi ; mille pensées lui trottaient par la tête. Le lendemain, elle s'était réveillée anxieuse et désespérée. Elle a saisi le téléphone plusieurs fois de suite avec l'intention d'appeler Juan, mais sans jamais se décider à composer le numéro. Finalement, l'amour encore si profondément ancré en elle lui avait donné la force de le faire, bien qu'il lui semblât céder imprudemment aux caprices de cet homme.

Ils ont décidé de se voir le soir même à sept heures dans un petit restaurant. Quand elle était arrivée, Juan l'attendait assis à une table. A peine l'avait-il vu entrer qu'il avait été à sa rencontre et, en l'accompagnant à table, lui avait dit : « Kantu, tu es très belle. Comme tu as changé ! Oserais-je dire que tu es encore plus séduisante ».

« Toi non plus tu n'es pas mal » a-t-elle répondu avec malice. « Je te trouve en forme. » La conversation était plutôt fluide. Elle lui a raconté tout ce qu'elle avait fait pendant toutes ces années et il lui a parlé des voyages qu'il avait faits dans tout le Pérou, à la recherche de mines. « J'ai travaillé pour la société minière Alpamayo : deux ans au Nord, un an au centre et maintenant, depuis six mois, je me retrouve dans une mine proche de Caylloma. Je suis aussi venu à Cuzco de temps en temps. »

« Et pourquoi ne m'as-tu pas appelée ? » l'avait-elle interrogé, péremptoire.

« J'avais peur de t'affronter » lui répondit-il, en cherchant à gagner du temps.

« Ou peut-être avais-tu une autre femme ? » a-t-elle insinué, visiblement agacée.

En voyant sa réaction, Juan a répondu avec franchise : « C'est vrai. Je dois avouer qu'il y a eu d'autres femmes dans ma vie. Durant toutes ces années j'en ai connu beaucoup, mais tu es toujours restée la première dans mes pensées. Elles ne pouvaient rivaliser avec ton souvenir. C'est difficile de t'oublier. »

Une fois encore, la douce voix mélodieuse de Juan a rouvert une brèche en elle. A l'écoute de ces mots, toutes les années de douleur, de solitude et d'éloignement se sont évaporés comme par enchantement.

Lui, alors, s'est penché vers elle et, lui prenant les mains, l'a rassurée : « Tout est exactement comme avant, Kantu. En ce moment, je ne désire que te serrer dans mes bras. C'est comme si nous n'avions jamais été séparés ».

« Moi aussi je voudrais me blottir dans tes bras » avait-elle admis, en baissant le regard.

« Je te fais une proposition : payons l'addition et allons-nous-en d'ici » lui a-t-il suggéré lui clignant de l'œil.

Elle l'avait suivi sans la moindre hésitation, le moindre doute, ni même la moindre peur. Ils se retrouvèrent dans les bras l'un de l'autre avec le désir d'amour et de passion, à la recherche d'une nouvelle union sûre. A peine Juan l'a-t-il serré contre lui qu'elle comprit combien il est important d'aimer, combien il est plus important de donner que de recevoir, d'aimer que d'être aimée. Elle comprit également qu'elle devait prendre une décision : continuerait-elle à le voir dans le futur ou non ?

Lui, l'aimait à sa façon et cela lui suffisait. Elle se sentait capable de tout lui accorder, même si elle savait combien ce serait difficile de changer la nature de Juan. C'était un homme perpétuellement en fuite, qui passait outre les règles et elle l'a compris. Lui, de son côté, se savait être un homme extrêmement séduisant qui exerçait sur Kantu une forte attraction ; il savait utiliser son charme et sa séduction de façon superbe.

Elle avait imaginé de nombreuses fois leur rencontre mais, quand elle s'est trouvée face à lui, tous ses griefs se sont évanouis. Jamais elle ne pourrait l'obliger à rester à ses côtés, elle n'aurait jamais pu le retenir. Juan était une personne libre et si elle l'aimait vraiment, elle devait l'accepter comme il était, il n'y avait pas d'autre alternative.

Subitement, la voix de Juan l'a ramenée à la réalité : « Ce fut les plus beaux instants de ma vie, Kantu. ». « Pour moi aussi, Juan. Resteras-tu ? Reviendras-tu souvent me voir maintenant que nous

nous sommes retrouvés ? » «A chaque fois que le travail à la mine me le permettra » lui répondit-il.

Soudain glacée, s'écartant un peu de lui, elle lui dit en colère : « Que s'est-il passé avec cette femme avec qui tu vivais à la mine d'argent ? J'ai su que vous avez engendré un fils. Qu'as-tu fait ? L'as-tu abandonnée elle aussi ? Ou alors êtes-vous encore ensemble ? Tu es une canaille, un traitre... »

Elle ne prononça plus d'autres injures seulement parce qu'elle était follement amoureuse. De plus, Juan ne l'avait jamais obligée à rester avec lui ni la première fois, ni maintenant. Alors, sa colère tombée, la haine entretenue contre lui durant toutes ces années s'était subitement transformée en amour. Donc, après la tempête, un petit orage, et enfin le calme.

Et, émue, elle répétait : « Juan, durant toutes ces années, pas une seule lettre, même pas un mot ! Et maintenant tu reviens et je retombe dans tes bras comme si rien ne s'était passé. Si j'avais seulement un peu de volonté en ce moment, je ne serais pas ici avec toi, mais dès que je te vois mes bonnes résolutions s'évanouissent. Je ne puis que t'aimer. Je sais aussi que si je te demandais de rester avec moi ce serait inutile, je suis persuadée que tu ne renonceras jamais à ton travail. »

« C'est vrai » a-t-il reconnu. « J'ai signé un contrat avec la société Alpaymayo pour réaliser un prélèvement. Tu sais que je suis ingénieur à la mine et que c'est mon travail. Je pourrai venir ici seulement de temps en temps. »

« Mais moi je pourrai venir avec toi ! » a-t-elle répliqué. « Je suis prête à tout sacrifier pour toi. Et puis, n'oublie pas que je suis née et que j'ai grandi dans la montagne. Je n'ai pas peur de ce genre de vie, ni de la rigueur de la température ; j'y suis habituée. »

« Je le sais, mais tu ne peux pas venir. Tu ne pourrais pas te déplacer car nous n'avons que deux mules qui transportent les instruments de laboratoire avec lesquels nous effectuons les analyses des minéraux prélevés. Alpamayo est une société étrangère qui nous paye très bien mais, pour accomplir au mieux notre travail, nous devons nous déplacer sans cesse à travers la montagne. Je ne veux pas que tu aies ce genre de vie. On se verra quand je descendrai en ville, je te le promets. Cette fois, je ne te décevrai pas » a-t-il ajouté sur un ton convaincant.

« Mais oui, » a-t-elle dit résignée « de toute façon je t'attendrai toujours. »

A cette promesse suivirent baisers, embrassades, caresses jusqu'à ce que Juan lui ait demandé d'un air soucieux : « Mes amis t'ont vu avec un garçon qui s'appelle Jorge, étudiant en médecine. Tu as eu une relation avec lui ? »

Les yeux enflammés de colère et avec des mots clairs et nets elle lui répondit : « Et que voulais- tu que je fasse ? Que je reste seule éternellement ? Mais si vraiment tu veux le savoir, je n'ai jamais couché avec lui. J'ai vécu toutes ces années dans l'espoir de te revoir, et j'ai douté de savoir si ça arriverait un jour ! Et la première chose que tu fais quand tu reviens vers moi, c'est de me demander avec qui je suis allée ! »

« Tu veux dire que tu t'es toujours refusée ? » lui a-t-il demandé.

« Et moi, je t'ai peut-être demandé avec combien de femmes tu as couché ? » lui a-t-elle répondu, énervée. Après s'être calmée elle a ajouté : « Oublions cela pour cette nuit et aimons-nous. Moi je t'aime et je t'accepte comme tu es. Tu sais que je t'attendrai toujours. Mais ne joue pas avec moi, ne me fais pas de mal. Et si tu ne veux plus me voir, il ne te reste qu'à me le dire, je te le demande. » « Moi aussi je t'aime encore, mais pour le moment je ne peux pas rester toujours avec toi. » lui avait-il assuré.

A partir de cet instant, ils se sont souvent revus. Juan lui proposa de se rencontrer dans un hôtel peu fréquenté, chez sa belle-sœur, chez un membre de sa famille, ou bien chez la sœur de Kantu. Ils se voyaient, à la sauvette : il ne voulait pas être vu et elle, de son côté, ne voulait pas se compromettre…

Soudain, la voix énergique du curandero interrompit les pensées de Kantu : « Eh bien, ça fait un bon moment que j'ai répondu à ta question. Tu ne veux plus rien savoir ? J'espère que tu es satisfaite de mes réponses. » lui disait-il. Mais Kantu était dans son monde et elle n'avait rien entendu.

« Oui » dit-elle revenue à la réalité. « Une autre question, s'il te plaît. Cet été mon bien-aimé viendra-t-il ? »

« L'homme que tu aimes encore ? » demanda le vieux curandero qui, en observant de nouveau les feuilles de coca, ajouta d'un ton expressif : « Tu es incorrigible Kantu. Il t'a déjà quittée plusieurs fois, il continue de se moquer de toi et tu ne veux pas te résigner, tu continues à demander de ses nouvelles, emplie d'espoir. C'est ma réponse, ma petite. L'homme que tu poursuis n'est pas inaccessible. Il pourrait aussi être l'homme qui te convient mais tu te refuses d'utiliser le pouvoir dont tu es dotée. Le jour où tu le feras, tu le verras t'embrasser les pieds, t'adorer, être tien pour toujours. Mais, jusqu'alors, il s'échappera continuellement de tes bras, comme c'est arrivé jusqu'ici. Utilise ce pouvoir et tu verras le changement. »

Tous deux se turent. Kantu devint pensive. Elle parcourut du regard l'habitation rustique, jusqu'à fixer les yeux au plafond de bois noirci par la cheminée située dans le coin. Elle porta la main droite à ses lèvres et, inclinant légèrement la tête en arrière, elle avala sa salive. Puis ses yeux se mirent à bouger vivement, elle respira profondément et demanda d'une voix forte et claire :

« Si tu soutiens que je possède un pouvoir avec lequel je pourrai conquérir l'homme que j'aime, pourquoi ne me dis-tu pas quel est ce pouvoir ? Où est-il ? Que dois-je faire ? Pourquoi ne m'apprends-tu pas à l'utiliser ? »

« Ma petite colombe, je sais que tu possèdes ce pouvoir, mais je ne suis pas celui qui peut t'enseigner à l'utiliser » précisa le curandero. « Si tu veux apprendre à le manier, tu dois chercher un homme qui vit sur la Montagne Rouge. C'est un puissant curandero qui connaît le pouvoir du serpent de feu. Lui seul est en mesure de t'enseigner à utiliser le pouvoir que tu possèdes. Les curanderos de feu sont peu nombreux mais ce sont les seuls connaisseurs et détenteurs des secrets, des dons, des pouvoirs des êtres humains. Nul autre, à part eux, les connaît. On parle des fameux *Amaru Runakuna*[15], hommes et femmes serpents vivant dans l'anonymat ! Ces curanderos du feu et de l'eau connaissent le pouvoir de la terre, de la lune et du soleil et savent comment utiliser le pouvoir de la nature. Ce sont les patrons de la vie et de la mort et ils sont capables de guérir même les maladies les plus graves. Moi, je ne suis qu'un simple curandero de la terre, un homme en mesure d'aider les personnes à résoudre leurs petits problèmes. »

Les cheveux de l'ancien brillèrent à la lumière de la flamme de la bougie et, quand il se leva, son visage parut encore plus marqué par les ans. Très sûr de lui, il ajouta : « Tu possèdes une grande force, ma fille, mais tu as besoin de quelqu'un qui t'enseigne à l'utiliser, ce que tu devras apprendre à faire avec ces curanderos ».

« Je veux connaître le pouvoir que je possède ! » dit Kantu résolument. « S'il existe vraiment, je suis disposée à faire n'importe quoi, même à faire un pacte avec le diable. Mais… Juan doit être à moi ! ». Ces mots fusèrent du plus profond de son être.

Face à cette détermination Anselmo dit : « Attends un instant, je veux voir ce que disent les feuilles. » Il leva de nouveau sa main et laissa tomber une autre poignée de feuilles.

« Le curandero de feu acceptera de te prendre comme disciple, mais il ne te sera pas facile de le trouver. Pour t'aider, je te donnerai un message que tu lui remettras lui disant que tu viens de ma part. » Puis, il ajouta : « Sitôt arrivée à Cuzco, tu devras aller au Marché Central, aux étalages des *Arroceras*[16]. Là tu leur demanderas où tu peux trouver un curandero appelé Atahualpa, qui vit hors de la ville, à San Sebastiàn. Quand tu l'auras trouvé, tu lui demanderas de te présenter le curandero du feu. Atahualpa le connaît, il a été son maître. Si tu ne fais pas ainsi, tu ne réussiras jamais à le trouver. Seul Atahualpa pourra te conduire jusqu'à lui. »

Cela dit, Anselmo se rapprocha d'une tablette de laquelle il prit des fils colorés. Il fit une tresse grossière à laquelle il noua successivement d'autres fils de différentes longueurs. Même si la salle était plutôt obscure, avec grande habilité et en peu de temps, il prépara un ensemble de cordelettes. Ce qu'ensuite il remit à Kantu était un *khipu*, c'est-à-dire un objet servant de moyen de communication et dont les nœuds représentaient des lettres.

« Ceci est le signal qui te permettra de te mettre en contact avec lui » lui expliqua Anselmo, en le glissant dans un petit sac coloré. « Que les esprits protecteurs des hommes de cette contrée te protègent » ajouta-t-il avec le visage éclairé par la lueur de la bougie. « Va en quête de ton destin, petite, mais souviens-toi : le bonheur ne s'atteint qu'après maints et maints sacrifices. Si tu veux que cet homme soit le tien, tu devras te préparer tel un guerrier se prépare avant le combat. »

Pour le remercier, Kantu lui tendit tout l'argent qu'elle avait sur elle. « Range-moi ça. Je ne vends pas mon savoir : je ne suis qu'un serviteur du savoir » lui dit Anselmo, résolument.

Il faisait presque nuit quand Kantu sortit de la maisonnette d'Anselmo. Il faisait froid et il soufflait un léger vent. Elle leva les yeux vers le ciel et vit l'immensité de l'espace infini constellé de petits points lumineux. Quelque part, il devait aussi y avoir son étoile. Subitement, une étoile filante disparut dans le noir en laissant derrière elle un sillage lumineux : « C'est un bon signe » pensa-t-elle et elle exprima son désir le plus profond : « Juan sera à moi, à moi pour toujours ».

---

15. Groupe spirituel qui suit une procédure qui enseigne à dominer le serpent de feu enfermé en chaque être humain. Amaru est le serpent sacré de la mythologie andine, qui représente l'énergie.
16. Nom donné aux femmes qui vendent des plantes médicinales et d'autres ingrédients utilisés par les curanderos.

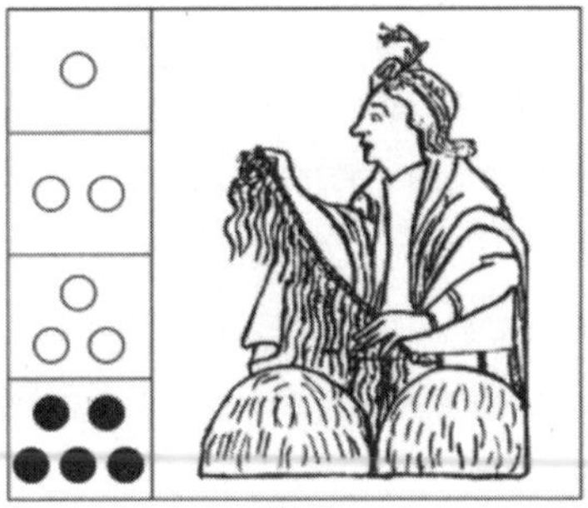

5.
A LA RECHERCHE D'UN GUIDE

Depuis peu, le soleil brillait sur Coporaque et Kantu était déjà en route, attendant le bus qui l'emmènerait en ville. Même s'il faisait plutôt froid ce matin-là, elle se tenait là, impatiente, marchant de long en large, essayant de se réchauffer un peu. Sa seule préoccupation était de connaître le curandero du feu ; elle le prierait de lui enseigner à utiliser le pouvoir dont, aux dires d'Anselmo, elle était dotée. Elle est restée là, avec cette ferme résolution, à attendre le bus que, finalement, elle vit arriver lentement vers l'arrêt, laissant derrière lui un nuage de poussière. Kantu traversa la foule et monta. Le bus était bondé et elle dut voyager debout. Les passagers appartenaient à différentes couches sociales, et venaient de différents lieux.

Ceux aux regards simples et sincères, devaient venir de communautés de la région : les hommes, enveloppés dans leurs ponchos, coiffés de leur *chullos*, portaient les typiques sandales andines, les femmes étaient enveloppées de couvertures avec des motifs géométriques rouge et noir ou bien vêtues à la mode métisse d'une blouse, d'une jupe et d'une couverture sur les épaules. D'autres, vêtues à l'occidentale arboraient blousons fourrés, jeans et chaussures élégantes. Dans le véhicule, l'odeur de la nourriture se mélangeait à celle de l'alcool, de la fumée de cigarette et de la transpiration.

Kantu savait que le voyage durerait plusieurs heures, elle chercha donc à s'installer au mieux par rapport au confort du car. Elle s'appuya au dos d'un siège et chercha à se distraire un peu, observant les passagers près d'elle, avec leurs bonnets usés, pleins de poussière. Les conversations autour d'elle étaient agréables et elle entendait souvent rire de bon cœur. Les visages de ces passagers n'étaient pas fermés comme les gens de la ville, tout au contraire : ces visages étaient tranquilles et sereins, allègrement résignés. Les mains endurcies et calleuses de ces gens révélaient l'âpreté du travail quotidien. Ils étaient sûrement paysans, propriétaires de quelques parcelles de terre. Ils travaillaient dur, mais souvent la grêle ou les gelées détérioraient les plantes diminuant ainsi leur récolte. Ils savaient bien que la vie de montagne était dure mais ils y vivaient sans trop se plaindre, acceptant les intempéries de la nature et cherchant, le plus possible, d'entrer en osmose avec elle.

Le car avançait rapidement, entrant dans les bois d'eucalyptus. Au-delà de ces arbustes s'étendaient d'immenses zones cultivées par des milliers de paysans qui effectuaient les fonctions les plus diverses : les uns piochaient la terre, d'autres la labouraient se servant de la *chakitaqlla*[17], charrue utilisée par les paysans andins. Plus loin, on apercevait des petits groupes de femmes courbées pour cueillir le maïs ou pour émonder les céréales, écosser les fèves ou les petits pois. Le paysage changeait continuellement, le gris des montagnes contrastait avec la terre rougeâtre des champs cultivés.

Au milieu de ces terres si différentes serpentait le fleuve Vilcanota qui, à quelques kilomètres plus loin, s'appelait Urubamba. A partir de Sicuani, le voyage se fit plus supportable. L'asphalte remplaçant la mauvaise route et, par conséquent, les secousses et ballottements cessèrent. Ce n'est qu'au soir que Kantu arriva à la ville de Cuzco.

Epuisée par le voyage, cette nuit-là, Kantu s'endormit, mais d'un sommeil agité. Elle avait pensé si intensément à sa rencontre avec le curandero du feu qu'elle fit des cauchemars. Elle rêva d'un vieux monsieur au regard sinistre qui ne voulait pas l'écouter et qui jetait au loin le petit sac qu'Anselmo lui avait donné. Effrayée, elle se réveilla haletant avec angoisse : ce n'était qu'un rêve. Il était exactement trois heures quarante-cinq. Elle regarda le réveil sur la table de nuit et se dit : « Belle heure pour se réveiller ! Je vais essayer de dormir encore un peu. » Elle referma les yeux mais le désir de connaître ce curandero l'agitait. L'anxiété rendit les heures interminables.

Dès que tout le monde fut debout, Kantu sauta rapidement du lit et se prépara pour sortir. Agitée comme elle l'était, elle n'avait pas faim et toucha à peine au petit déjeuner. Elle sortit donc, et pressa le pas vers le Marché Central de la ville. Elle connaissait le quartier des ouvriers travaillant dans les rizières ; on y vendait des plantes médicinales, des talismans, des parfums et une infinité d'autres produits. Ce sont eux qui fournissent en matière première les sorciers, les charlatans et les autres curanderos de Cuzco et des alentours.

Dès qu'elle s'approcha du marché, les vendeuses l'appelèrent avec insistance « Venez ici jeune fille. C'est moi qui vous servirai » dit l'une. « Moi je vous ferai une réduction » se proposa une autre. « Vous cherchez des plantes médicinales ? Les miennes sont fraîches » proposa une autre voix un peu plus loin. Toutes ces femmes, derrière leur stand, se faisaient concurrence pour attirer son attention.

Kantu ne savait à qui s'adresser, jusqu'à ce qu'elle aperçut une vendeuse à l'apparence fiable. C'était une femme d'un certain âge, servant quelques clients. Kantu s'avança et attendit quelques minutes. Dès qu'elle eut fini de servir, la femme la regarda dans les yeux et lui demanda : « Que désirez-vous ? »

Kantu hésita un instant. Voulant taire le motif de sa présence, elle lui répondit : « Je voudrais des plantes médicinales. Dernièrement, j'ai eu quelques problèmes aux reins. » Je vous conseille de prendre une infusion de queue de cheval, plantain et figues ; c'est très bon pour les reins. » Et alors qu'elle lui conseillait cette décoction, la vendeuse prit quelques poignées de plantes séchées et les mis dans un petit sachet ; elle fit de même avec le plantain et avec les feuilles de figue. « Dites-moi si ça vous suffit comme ça » « Oui, je crois que c'est suffisant ».

« Cette femme connaîtrait-elle Atahualpa ? » se demanda Kantu et, s'enhardissant, elle lui demanda : « Madame, connaissez-vous un curandero qui se nomme Atahualpa ? »

Souriante, la femme lui répondit : « Certainement, ma fille. Nous le connaissions toutes » « Et où puis-je le trouver ? » « Ah, ma chérie, ça oui c'est difficile ! Peut-être maintenant est-il au ciel ! » Le visage de Kantu se contracta de stupeur : « Pourquoi dites-vous cela ? » « Atahualpa est mort il y a quelques semaines » « Et connaissez-vous d'autres curanderos ? » « Certainement, il y en a beaucoup. Regarde, il y en a un qui arrive » répondit la femme en montrant sa gauche.

Kantu se retourna et vit un homme habillé en paysan. Il portait un sac à l'épaule. Elle scruta la vendeuse et lui demanda : « C'est un bon curandero ? » « Ah, ça, je ne saurais vraiment pas te dire. Atahualpa était vraiment bon ; celui-ci ne sera jamais comme lui. Nous, ici, on se limite à vendre les plantes médicinales : nous ne connaissons pas tous les curanderos qui passent. Certains disent que celui-ci est bon, d'autres qu'il ne l'est pas. »

Kantu paya les plantes achetées et resta plantée là, hésitante, à ne savoir quoi faire. Anselmo lui avait dit de chercher uniquement le curandero du feu. Mais dès que l'homme s'approcha du stand où elle se trouvait, elle lui demanda : « Excusez-moi, vous aussi vous êtes un curandero ? »

« Oui, ma fille » répondit-il « Je soigne les foulures, les frayeurs, les crampes, les douleurs à l'estomac, les mauvais traitements, les maléfices. Tu as besoin de quelque chose, petite ?»

« Non » dit-elle. « Je cherche seulement quelqu'un qui... je cherche un Amaru, un curandero du feu. »

« Existe-t-il des curanderos de ce genre ? Et, que font-ils exactement ? » demanda l'homme à brûle-pourpoint.

Se rendant compte que ce curandero ne savait vraiment rien à ce sujet, Kantu abrégea la conversation. Ce matin-là, elle interrogea tous ceux qui s'avançaient aux stands des *Arroceras*. Personne ne pouvait la renseigner ; personne ne connaissait ces curanderos, et n'en avait encore moins entendu parler.

Alors lasse de questionner, elle décida de s'en aller, mais pas avant de faire encore une dernière tentative. Elle s'approcha à nouveau de la première vendeuse à laquelle elle avait parlé et lui dit : « Je sais que Atahualpa est mort, mais savez-vous s'il a de la famille ? ».

« Je ne le sais pas, ma fille » répondit la femme. « Mais, si ça peut te servir, voici son adresse » et, lui tendant un morceau de papier sur lequel elle avait noté l'adresse, lui demanda : « Est-ce si important pour toi de voir seulement Atahualpa et pas n'importe quel autre curandero ? » « Oui, c'est une question de vie ou de mort ». « Je suis désolée, tu es arrivée trop tard, ma fille. »

Découragée, Kantu s'en retourna à la maison. Après avoir déjeuné, elle repensa à ce que lui avait dit Anselmo : « Si tu veux vraiment quelque chose, tu devras lutter pour l'avoir ; en persévérant, tu trouveras ce que tu cherches. » Le souvenir de ces mots lui donnèrent force et courage. Elle fouilla dans les poches de son pantalon cherchant l'adresse que lui avait donnée la vendeuse et, aussitôt trouvée, elle sortit et arrêta un taxi qui la conduisit dans un quartier populaire à la périphérie de la ville.

Arrivée à destination, Kantu paya la course et descendit. L'habitation était rustique et modeste. « A ce qu'il semble ce curandero ne gagnait pas beaucoup d'argent. » pensa-t-elle. On lui avait dit que c'était un bon curandero. Les ouvriers travaillant dans les rizières lui ont parlé de lui avec un profond respect.

Elle frappa à la porte mais, puisque personne ne répondait, elle frappa plus fort. Peu après, elle entendit la voix d'une femme qui disait : « J'arrive ».

Elle entendit alors les pas de quelqu'un qui trainaît les pieds et respirait avec difficulté. Quand la porte s'ouvrit, une vieille métisse aux cheveux blancs et aux mains grossières et fripées apparut. Son corps robuste révéla qu'elle était une paysanne. Elle portait les typiques habits indigènes qui, au lieu d'être multicolores, étaient de couleur foncée, égard au deuil. Sur son visage, on lisait une grande tristesse et une souffrance infinie. C'est le visage de quelqu'un qui ne s'est pas encore résigné du coup dur assené par la vie. De profondes crevasses provoquées par le froid intense sillonnaient ses talons et la plante de ses pieds.

« Que voulez-vous, mademoiselle » lui demanda-t-elle, étonnée.

La femme observa Kantu. De son allure élégante, elle eut l'impression qu'il ne devait pas s'agir d'une cliente habituelle de son mari. La clientèle habituelle était plutôt modeste et elle avait devant elle une femme bien élégante et, surtout, très belle.

« Je cherche don Atahualpa. Je voudrais lui demander une consultation » mentit Kantu.

« Mon mari est mort il y a quelques semaines » lui dit l'ancienne femme la voix triste, en l'étudiant attentivement. Kantu l'observait rapidement en réfléchissant de quelle manière elle pourrait obtenir quelque information sur cet homme.

Elle remarqua sur le visage de cette femme les signes douloureux de la perte de son mari, son compagnon tant aimé. La mort d'Atahualpa avait dû être un coup dur pour elle. Son regard était absent, perdu à suivre on ne sait quels souvenirs. Combien d'années avaient-ils passé ensemble ! Kantu pensa durant un instant au destin des êtres humains : nous naissons, nous grandissons, nous mettons au monde des enfants, nous vieillissons et enfin nous mourrons. C'est la loi de la vie.

« Je suis vraiment, désolée !» dit Kantu doucement, regrettant sincèrement pour la douleur de la femme. « Mais il faut être forte. »

« Oui, oui. Vous connaissiez mon mari, vous étiez en soins chez lui ? » « Non, c'est la première fois que je viens. Je le cherchais sur la recommandation d'un curandero qui vit dans un village loin d'ici. » « C'est possible, mon mari voyageait beaucoup : il allait faire des offrandes à la Mère Terre, il allait soigner les gens. C'était lui qui nous procurait la nourriture et, maintenant qu'il n'est plus, nous sommes dans la misère. »

« Je suis peinée » dit Kantu sortant de l'argent de son sac et en le tendant vers la main de l'ancienne. « Tenez. J'espère que cela pourra vous servir ».

La femme prit l'argent de ses mains tremblantes et dit, lui souriant affectueusement : vous me comblez avec cet argent qui m'aidera pour faire face au nécessaire, même si mon mari ne vous a pas offert ses services. Merci de tout cœur. Je vous souhaite de trouver un autre curandero aussi bon. Mon mari était un homme bon, extrêmement généreux. Il demandait très peu pour ses services ; c'est pour cela que nous sommes aussi pauvres. »

En voyant qu'elle s'était attiré un peu de sa confiance, Kantu se permit de dire à la femme : « Peut-être pouvez-vous m'aider ».

L'ancienne femme la regarda étonnée mais aussi un peu curieuse : « Ma fille, moi je ne sais pas soigner ». « Je ne veux pas que vous me soigniez » dit Kantu. « J'étais venue demander à votre mari de me présenter un autre curandero, un curandero spécial qu'il connaissait ». « C'est possible, mon mari connaissait beaucoup de curanderos ».

« Vous n'en connaissez pas, par hasard, un spécial ? Un qui serait un grand curandero ? » « Je ne me souviens de personne. Ici il venait beaucoup de monde. Peut-être quelqu'un était curandero. Peut-être ma petite-fille pourrait en savoir plus. » « Et où se trouve votre petite-fille ? » demanda Kantu, fiévreuse.

« Il fut un temps où elle vivait ici avec nous, mais depuis quelque temps elle est mariée et maintenant elle vit ailleurs. Je ne connais pas son adresse mais je sais où se trouve sa maison. » Kantu ne savait pas très bien quoi faire mais elle trouva tout de suite une solution : « Ce serait trop vous demander de m'accompagner à la maison de votre nièce ? »

« Ah, je t'accompagnerais bien volontiers mais j'ai beaucoup de mal à marcher. Depuis que mon mari est mort, je ne me sens pas bien du tout » répondit la vieille.

« Vous ne devrez pas marcher. Nous irons en taxi et je vous ramènerai à la maison. Je vous en prie, c'est très important » lui dit Kantu, en sortant un autre billet. « Je vous en donnerai encore mais, s'il vous plaît, aidez-moi ».

La vieille la regarda avec une expression triste, impuissante et pensa : «Elle doit avoir un problème et il se peut que ma petite-fille connaisse l'homme qu'elle cherche ». Quelques instants plus tard, elle accepta : « Bien, je t'accompagnerai. Mais nous devrons attendre mon petit-fils. Je ne peux plus sortir sans lui, car je ne vois plus très bien. »

« D'accord. Entretemps je sors chercher un taxi. »

« Et moi je me prépare pour sortir » répondit l'ancienne. Kantu sortit soulagée. « Espérons que tout se passe bien sinon je ne saurai vraiment plus quoi faire » pensa-t-elle. Elle marcha vers la route principale, réfléchissant sur certaines contradictions de la vie ; elle savait qu'il existait de faux curanderos qui gagnaient une fortune mais maintenant elle savait qu'il en existe aussi de très bons qui mènent une vie très humble.

Anselmo lui avait dit que son art devait servir et aider les autres et non pas à se servir d'eux. Il lui avait expliqué que celui qui voulait apprendre l'art de guérir, devait chercher un maître, un guide. Il devait rester à son service, l'aider dans la gestion de sa ferme, faire paître le bétail et en échange, il lui aurait prodigué un enseignement durant quatre ou cinq ans. Ce fut tout ce que Kantu était parvenue à comprendre exactement sur les curanderos au cours des conversations avec Anselmo et avec d'autres experts en la matière.

En ce qui concerne Amaru, on lui avait dit : « C'est un serpent d'énergie qui a un pouvoir terrible ; il contrôle les fleuves, les nuages blancs et, quand il veut, provoque les gelées. »

Une heure plus tard, le taxi traversa rapidement la ville d'un bout à l'autre. La petite-fille de la femme vivait, en fait, à l'opposé. Le petit-fils qui accompagnait la petite vieille était un petit garçon d'environ neuf ans aux cheveux noirs, les yeux vifs et un sourire enchanteur. Il portait un vieux pull-over gris, une paire de pantalons bleus, usés et une paire de chaussures trouées. Assise à côté de lui, la grand-mère respirait péniblement. On avait l'impression que le poids de son propre corps l'écrasait. Quelques instants plus tard, sur les indications de la femme et du petit-fils, le taxi s'arrêta devant une porte. « C'est celle-là » dirent-ils au chauffeur de taxi.

Kantu demanda au chauffeur de les attendre et aida l'ancienne à descendre de voiture. La grand-mère et le petit-fils frappèrent à la porte. Une fillette au visage souriant vint ouvrir, pauvrement vêtue. Elle regarda Kantu avec stupeur et souleva légèrement le chapeau noir qui recouvrait sa chevelure. Ses beaux yeux noirs, brillants, avaient un regard innocent. Après l'avoir observée attentivement, de ses beaux yeux malins et à la fois inquisiteurs, son visage se fit sérieux, elle pinça ses lèvres, cessant de la dévisager. Elle devait appartenir à quelque communauté et devait être depuis peu à Cuzco. De ce fait, elle s'habillait encore à l'andine avec une couverture sur les épaules, une blouse et une ceinture soutenant les jupes.

L'ancienne lui dit : « Je cherche ma petite-fille Sara. ». La fillette secoua la tête et répondit d'une voix aiguë : « Elle n'est pas là. Elle est allée au marché ». « Mademoiselle, nous n'avons pas eu de chance » dit l'ancienne s'adressant à Kantu d'un air perplexe. « Ne vous inquiétez pas, nous reviendrons un autre jour » lui répondit Kantu et ensuite demanda à la fillette : « Sais-tu à quelle heure je peux la trouver ? ». « Elle ne devrait pas trop tarder. » « Ce n'est pas nécessaire que vous veniez la prochaine fois. Je demande au chauffeur de taxi de vous raccompagner à la maison. Je dois parler à votre petite-fille, donc je repasserai par ici plus tard. »

Donc, en s'adressant à la fillette, l'ancienne dit : « Ecoute, petite colombe, dis à ma petite-fille de recevoir cette jeune fille qui a été très gentille avec moi. Dis-lui : « la grand-mère a dit de bien la recevoir et de faire tout ce qui est en ton pouvoir pour l'aider. Ne l'oublie pas, regarde-la bien ». « Oui, oui » fit la petite fille en observant attentivement Kantu comme si elle voulait mémoriser son visage. « Madame, j'ai d'autres choses à faire mais j'attendrai votre petite-fille pendant un moment. Si vous voulez repartir tout de suite à la maison, je dirai au chauffeur de vous raccompagner ».

« Non » répliqua la femme résolument. « Tout compte fait, il vaut mieux que je reste ici à attendre. Je veux m'assurer que ma petite-fille te reçoive ». Et c'est ainsi que Kantu régla le taxi en le remerciant de les avoir attendus. « Fais-nous entrer » ordonna la vieille femme à la fillette. « Nous attendrons ma petite-fille dans le patio. » La fillette les laissa entrer et referma la porte derrière elles. Ils la suivirent le long d'un couloir débouchant sur une pièce fermée. A côté de la porte il y avait des bancs.

« Ma petite-fille vit ici. Je crois qu'elle ne tardera pas. Nous attendrons » et, avec l'aide de son petit-fils, la vieille femme s'assit. Peu après ils entendirent quelqu'un qui frappait à la porte. En allant ouvrir, la fillette sourit à Kantu qui attendait impatiente, se demandant si la nièce pourrait la conduire chez le curandero qu'elle cherchait.

Quelques instants après, apparut une jeune femme d'environ vingt ans, sur ses cheveux noirs tressés, elle portait un bonnet de laine marron. Elle était vêtue d'un pull-over violet, d'une jupe plissée bleu ciel et d'une paire de chaussures de campagne. Elle portait sur le dos un enfant enveloppé dans une couverture multicolore brodée de symboles géométriques. Un bonnet rouge protégeait la tête de ce petit aux yeux noirs et à la peau foncée. Le bambin observa les personnes présentes depuis son écharpe qui le tenait solidement au dos de sa maman, chargée d'un cabas à chaque main. Elle regarda la vieille femme et dit, émue : « Grand-mère, quelle surprise de te voir ici ! Comment es-tu venue ? Ça fait longtemps que tu m'attends ? » dit-elle en posant les sacs par terre pour ouvrir la porte de sa chambre : « Entre, entre, grand-mère ». Puis, étonnée, elle regarda Kantu. « Je suis venue parce que cette demoiselle désire te parler » répondit la grand-mère.

A ces mots la nièce regarda Kantu avec plus d'attention.

« C'est une brave fille. Aucune des personnes que ton grand-père a aidées ne nous a jamais rien donné. Déjà tu le sais, je fais des efforts terribles pour survivre » lui rappela la grand-mère. « Oui, je sais, grand-mère. Mais moi non plus je ne peux pas t'aider. J'ai à peine de quoi vivre » l'interrompit la nièce.

« En revanche cette gentille demoiselle m'a donné de l'argent, même si elle n'a jamais connu ton grand-père. Elle a été très généreuse. Elle veut savoir une chose et peut-être que tu peux l'aider. Ecoute-la, je t'en prie » la supplia la grand-mère.

Entretemps la nièce posa les courses sur la table et, dès que la grand-mère eut fini de parler, elle lui répondit : « Si c'est toi qui me le demande, grand-mère... » Puis, se tournant vers Kantu elle lui demanda humblement : « Dites-moi, mademoiselle. En quoi puis-je vous aider ? Que puis-je faire pour vous ? »

Kantu se maîtrisa alors qu'elle éprouvait une immense tristesse en voyant la misère dans laquelle se trouvaient ces personnes. Elle espérait que la jeune fille pourrait l'aider à exaucer son vœu : trouver le curandero du feu.

« Comment t'appelles-tu ? » lui demanda-t-elle en premier, cherchant à gagner son amitié.

« Je m'appelle Sara » répondit la jeune femme. « Ecoute-moi, Sara, j'ai besoin de toi. Si tu m'aides je te récompenserai justement. » Kantu lui raconta qu'elle avait l'intention de retrouver le curandero du feu. Elle lui dit que seul son grand-père connaissait ce grand curandero et elle lui rapporta tout ce qu'Anselmo lui avait dit à son sujet. Sara l'écoutait attentivement et, à la fin de l'histoire, dit : « Peut-être qu'il s'agit de quelqu'un que mon grand-père fréquentait mais je ne vois pas qui ça peut être. Ces dernières années j'ai vécu avec mes grands-parents et je me souviens d'avoir vu beaucoup de gens qui venaient les voir » dit la jeune mère allaitant son bébé.

« Comment dis-tu qu'il s'appelle ce curandero ? » demanda-t-elle, la tutoyant. « Je ne connais pas son nom ; je sais seulement que c'est un curandero du feu, un *Amaru*, un homme serpent » expliqua Kantu en se passant la main sur la tête. « ...Je ne sais vraiment pas. Je n'en ai jamais entendu parler » admit Sara en regardant le sol, pensive. « Tu n'as jamais remarqué si ton grand-père avait une préférence pour une des personnes qui venaient le voir » enquêta Kantu dans l'espoir de trouver un indice.

Sara inspira profondément, retint sa respiration un moment, se tenant la tête de sa main gauche, elle répondit : « Laisse-moi réfléchir ... Laisse-moi me souvenir ... Beaucoup de gens venaient, mais un jour mon grand-père était très ému ; je ne l'avais jamais vu aussi content. Moi, je jouais dehors. J'étais alors seulement une fillette mais je me souviens que mon grand-père l'avait appelé Maître. Grand-père me dit que cet homme lui avait enseigné les vrais secrets pour connaître la *Pachamama*. Cet homme est revenu d'autres fois, puis il ne vint plus à la maison, alors nous allions chez lui. Grand-père lui apportait des cadeaux qu'il n'acceptait jamais. Au contraire, je me souviens que lui nous offrait des choses. »

« Ce pourrait être l'homme que je cherche... Sais-tu où vit cet homme ? » demanda Kantu pleine d'espoir. « Oui, je sais dans quelle région il vit. Il suffit d'aller le chercher. Il a une maison sur les montagnes du Langui. J'espère que ça ne te dérange pas trop de marcher. » « Ne t'inquiète pas, Sara. Je suis une fille de la montagne, j'ai beaucoup marché. Je suis une fille de la campagne ».

« Bien. Alors, demain matin à l'aube, nous prendrons le bus. Plusieurs heures de voyage nous attendent. Je laisserai le petit à grand-mère ».

« Quand Kantu sortit de cette maison, elle se sentait beaucoup plus sereine, il lui semblait que son sombre horizon commençait à s'éclaircir. Peut-être Sara connaissait-elle la personne recherchée. En fin d'après-midi, elle se prépara de façon adéquate pour le voyage qu'elle allait entreprendre le lendemain. Elle regrettait que Sara soit obligée de laisser son fils à sa grand-mère pour pouvoir l'accompagner, mais elle ne voyait pas d'autres solutions. « Il va sans dire que dès que je trouverai le curandero je lui ferai un beau cadeau. » pensa-t-elle.

Le lendemain matin, les deux femmes prirent le bus pour Langui. Quand elles montèrent, le bus était à moitié vide mais se remplit de passagers, hommes, femmes, enfants, en peu de temps. Certains assis confortablement, d'autres debouts. Le lourd véhicule émit une sorte de ronflement et se mit en route tournant le dos à Cuzco. Le voyage dura plusieurs heures, traversant de nombreuses contrées, s'arrêtant aux villages pour laisser descendre les uns et monter les autres. Le trajet fut interminable. Sara et Kantu alternaient l'observation des passagers et les conversations agréables.

Sara parla des soins que son grand-père avait prodigués et dit à Kantu : « C'était un grand homme. Les gens l'aimaient beaucoup pour tout le bien qu'il faisait. Je suis vraiment peinée qu'il soit mort, mais je suis encore plus peinée pour ma grand-mère... ».

Kantu l'écoutait pendant que le lourd véhicule avançait difficilement le long du chemin. Au lieu de penser aux malheurs qui avaient blessé ces personnes, à ce moment-là, elle ne pensait égoïstement qu'aux problèmes qui l'assaillaient. Elle espérait rencontrer l'homme qu'elle cherchait ; ensuite elle essayerait de les aider.

« J'espère de tout mon cœur que vous réussirez à résoudre vos problèmes financiers et que pour vous le futur puisse être meilleur. » dit Kantu à Sara pour l'encourager. Quelques heures plus tard, le véhicule prit un chemin de terre et les secousses commencèrent. « Il reste encore quelques heures de voyage » l'informa Sara « puis nous devrions marcher un bon bout de temps, mais je connais un raccourci que je prenais toujours avec mon grand-père. » Après quelques heures, Sara poussa légèrement Kantu du coude et lui dit : « Nous devons descendre ici. »

Elle demanda au chauffeur de s'arrêter. Le bus s'arrêta dans un endroit déprimant et poussiéreux ; devant les deux femmes, il y avait une seule cabane abandonnée, sans portes ni fenêtres, sans toit et complètement couverte de poussière soulevée par la circulation. « D'ici nous prenons le raccourci » dit Sara.

Effectivement, un peu plus loin, un sentier très étroit grimpait vers la montagne pelée. La végétation était composée de petits arbustes et d'herbes desséchées qui donnaient au lieu cet aspect de grande désolation. Aux alentours s'étendaient des pâturages couleur ocre et derrière ceux-ci, un peu plus loin, s'élevaient de grands rochers autour desquels poussaient des plantes endogènes à cette région. Le ciel s'obscurcit, peut-être à cause des nuages qui devenaient plus denses.

« Ce raccourci nous conduira directement chez cet homme » dit Sara prenant le sentier sacré. Et elles marchèrent ainsi jusqu'à ce qu'elles virent au loin une masure plutôt isolée. « C'est celle-là » indiqua Sara avec certitude.

« Espérons qu'il n'y ait pas de chiens. Je n'aime pas trop les chiens » dit Kantu. « Même si à la campagne il est plutôt fréquent d'avoir des chiens de garde. » « Non, cet homme n'a pas de chiens » répliqua Sara.

Quand elles arrivèrent devant la porte de la masure, elles virent qu'elle était barricadée avec deux planches en bois qui en empêchaient l'accès.

« Peut-être ne vit-il plus ici » dit Kantu. Mais Sara se mit à l'appeler avec insistance en quechua : « *Hampusqayki ?* (S'il vous plaît, il y a quelqu'un dans la maison ?).

Subitement, elle se tut : derrière elles quelqu'un s'approchait. C'était un homme de taille moyenne, au corps musclé. Il n'était pas très grand, mais son port était imposant. De son chapeau blanc entouré par un ruban foncé, sortaient des cheveux de jais. Il portait sur les épaules un poncho rouge à franges vertes. De légères rides sillonnaient son front et la commissure des lèvres. De ses yeux noirs et profonds émanaient un étrange pouvoir. Ses mains fuselées semblaient celles d'un artiste et non d'un paysan.

A pas agiles, il avança vers la porte et parlant en quechua demanda aux deux femmes : « *Pitan maskankinchis, imatan munankichis kaypi ?* » (Qui cherchez-vous ? Que désirez-vous ?) Puis il regarda la petite-fille d'Atahualpa et s'exclama : « *Yau, qantaqa riqsiykiña, Sara imata kaypi munanki ?* (Je te connais … Sara, qu'est-ce que tu fais par ici ?) ».

« Je suis venue accompagner cette jeune fille qui veut vous parler. » lui répondit-elle en castillan. « Parler de quoi ? » s'enquit l'homme en changeant de langue mais continuant de s'adresser uniquement à Sara. « Je ne sais pas, je sais seulement qu'elle veut parler avec vous. » « D'accord, entrez donc » répondit l'homme.

Ils entrèrent dans la maison faite de torchis et de pierres, couverte de chaume, avec de petites portes et des fenêtres minuscules. Une fois entrés, l'homme les fit s'asseoir sur les bancs de bois. Kantu avait un nœud dans la gorge. Elle ne savait pas par où commencer et donc elle dit : « Avant tout, je voudrais vous dire que je viens de la part du curandero Atahualpa ».

Le visage du curandero changea de couleur et, surpris et en même temps indigné, il éclaircit : « Mais comment ? Tu ne sais pas qu'Antahualpa est mort ? ». « Si, je le sais » répondit Kantu légèrement embarrassée. « Et alors, comment se fait-il que vous veniez de sa part ? » « En réalité, » dit-elle un peu désorientée « je cherche une personne d'exception qu'Atahualpa aurait dû me présenter sur la demande d'un autre curandero qui vit dans ma communauté. Mais quand je suis arrivée à Cuzco, j'ai appris le tragique accident qui l'avait tué ».

Le curandero observa attentivement la jeune fille et dit, cherchant à comprendre : « En tout cela, quel rapport y a-t-il avec moi ? » « Je voudrais que vous me disiez si vous savez quelque chose à propos de l'existence des *Amaru Runakuna*. Ce qui m'intéresse en particulier, c'est de connaître un curandero du feu » insista-t-elle.

Kantu cherchait à gagner du temps et à vérifier s'il s'agissait vraiment de la personne recherchée. Sara lui avait bien parlé de lui et lui avait dit que son grand-père le considérait comme un maître, mais quelque chose en lui l'en faisait douter. Par moments, il lui semblait un homme comme les autres, et pourtant, à d'autres, il lui semblait être une personne particulière. Et pour elle, il était indispensable de découvrir s'il s'agissait de l'homme qu'elle recherchait.

« Je ne saurais vraiment rien vous dire à propos des *Amaru Runakuna* ni de ce curandero du feu » répondit l'homme en continuant à enquêter : « Mais, pourquoi vous cherchez cette personne ? »

« C'est une longue histoire. Pour vous l'expliquer je dois abuser de votre temps... » ajouta Kantu plutôt déçue. « Mais puisque tu l'as déjà fait ! Combien de temps veux-tu encore ? » répondit le patron de la maison la tutoyant. « Encore quelques minutes, s'il vous plaît. Je dois résoudre des questions très importantes pour ma vie et je voudrais connaître cette personne qui j'espère pourra m'aider » confessa Kantu.

« Pourquoi, parmi tous les curanderos qui existent, le cherches-tu en particulier ? » Pendant qu'il la questionnait, le curandero étudiait chaque réaction de Kantu : « Et que veux-tu de lui ? ».

« Je veux apprendre quelque chose que lui, lui seul, peut m'enseigner : apprendre à utiliser ma force intérieure. Aux dires d'Anselmo, les autres curanderos ne peuvent me guider le long de ce chemin ; seulement lui peut le faire » répondit Kantu en regardant autour d'elle avec attention.

Mais impassible, le curandero lui répondit : « Je regrette, mais je ne peux pas t'aider… Et je crois que nous avons suffisamment parlé ». Puis, se tournant vers Sara, il dit : « Ma fille je vais te donner quelque chose pour toi et ta grand-mère. » Il entra dans une pièce et en sortit peu après avec deux grands paquets. « La demoiselle pourra t'aider à les porter » lui dit-il en lui tendant les paquets, montrant manifestement qu'il voulait mettre fin à la conversation.

Voyant qu'il n'y avait plus rien à faire, Kantu pensa qu'il valait mieux ne pas insister. Donc elle ajouta, comme pour s'excuser : « Je suis désolée de vous avoir faire perdre du temps. Mais … moi aussi je devais donner quelque chose à ce curandero. » « Ah oui ? Et pourrais-je savoir quoi ? » demanda le curandero intéressé.

« Cela » répondit Kantu, sortant de son sac une extrémité des cordes tressées qu'Anselmo lui avait remises. « Qui te l'a donné ? » demanda l'homme en allongeant une main pour le prendre. « Anselmo, le curandero de mon village, pour cet homme » dit-elle en sortant du sac le petit paquet multicolore qui enveloppait les cordelettes. « Je suis curieux d'examiner cette tresse de cordelettes » reconnut le curandero, en attrapant le sac. « Mais bien sûr, faites. Vous avez été si gentil de m'accorder un peu de votre temps... ».

Le curandero observa le petit paquet et les cordelettes nouées entre elles. Il ferma les yeux, les toucha avec la pointe des doigts et puis il ajouta : « Mademoiselle, le tissu et les cordes sont très belles » et il remit la tresse dans le petit sachet. Subitement l'expression de l'homme changea. Sa voix se fit plus amicale et il dit : « Au cas où j'apprends quelque chose sur l'homme que tu cherches, je te le ferais savoir. Mais pourquoi précisément lui ? »

« Parce que le curandero de mon village me l'a conseillé et je suis sûre qu'il pourra m'aider ». « Mais c'est si important pour toi de trouver cette personne ? » lui demanda l'homme extrêmement intéressé. « Oui, ça l'est. Ma vie n'aurait aucun sens sans ces enseignements. J'en suis sûre. Anselmo me l'a garanti. Vous le connaissez? » reprit-elle en se donnant du courage.

« Peut-être est-ce vrai qu'un tel curandero existe, mais tu devras le chercher patiemment... Je te souhaite d'avoir de la chance dans tes recherches. J'ai beaucoup de choses à faire ... adieu » et, en se tournant vers Sara, il ordonna : « En sortant, barricadez de nouveau la porte. » Puis, il se retourna et sortit de la maison. Triste et abattue, Kantu observa l'homme disparaître à travers les champs cultivés.

Etant donné qu'il n'y avait plus rien à faire, les deux femmes décidèrent de retourner vers Cuzco et cheminèrent le long du sentier qui les avait emmenées jusque-là.

Peut-être à cause des fortes émotions qu'elle ressentait ou tout bonnement parce que la nuit tombait, le paysage lui sembla gris, désolé, sombre alors que le ciel était limpide. Elle se sentait découragée et vaincue. Elle s'était imaginé une autre issue, et au contraire elle subit avec amertume le refus d'être rejetée par cet homme.

Les deux filles marchaient en silence le long du sentier poussiéreux. De temps en temps, elles s'arrêtaient pour se reposer un peu et elles reprenaient leur marche. Au bout d'un moment, Sara rompit le silence et dit à Kantu pour la rassurer : « Kantu, sois patiente. Moi je crois que c'est l'homme que tu cherches vraiment mais tu dois rester calme : ces personnes sont ainsi. En étant avec mon grand-père, j'ai connu beaucoup de curanderos. Ils sont bizarres même si, au fond, ils sont très serviables. Tu verras qu'il changera d'attitude ».

Kantu sourit. Elle avait vraiment besoin d'entendre ces mots-là.

Alors qu'elles attendaient le bus, Sara lui raconta l'histoire de sa vie : « Il y a trois ans, j'ai rencontré un homme et de notre union naquit très vite l'enfant que tu as vu. Peu de temps après notre mariage, mon mari alla chercher du travail à la mine. Malheureusement, il n'a pas d'emploi fixe et de temps en temps il m'envoie de l'argent qui cependant ne suffit jamais. C'est pour cela que je travaille au marché pour vendre des fruits ou que je rends service dans différentes familles même si, à cause de l'enfant, je ne peux travailler à temps plein. Parfois, comme aujourd'hui, je le laisse à ma grand-mère et je parviens ainsi à travailler plus ».

C'était une histoire plutôt ordinaire. Kantu avait déjà entendu dire que de nombreuses jeunes filles s'étaient mariées uniquement parce qu'elles étaient enceintes ou, tout à fait comme elle, parce qu'elles étaient tombées profondément amoureuses.

Il y a quelques années, Kantu aussi avait pensé se marier et elle avait été sur le point de le faire ; maintenant elle comprenait que, pour une femme, il est absolument indispensable d'être financièrement indépendante. Outre le salaire qu'elle percevait, elle avait des rentrées d'argent provenant des placements effectués sur les conseils de son amie. L'argent de cet investissement avait presque triplé.

A son tour, Kantu lui narra son histoire. Elle lui confia être profondément amoureuse d'un homme et que, uniquement pour parvenir à conquérir son amour, elle avait décidé de faire cette action, ignorant où cela la mènerait. Tandis qu'elles bavardaient, le bus arriva. Sara fit signe de la main au chauffeur pour qu'il s'arrête. Le véhicule freina et toutes les deux, envahies par les nuages de poussière ainsi soulevée, montèrent rapidement.

Kantu arriva à Cuzco complètement démoralisée. Elle était déçue, et pourtant elle n'était pas du tout disposée à se déclarer vaincue. Elle décida donc de retourner dans son village. Anselmo ne pouvait pas s'être trompé en lui indiquant l'adresse du curandero du feu. Il aurait dû lui indiquer un autre chemin. Cette fois elle était fermement décidée à tenter le tout pour le tout.

Ayant rejoint la masure d'Anselmo, elle fut reçue d'un sourire, acceptant volontiers le sac de victuailles qu'elle lui apportait. « Anselmo, je t'ai apporté aussi cette chemise » lui dit-elle en la lui tendant. « Merci, petite, tu es si généreuse... Dis-moi, comment ça s'est passé ? Tu as trouvé le curandero ? »

« Justement, je veux te parler de cela, Anselmo. Savais-tu qu'Atahualpa est mort ? » Anselmo n'était pas du tout surpris. Son visage cuivré, fripé par le soleil et le froid des montagnes, resta impassible. Son regard d'enfant se tourna vers l'horizon, méditatif.

« J'ai cherché ce curandero du feu partout » poursuivit-elle. « Personne n'a rien su me dire. A la fin, j'ai même été chez un homme qui est peut-être celui que je cherche, même si je n'en suis pas vraiment sûre. Mais avant de continuer mes investigations, je voudrais savoir si les feuilles de coca peuvent te dire où je peux le trouver ».

« Voyons un peu ma petite. » Pour la énième fois, Anselmo examina dans les feuilles de coca l'avenir de Kantu. Il les observa longtemps alors qu'elle pensait : « Je dois le trouver ». « Dis-moi, Anselmo, où est-ce que je pourrais trouver cet homme ? » Anselmo partit d'un éclat de rire.

« Petite, mais tu l'as déjà trouvé et tu as même parlé avec lui. Tu vois ? Qui cherche trouve ! La *Pachamama* accourt à notre aide dès que nous avons les idées claires et un but précis. »

« Ce n'est pas possible ! » s´exclama-t-elle. « J'ai parlé avec le curandero en personne et lui me soutenait ne rien savoir. »

« Tu lui a montré ce que je t'avais donné ? » lui dit Anselmo.

« Oui. Et il a fermé les yeux et l'a tâté de ses mains. » « Mais alors c'est vraiment lui ! Ce n'était pas nécessaire qu'il regarde. Il devait simplement le toucher. Vraiment comme ça ». « Tu es sûr que c'est vraiment lui l'homme que nous cherchons ? ».

« Oui, petite. C'est lui. Tu es arrivée jusqu'à lui, il n'y a pas de doutes. Maintenant la chose la plus compliquée est qu'il soit disposé à t'initier. Commence à te persuader qu'il se proposera de t'instruire, qu'il t'acceptera comme disciple et, alors pendant que tu penses à tout ça, croise les doigts. Pense à cette personne de toutes tes forces et, le faisant, tu réussiras à aller à son esprit, tu réussiras à communiquer mentalement avec lui, l'amenant à faire ce que tu veux. Sois patiente et tu verras qu'il t'appellera. S'il tarde, ne le cherche pas. Ne cherche pas à forcer les choses, chaque chose arrivera en son temps ».

Au retour vers Cuzco, Kantu se sentit différente : optimiste, emplie d'espérance, heureuse. Dans sa tête, elle entendait encore les mots d'Anselmo : « La *Pachamama* accourt à notre aide dès que nous avons les idées claires et un but précis. »

---

17. Ancienne charrue andine à une bêche, utilisée depuis des temps antédiluviens. Pour faire les sillons, on met tout son poids sur le pied droit qui appuie sur la bêche.

6. AVEC PATIENCE, ON PEUT CONQUÉRIR LE CIEL

Quelques jours après son retour à Cuzco, Kantu s'efforçait d'être patiente et de penser positivement. Anselmo lui avait assuré que le curandero du feu, l'homme qu'elle avait rencontré sur les montagnes du Langui, accepterait de lui enseigner à utiliser son pouvoir. Pour atteindre son objectif, Anselmo lui avait conseillé de visualiser dans son esprit, le moment auquel le curandero l'accepterait en tant que disciple, en respirant lentement avec les doigts croisés. Durant des jours et des jours, Kantu répéta cet exercice et pensa à cet homme qui vivait dans un village isolé et à la façon d'atteindre son but.

Un jour, une chanson d'amour latino-américaine, lui fit penser à son amour lointain, si fugitif et difficile. D'après Anselmo elle parviendrait à le garder à ses côtés uniquement en ayant recourt aux enseignements de ce grand curandero. Plusieurs jours étaient déjà passés et elle n'avait reçu encore aucune réponse. Sa patience faiblissait et elle continuait à se répéter : « Il doit m'appeler ! Il doit m'appeler ! ».

Et comme si son intuition féminine le lui avait suggéré, un jour elle se réveilla de bonne humeur. Peu de temps après, quelqu'un frappa à sa porte. Kantu se leva pour aller ouvrir se demandant : « Qui cela peut-il bien être à cette heure-ci ? »

Dès qu'elle ouvrit la porte, elle se retrouva face à Sara qui lui dit précipitamment : « Condori, le curandero de Langui, veut te voir. Hier il était en ville. Il est passé chez ma grand-mère pour laisser des provisions, elle lui a parlé de toi et lui a demandé de t'aider. Lui n'a rien dit mais avant de partir il m'a appelé et m'a dit : "Dis à ton amie de venir chez moi" ».

Le visage de Kantu s'illumina d'un grand sourire et elle cria avec exaltation : « Youpi ! Youpi ! » Puis, se tournant vers Sara, elle dit : « Remercie ta grand-mère de ma part et merci infiniment à toi aussi ». « Quand penses-tu y aller ? » demanda Sara souriante. « Maintenant, si c'est possible. Tu m'accompagnerais ? » « Volontiers, je suis déjà prête à partir. Je savais que tu me demanderais de venir avec toi. »

Kantu se prépara rapidement. Elle mit peu de choses dans un sac de voyage et prit un peu d'argent. Depuis qu'elle avait commencé à travailler, elle avait beaucoup d'économies dont elle pouvait disposer librement. Elles sortirent sur la route pour héler un taxi. La chance étaient avec elles : elles en trouvèrent un de suite et se firent conduire jusqu'à la gare routière. Elles arrivèrent un instant avant le départ et sautèrent dans le bus bondé de gens. Il n'y avait pas de places assises, elles allaient devoir voyager debout, mais cela ne dérangeait pas Kantu ; elle était prête à n'importe quel sacrifice pour arriver rapidement à ses fins.

Elle était heureuse ; Sara, en revanche, était pensive. La voyant ainsi elle s'inquiéta : « A quoi penses-tu ? ». « Ce curandero a quelque chose d'étrange. Même quand il parlait avec mon grand-père, il avait je ne sais quoi de mystérieux. J'espère qu'il ne va rien t'arriver. » « Je ne crois pas » dit Kantu. « Anselmo me l'aurait dit. Et je lui fais confiance ». Et Kantu lui décrivit l'excellent rapport qui s'était établi entre elle et Anselmo, chez qui elle se faisait lire l'avenir. Sara l'écoutait attentivement et puis conclut :

« J'espère qu'il a raison cette fois encore et que tout ira pour le mieux ». Alors que le bus avançait rapidement le long de la route poussiéreuse, elles restèrent silencieuses, s'échangeant un regard de temps en temps.

Kantu observait les personnes qui l'entouraient ; la majeure partie était des indiens comme elle. Certains s'habillaient de manière élégante, d'autres de façon plus modeste, et pourtant tous étaient souriants. Il semblait régner une certaine harmonie : certains bavardaient, d'autres riaient, certains avaient improvisé des sièges avec leur valise. Son regard se posa sur quelques personnes, en particulier sur une petite fille qui était vêtue d'une jupe, d'un gilet rouge et d'un vieux chapeau couleur café orné d'un ruban coloré. Ses longs cheveux noirs étaient attachés mais quelques mèches rebelles s'échappaient de ci de là, son visage d'ange aux yeux doux et innocents toujours fixés sur la maman. « Qui sait ce que réserve l'avenir à cette créature ! » pensa Kantu. Puis elle regarda ses petits avant-bras nus à la peau gercée et craquelée à cause du froid poignant des hautes montagnes. Ses mains révélaient que la petite avait commencé à travailler depuis son plus jeune âge.

Peu après, elle se tourna vers une autre petite fille qui portait sa petite sœur plus jeune. Elle ne devait pas avoir plus de huit ans mais elle soutenait déjà la petite comme avaient l'habitude de le faire de nombreuses mères : serrée dans une couverture multicolore attachée sur l'épaule droite et passée sous le bras gauche. Elle portait une robe orange décolorée et usée. Elle avait les pieds nus, sales de terre et la boue sur lesquelles elle avait marché. Elle était coiffée de deux longues tresses qui devaient avoir été faites il y a longtemps, désormais complètement relachées.

La petite sœur arborait une seule tresse. Toutes les deux avaient les yeux noirs et la peau couleur cuivrée. Un peu plus loin, une femme passa avec un enfant dans les bras. Dans son regard il y avait un mélange de tristesse et de souffrance. Que de difficultés elle devait avoir vécues ! Vêtue d'une manière assez modeste, ses mains calleuses disaient explicitement le pénible labeur auquel elle se soumettait. Le bambin portait un bonnet, était enveloppé dans une couverture noire à franges blanches, qui lui protégeait le dos ; les petites jambes nues sortaient de la jupette beige nouée à la taille. Il y avait aussi beaucoup d'hommes, certains avec des blousons noirs et des *chullos* sur la tête, d'autres montraient leurs cheveux noirs et brillants. Certains portaient la traditionnelle ceinture andine, le *chumpi*.

Descendues du bus, Kantu et Sara continuèrent à pieds, le long d'un sentier étroit. La maison du curandero se trouvait en dehors du village, à proximité des champs cultivés. Elle était entourée d'une palissade derrière laquelle on pouvait entrevoir de hauts arbres d'eucalyptus.

Quand elles furent devant la maison, elles appelèrent le curandero qui sortit immédiatement et, s'adressant à Kantu, dit : « Je ne pensais pas que tu serais venue aussi vite. Tu dois être très pressée. »

« Oui » lui répondit-elle sans hésiter. Il l'invita à s'asseoir, puis, après avoir aussi salué Sara, en s'adressant à elle il dit : « Sara, me rendrais-tu un service ? » « Bien sûr » « Il me faut une bonne quantité de bois. Autour de la maison il y a beaucoup d'arbustes. Coupes-en un peu, car bientôt nous allons célébrer un rituel. Pendant ce temps, je parlerais avec cette jeune fille » dit-il en tendant à Sara une couverture et une hachette. Puis, en s'adressant à Kantu, il demanda : « Pourquoi veux-tu apprendre à utiliser le pouvoir naturel que vous les femmes vous possédez ? »

Elle lui raconta qu'elle était amoureuse d'un homme qui s'était éloigné d'elle et, comme Anselmo le lui avait révélé, l'unique moyen pour le garder à ses côtés serait de recourir à ce pouvoir. « Moi je ne voulais rien t'enseigner, mais le jour où je t'ai vue, je savais que tu reviendrais » lui avoua le curandero. « Comment ? Vous le saviez ? » s'exclama Kantu, surprise. « Oui » répondit-il souriant. « Et si vous le saviez, pourquoi m'avez-vous traitée de cette façon ? » « Je voulais voir de quoi tu étais capable. Il semble que tu possèdes un pouvoir qui sommeille en toi, mais avant tout je dois le vérifier. Je dois être sûr que tu es vraiment ce que tu parais être ». « Je ne comprends pas ».

« La première fois que tu es venue, je t'ai observée attentivement. J'ai eu l'impression que si tu avais vécu au temps des Incas, tu aurais été une prêtresse du Soleil ; une *Aklla*[18] ou peut-être une *Qoya*[19] ». « Comment ? » dit Kantu, qui n'avait jamais entendu parler de ces êtres. « Il s'agit d'une ancienne tradition selon laquelle, il y a longtemps, vivait un groupe de femmes sages. Le lieu où elles étaient formées se trouvait à Cuzco et était connu comme *Akllawasi*[20] ou « Centre des Elues ». Elles étaient appelées *Akllakuna*[21] ou « Filles du Soleil ». Le curandero fit une petite pause puis reprit : « Je n'avais aucun intérêt à t'instruire. Tu vois, on ne peut pas révéler notre savoir aveuglément puisque, une fois déclenché, il devient pouvoir. Mais durant ces jours ton visage m'est apparu constamment dans mon esprit et j'ai compris que tu es capable d'influencer mes pensées et que tu possèdes une énergie vraiment puissante. C'est pour cela que je t'ai fait appeler, pour te mettre à l'épreuve. Et maintenant dis-moi, veux-tu apprendre à utiliser le pouvoir féminin seulement pour maintenir un homme à côté de toi ? ».

« Oui. Cet homme est l'unique but au monde qui m'intéresse. Sans lui, je ne suis rien. » « Parle-moi de lui » la sollicita Condori.

Kantu, alors, se mit à parler de Juan, de ses premières expériences amoureuses, de comment il l'avait abandonnée, du cynisme, de son culot, et de combien elle est incapable de résister à sa séduction. Elle lui raconta combien il lui est impossible de l'oublier ou de le laisser.

Il écouta attentivement puis il dit : « Sincèrement, je ne sais vraiment pas si je dois t'instruire. Peut-être que ce tu éprouves n'est pas de l'amour mais seulement de la passion : quelque chose que la nature te refuse et que tu ne peux obtenir, parce que c'est hors d'atteinte. Et c'est seulement pour cela que tu veux avoir recours à ton pouvoir ». « Non, ce que j'éprouve n'est pas de la passion, c'est de l'amour. Je l'aime » lui assura-t-elle.

Le curandero du feu détourna son regard vers l'horizon et lui dit sentencieusement : « Avant de commencer, j'ai besoin de savoir ce que dit la *Pachamama* à ce sujet, ce que communiquent les *Apukuna*, les esprits protecteurs des hommes. Je ne te promets rien. Avant, je dois savoir si la *Pachamama* est d'accord. ».

A ces paroles, la joie de Kantu s'effondra. Le curandero s'approcha d'un coin de l'habitation et d'un buffet en bois il sortit un paquet multicolore. Puis il demanda à Kantu : « Tu as apporté le petit sac que t'a donné Anselmo ? » « Oui, oui » affirma Kantu, le lui tendant.

Le curandero le mit de côté. Il prit ensuite un sac bariolé, rempli de décorations et en sortit un objet qu'il montra tout de suite à Kantu, en lui demandant : « Sais-tu ce que c'est ? » Elle vit qu'il s'agissait d'un serpent. Apeurée, elle se contenta de le regarder. « Serre-le dans ta main » lui ordonna le curandero.

Kantu éprouvait une grande peur pour les reptiles et il lui semblait que celui-là était encore vivant. Elle hésitait pour le toucher ou non mais... « L'amour fait faire de ces choses ! » Elle pensa à Juan, déterminée à affronter n'importe quoi. Elle prit le reptile et seulement à ce moment-là, elle se rendit compte qu'il était factice. Probablement en argent, mais il était exécuté avec une telle habilité qu'il semblait réel. Les yeux, la tête, le corps et la queue bougeaient comme s'il était vivant.

« Ceci est le pouvoir occulte que tu veux que je t'enseigne » lui révéla le curandero. « Tu ne peux pas encore le comprendre, mais ce que tu prétends apprendre est vraiment le pouvoir des serpents. » Ensuite, il prit le serpent des mains de Kantu et le remit à nouveau dans le sac d'où il l'avait extrait.

Kantu allant d'une surprise à l'autre, commençait à accepter avec plus de courage ce qui lui arrivait. « Le pouvoir du serpent est terrible. Si tu veux te servir du serpent pour atteindre tes objectifs, la première chose que tu dois apprendre est de le dominer, faire de lui ton allié, ton collaborateur… » Ainsi le curandero émit un sifflement, joignit les mains et ajouta : « Kantu, montre-moi ta main ». Kantu allongea la main droite vers lui. Quasiment sans la toucher, le curandero la prit entre les siennes. Elle sentit une espèce de décharge lui traverser la main.

« Tu vois ? C'est l'énergie que tu devras apprendre à diriger, que tu commenceras à utiliser. Mais je te préviens : l'apprentissage peut être terrible et je ne sais pas si tu réussiras. » « Je t'en prie, je suis disposée à affronter n'importe épreuve. » « La nature s'empresse toujours d'utiliser une sorte d'appât afin que les personnes apprennent « quelque chose ». Dans ton cas, si ce « quelque chose » te concernait toi seule, tu ne l'apprendrais jamais. Mais puisqu'il y a quelqu'un que tu désires, tu te sens contrainte de te préparer à n'importe quel prix ».

Pendant que Condori parlait, Sara rentra avec pas mal de bois. Le curandero regarda autour de lui, puis mouilla son doigt de salive. Il le leva, sentit un peu l'air et, enfin, dit : « C'est le bon moment pour faire notre petite offrande à la *Pachamama* ».

Il étendit donc une couverture sur le sol et invita les deux jeunes femmes à s'y asseoir ; au centre il y posa une autre plus petite et colorée. Enfin, s'adressant à Sara, il dit : « J'aurais besoin de quelques braises ».

Sara savait parfaitement ce que le curandero allait faire, donc elle sortit de la pièce et rentra peu après avec un pot en terre cuite plein de braises. Pendant ce temps, l'homme avait extrait de différents petits sacs une série d'ingrédients. Même si Kantu avait déjà vu faire Anselmo la fois où ils firent une offrande à la *Pachamama* afin qu'il bénisse son mariage, elle observait en silence. Puis le curandero du feu se mit à expliquer : « Nous ouvrons un cercle de communication entre nous et la *Pachamama*. Nous demanderons à notre bonne mère, à notre sainte mère, l'autorisation de procéder à ta préparation ».

Il se dirigea vers les braises incandescentes et y jeta une poignée d'herbes sacrées qui, au contact du feu, envahirent la petite habitation d'odeurs rituelles. En même temps que ces agréables émanations, une fumée blanchâtre s'éleva des braises jusqu'au plafond. Observant ces volutes, le curandero donna le résultat : « C'est un bon signe, c'est le bon moment. Maintenant je dois purifier tous ces objets » ajouta-t-il en se référant à tout ce qu'il avait à peine sortit des petits sacs. Et là, il les passa un à un d'abord sur le feu puis dans la fumée.

Le curandero répétait exactement les mêmes gestes que Kantu avait vu faire par Anselmo. Il invoqua les esprits de la montagne, siffla, chanta et prononça des prières en quechua. Les deux femmes l'observèrent en silence. Sitôt terminé, il s'empara de la petite couverture carrée, la plia en diagonale et en fit un genre de paquet. Il souffla dessus trois fois, et s'agenouillant, dit à Kantu : « Mets-toi à genoux et souffle dessus trois fois. Espérons que cette offrande soit bien acceptée par notre mère ».

Kantu s'agenouilla. Du plus profond de son être, elle pria afin que l'offrande soit acceptée. De toute sa vie, elle n'avait jamais rien désiré avec autant d'acharnement, de désespoir. Puis elle souffla de toutes ses forces.

Le curandero prit le paquet et le tendit à Sara, agenouillée elle aussi, qui répéta le même rituel. Puis, le curandero versa quelques gouttes du liquide contenu dans deux verres différents et expliqua : « Nous devons offrir le *Condorchuya*[22] et le *Llamachuya*[23] aux *Apukuna* ». Il prononça donc une oraison. S'adressant à Sara : « Sara, as-tu déjà préparé le feu ? » La jeune fille acquiesça.

« Va vérifier s'il y a assez de braises. Cette offrande doit brûler complètement. » Sara sortit vérifier et revint peu après en confirmant que les braises étaient suffisantes. Le curandero sortit de la pièce sans bonnet et pieds nus, portant avec lui le paquet qu'il avait à peine préparé et un autre un peu plus petit. Les deux femmes restèrent dans la masure. Kantu regarda Sara d'un air interrogatif et elle lui fit un signe de la tête sans dire un mot. Quelques instants après, le curandero revint en disant : « Maintenant, attendons le signal de la Terre Mère ».

Soudain, on entendit trois petits craquements. « Le signal semble être bon. Mais attendons de voir aussi les cendres » commenta Condori. Il s'agenouilla et s'asseyant sur les talons, sortit de sa ceinture une petite bourse contenant des feuilles de coca. Il prit quelques feuilles et les mis dans sa bouche, puis il passa le sac aux deux filles en les invitant à faire de même. Sara se servit et les mit en bouche ; Kantu n'était pas habituée à mâcher la coca mais elle imita son amie. Tous les trois mâchèrent en silence. Soudain, le curandero se leva et dit : « Je vais voir les cendres ».

Peu après, il rentra affirmant : « Le signal est bon. La *Pachamama* est d'accord pour que je t'instruise. J'espère que tu sauras le mériter. » Sara lança un cri de joie, embrassa Kantu et lui dit :

« J'espère que tous tes désirs deviennent réalité et que tu réussisses à obtenir ce que tu as programmé ». « Merci, petite sœur, merci de m'avoir accompagnée jusqu'ici, et pour toute l'affection dont tu as fait preuve » répondit Kantu.

« Maintenant je dois m'en aller » dit Sara. « Je dois retourner à Cuzco chez mon fils. Toi, si tu veux, tu peux rester ici et faire tout ce que Condori t'ordonnera ». Ceci dit, elle l'embrassa sur les joues et salua don Justo, ainsi se nommait le curandero.

Condori tendit un paquet et un peu d'argent à Sara en lui disant de donner cela à sa grand-mère. Puis il lui confia une feuille sur laquelle il avait consigné des notes et ajouta : « Le jour où tu reviendras ici, apporte-moi ceci s'il te plaît ».

Dès que Sara sortit de la pièce, Kantu éprouva une certaine crainte de rester seule avec cet homme qu'elle ne connaissait pas et duquel dépendait son avenir. Anselmo lui avait déjà expliqué que l'apprentissage serait très dur et qu'elle devra être courageuse, attentive à chaque petit détail, qu'elle devra travailler avec constance et obéir aveuglément ; elle savait combien elle devrait se sacrifier. Après le départ de Sara, l'homme regarda attentivement sa future disciple et lui dit : « Aujourd'hui est un jour spécial pour toi et, si un jour tu parvenais à être réellement celle que tu es, tu t'en souviendrais pour toujours. A partir de ce moment, tu penseras uniquement à ta vie. Tu travailleras dur chaque jour pour apprendre à mieux te connaître parce que, seulement en te connaissant toi-même, tu pourras être libre et, seulement en étant libre, tu seras en mesure d'affronter chaque problème et chaque danger. La foi en toi sera ton but et tu seras consciente de vivre ta vraie vie. Tu apprendras ce que la nature t'a donné et tu utiliseras avec conscience et sagesse ton corps, ton intelligence et ton esprit. Si tu parviens à maîtriser toutes les épreuves auxquelles tu seras confrontée, tu seras l'exemple vivant de la grandeur de la femme qui, au cours des siècles passés, était témoin des *Akllakuna*, les vrais artisans du développement *Tawantinsuyo* et du gouvernement cosmique des quatre régions des Andes. »

Le curandero poursuivit : « Tu seras un pèlerin à la recherche de toi-même. Autrefois les femmes faisaient ce parcours sous la conduite des *Mamakuna*[24]. Ensuite, l'invasion espagnole rompit des fils de cet enseignement auquel, à partir de ce moment, ne put accéder qu'un groupe très restreint de femmes : celles qui sortaient victorieuses de toutes les épreuves auxquelles elles étaient soumises constituaient l'élite féminine appelée *Intip Chinan*[25] et elles représentaient l'essence féminine andine. Elles étaient capables de bien des choses parce qu'elles étaient formées à la difficile école de l'*Akllawasi*, pour ensuite entrer au service de la société en qualité de prêtresses, maîtresses, épouses, guerrières, employées administratives, ambassadrices ou gouverneurs. Dans ces temps-là, elles étaient considérées comme les joyaux les plus précieux du peuple *Tawantinsuyo* ».

Kantu l'écoutait en silence, les yeux fixés sur son futur maître. Quand celui-ci fit une pause, il régna un instant de silence intense, puis il reprit : « Mais la question fondamentale est celle-ci : es-tu prête à sacrifier chaque chose, à affronter n'importe quel risque pourvu que tu apprennes, connaisses et utilises le pouvoir que tu recevras ? »

« Je ferais n'importe quoi afin d'obtenir ce que je veux. C'est pour cela que je suis ici, pour devenir votre disciple » répondit Kantu avec conviction. Le curandero du feu continua : « Les gens me connaissent en tant que Justo Condori, mais je possède aussi un nom secret qui est lié à un pouvoir et à un long parcours d'apprentissage. J'ai beaucoup réfléchi à l'opportunité de t'enseigner les terribles pouvoirs dont est pourvue la femme. Ce sont des pouvoirs qui doivent tomber uniquement entre les mains de ceux qui sont capables de les gagner. Ce sont des pouvoirs qui peuvent se donner et qui doivent se transmettre uniquement aux personnes qui parviennent à se connaître vraiment, qui parviennent à comprendre qui elles sont et quelle est leur voie ». « Je réussirai à mériter vos enseignements » affirma Kantu très sûre d'elle.

Condori continua : « Un parcours ardu et terrible t'attend, qui te fera souffrir parce que les épreuves que tu devras affronter sont extrêmement sévères. Tu devras être patiente et persévérante, car c'est uniquement avec de la patience que l'on peut comprendre la nature. Tu devras faire preuve d'une grande force de volonté, avoir énormément de constance et de courage pour réussir à atteindre le ciel. Aie confiance en toi-même et n'aie pas peur de ce qui t'attend. Le moindre petit doute, et tout sera perdu pour toi ».

« Non, non ! Je suis prête à lutter » affirma Kantu décidée. « Je suis disposée à faire n'importe quel sacrifice, à affronter toutes les souffrances nécessaires, à supporter avec patience, si cela me permet de gagner l'amour de celui que j'aime. Je le ferai ! »

« Kantu, tu dois t'attendre à donner énormément et à devoir renoncer également. Maintenant, visualise ce que tu désires et si tu te prépares de façon appropriée, ce sera à toi. » « Oui » répondit Kantu « Je risquerai n'importe quoi. Dites-moi seulement ce que je dois faire et je le ferai ».

A ce moment-là le curandero ajouta : « Nous commencerons ton apprentissage à l'apparition de la nouvelle lune. Alors tu naîtras à une nouvelle vie, à une nouvelle mission. Mais d'abord je dois vérifier quel degré de pouvoir t'a donné la *Pachamama*. Suis-moi… »

Condori sortit de la pièce et Kantu le suivit d'un pas léger. Il la conduisit dans une autre pièce, vide, le sol complètement couvert de tapis. Le curandero s'arrêta au centre de la pièce et, une fois Kantu entrée, revint sur ses pas et ferma la porte. La pièce était ainsi dans l'obscurité complète.

« Pour vérifier la quantité de pouvoir cachée en toi, je dois faire plusieurs tests. Uniquement de cette manière, je serai convaincu plus tard que tu mérites de recevoir mon enseignement. »

« Ordonnez et je m'exécuterai » Très bien. Pour commencer, enlève tes vêtements » Kantu ne s'y attendait pas. Une légère rougeur colora son visage. « Tous ? » demanda-t-elle montrant une certaine hésitation. Mais immédiatement, elle se souvint de ce que le curandero lui avait dit un peu avant : « Un seul petit doute et tout sera perdu pour toi » « Oui, tous. Tu dois être complètement nue ».

Kantu savait que si elle n'obéissait pas à tout ce que l'homme lui ordonnait, il aurait immédiatement refusé de l'instruire. Et, même si ce n'était pas de bon cœur, elle se déshabilla lentement jusqu'à ce qu'elle soit complètement nue.

Dans l'obscurité de la pièce, Condori lui prit le poignet disant : « Va dans le coin de la pièce près de la fenêtre ». Il alluma une bougie, dont la pâle lueur bleutée éclaira faiblement la pièce, et il s'assit en tailleur sur le tapis pour mieux observer. Il la regarda plusieurs fois, puis il lui dit : « Viens, assieds-toi ici ».

Elle obéit en silence et s'assit en face de Condori, resté assis à observer ses formes. Ces formes harmonieuses, quasi parfaites, étaient enveloppées de peau fine et sensuelle. C'était une très belle femme. Impassible devant tant de beauté, Condori lui ordonna : « Allonge-toi dans cette direction » et il lui indiqua la position avec la main.

Malgré tous ses efforts pour se contrôler et rester calme, le cœur de Kantu battait la chamade, à vouloir sortir de son corps. Elle ferma les yeux pour ne pas voir ce qu'il allait lui faire.

L'homme se rapprocha. Il posa sa main droite sur le mont de Vénus et la gauche sur la gorge, puis, les yeux fermés, il exerça successivement une légère pression d'abord sur l'un puis sur l'autre des deux points, comme s'il voulait presque toucher la peau. Puis, toujours avec une extrême délicatesse, il commença à toucher tout le corps de la jeune fille. Kantu ressentit des sensations diverses et contradictoires : répulsion, chatouillement, nervosité. Condori leva la main droite pendant que la gauche saisit un des poignets de Kantu. Toujours les yeux fermés, il leva et baissa alternativement la main droite et le bras gauche vers le corps de Kantu. La jeune fille s'abandonna, envahie par une sensation soudaine de détente qu'elle ne s'expliquait pas. Le contact de la main de Condori glissant sur sa peau douce l'excitait, elle oublia presque d'être complètement nue devant un homme qu'elle connaissait à peine. Les mains de l'homme caressaient avec délicatesse ses seins, ses tétons, ses hanches, les effleurant à peine du bout des doigts. L'espace d'un instant impulsivement elle voulut se rebeller à ces habiles caresses. Elle voulut éloigner ces mains délicates parce qu'elle sentait monter de son corps une fièvre qui l'effrayait mais, en même temps l'attirait. Elle chercha à rester immobile ; mais son corps sursautait au contact de cette main. « Tourne-toi » lui ordonna le curandero au bout d'un moment. Sa voix était calme, sereine. Dès qu'elle se fut retournée, il lui effleura les mollets, les fesses, les épaules. Enfin il souffla la bougie. L'obscurité totale les entourait. Condori assis et Kantu allongée par terre, toujours nue. Ils restèrent longtemps dans cette position. Puis l'homme entrouvrit légèrement la porte, laissant entrer la violente lumière du jour, et dit : « Maintenant tu peux t'habiller, je t'ai suffisamment examinée ».

Kantu qui commençait à avoir froid, s'habilla rapidement, poussant un soupir de soulagement : c'était fini. Ce ne fut pas une expérience agréable, mais elle ne se sentait pas non plus embarrassée. « J'espère que tu continueras à obéir à mes ordres sans vaciller comme tu l'as fait aujourd'hui. A l'avenir, tu devras faire la même chose car si aujourd'hui tu ne t'étais pas immédiatement déshabillée, je me serais refusé de t'enseigner à utiliser le pouvoir dont tu es effectivement dotée. Mais, étant donné que tu as obéi, je me vois obligé de t'instruire » lui dit l'homme. Kantu l'écoutait attentivement.

« A partir du moment où tu commenceras ton apprentissage, tu renonceras à tout le confort de la ville, à ta famille, à tes amis, à tes obligations. Tu devras rester ici durant toute la période de l'enseignement. Ici tu apprendras à tempérer ton caractère, à discipliner ton corps et ton intelligence, à réveiller ton esprit et à cultiver tes idéaux. Car, si tu aimes vraiment, tu devras apprendre à comprendre que l'homme cherche une femme spéciale, une seule femme entre mille. Il se donnera complètement à cette seule femme et, seulement quand il l'aura rencontrée, il abandonnera son incessante recherche » ajouta Condori.

Il resta un instant silencieux et puis reprit : « Si tu aimes cet homme, il devra être ton idéal. Etudie, fais tien cet idéal et ne regarde jamais derrière toi. Quand, petit à petit, ton corps sera devenu un tout harmonieux, alors tu comprendras si ce que tu éprouves pour lui est vraiment de l'amour ou simplement de la passion. Souvent nous confondons l'amour avec l'affection ou la passion. Souviens-toi : l'union amoureuse de la main de l'homme avec celle de la femme est le lien qui leur permet d'entrer en contact avec l'univers. Car lorsque la main de l'homme effleure celle de la femme, il effleure le chemin qui conduit à l'éternité à travers l'amour. »

Puis Condori se tut, se leva et sortit de la maison. Kantu resta immobile en silence durant quelques instants, pensant qu'elle accomplissait le premier grand pas vers la conquête du cœur d'un homme « spécial ». Elle croisait tous les jours des centaines de jeunes gens mais aucun n'avait jamais réussi à l'émouvoir, ainsi que l'avait fait Juan.

Et c'est pour cette raison qu'elle se trouvait là : elle avait déjà choisi l'homme de sa vie. Maintenant le problème était de réussir à le garder à ses côtés pour toujours. Elle avait encore en tête les phrases qu'Anselmo lui avait dites lors d'une de ses visites : « Le bonheur se construit sur beaucoup de sacrifices. Si tu veux faire tien cet homme, tu devras te préparer comme se prépare un guerrier avant le combat ».

Peu après, Condori entra à nouveau dans la pièce et il s'assit en silence en face d'elle. Ses yeux se fixèrent sur la jeune femme et il commença à la scruter attentivement. Sous ce regard inquisiteur, Kantu éprouva de l'anxiété et était déconcertée. Du plus profond de son être, elle sentit croître une colère qu'elle parvint à peine à maitriser : elle se sentit rougir et eut la sensation de perdre le contrôle d'elle-même. Un homme qu'elle connaissait à peine lui faisait perdre son assurance, la maîtrise de soi ! Elle avait l'impression que les yeux de cet étranger arrivaient à déshabiller non seulement son corps, mais son âme. Elle se sentit toute petite ; presqu'une enfant sans défense, sans aide, seule. Pendant quelques instants, elle soutint le regard de Condori, mais, finalement, elle dut baisser les yeux. Elle ne réussissait pas à résister à ce regard qui semblait la pénétrer au plus profond de son être. Soudain, la voix du curandero rompit le silence qui régnait dans la pièce : « J'ai observé ta façon d'être, tes réactions. Et j'ai essayé de penser aux exercices qui pourront t'aider ». Tu devras diriger ton énergie dans une seule direction. Tu es une femme qui possède une énergie intérieure très puissante, cependant elle ne coule pas librement en toi, parce que tu vis plongée dans le chaos et le désordre, tu n'as pas de but, tu n'as pas d'objectif précis.

Comme bien des femmes, tu penses beaucoup, mais tu ne fais rien pour transformer tes désirs en réalité. Aujourd'hui je t'apprendrai quelques exercices par lesquels tu pourras commencer à mouvoir ton énergie, à trouver harmonie et équilibre, entre le côté droit et le côté gauche de ton corps et ils te permettront, un jour, d'atteindre le juste équilibre entre le corps et l'esprit ». Il alla vers la porte en ajoutant : « Bien... sortons, je vais te faire une petite démonstration ».

C'était presque l'après-midi. Condori se tourna vers l'est, il leva la main droite, paume ouverte à hauteur de la poitrine et commença à la bouger dans le sens des aiguilles d'une montre. Puis, il se tourna vers l'ouest, il leva la main gauche et traça des cercles imaginaires dans le sens contraire des aiguilles d'une montre, toujours la paume ouverte. Puis, les deux mains en même temps, il conclut en dessinant un grand huit avec une seule main. « Pendant que tu fais ces exercices, respires lentement ; en gardant les yeux entrouverts. Mets-toi en direction de l'énergie, le visage d'abord vers l'est et ensuite vers l'ouest et quand tu dessineras avec les deux mains les deux cercles qui formeront un huit, au lieu d'expirer l'air en silence, émets un son imperceptible, audible de toi uniquement : « Am, am, am, am ».

Kantu écoutait attentive, ne laissant échapper aucun mot, aucun détail. Mais elle ne put s'empêcher de se demander si ces exercices si simples réussiraient vraiment à lui redonner toute l'harmonie et la tranquillité dont elle avait besoin ».

Comme s'il pouvait lire ses pensées, sans dire un mot, Condori recommença ces mêmes exercices, dessinant d'abord de petits cercles et puis des cercles toujours plus grands. Puis, il traça un huit parfait, avec la légèreté d'un danseur. Kantu l'observa extasiée. Alors Condori tourna le regard vers elle. Ses yeux émirent une lueur qui pénétra dans ceux de Kantu : c'était le regard d'un être divin qui s'impose, domine, exerce un étrange pouvoir. Puis Condori détourna rapidement son regard rompant brusquement l'enchantement créé. Avec des mouvements lents, il se rapprocha de Kantu et lui dit : « Tu as vu comment on fait ? Tu as senti la force de l'énergie qui sortait de mes yeux ? La même énergie devra sourdre en toi. Tu devras beaucoup t'exercer pour y parvenir. Tu peux commencer tout de suite. » Kantu commença à suivre les exercices pendant que le curandero la regardait. « Tu es trop anxieuse, trop impatiente. Plus lentement. Bouge au rythme de ta respiration. Continue à t'exercer jusqu'à ce que tu parviennes à faire chaque mouvement naturellement » lui ordonna-t-il. Il s'éloigna et laissa Kantu seule. Quand Condori revint, il était déjà tard.

« Ceci est le préambule de l'apprentissage qui fera de toi une « femme spéciale », une vraie femme qui a su retrouver tout son pouvoir et sa grandeur. Si tu veux changer tes rêves en réalité, tu devras apprendre à te connaître. Plus tu te connaîtras, plus tu t'approcheras de ce que tu désires obtenir » ajouta-t-il.

« Et que devrai-je faire pour me connaître moi-même ? » demanda Kantu. « Tu devras trouver la réponse à ces questions : qui suis-je ? Que fais-je sur la terre ? Ai-je une idée claire de ce que je veux faire dans ma vie ? Suis-je heureuse de ce que je suis ou est-ce que je crois l'être ? Suis-je réellement celle que je crois ou bien suis-je ce que les autres veulent que je sois ? Est-ce que je connais tout le potentiel de mon être ? Quels sont mes idéaux ? Quand tu auras répondu à ces questions, alors tu commenceras à comprendre la profondeur de ton être : tu auras appris à connaître tes points forts et tes points faibles, tes qualités et tes faiblesses. Ainsi arriveras-tu à te connaître et à t'accepter telle que tu es et seulement ainsi tu pourras affronter ton avenir avec détermination » lui expliqua-t-il en la regardant dans les yeux pendant que Kantu écoutait en silence.

Ce fut une journée fatigante pour tous les deux. Condori préféra mettre un terme à la conversation en disant : « Allons-nous reposer. Tu dois être fatiguée. Aujourd'hui, c'était une journée spéciale. Suis-moi, préparons ton lit. Demain, avant le retour à Cuzco, nous reprendrons la conversation. Maintenant dînons et puis allons tout de suite nous reposer».

Dès que Kantu fut seule, mille pensées l'envahirent. Elle essaya de réfléchir : à qui elle était, au type de vie qu'elle menait, à tant de choses habituelles à son âge. Puis lui vinrent en tête les grandes questions : pourquoi suis-je née femme ? Ou pourquoi ai-je vraiment choisi ce sexe pour cette vie ? Elle n'avait pas sommeil. L'expérience de cette journée l'avait bouleversée. Elle ne se sentait pas fatiguée, au contraire, une bonne dose d'énergie la soutenait. Il régnait un silence qui invitait à contempler le ciel étoilé. Ces petits points lumineux luisaient dans le firmament et semblaient être des diamants encastrés dans une gigantesque coupole posée sur de très hautes montagnes sombres et sur des plaines à perte de vue. La lune n'avait pas encore fait son apparition, mais Vénus, la planète de l'amour, illuminait le ciel avec sa lumière resplendissante et elle semblait murmurer : « Courage, Kantu. Tu peux le faire et tu le feras. Et moi, je t'aiderai à obtenir ce que tu veux ».

---

18. Une des femmes préférées de l'Empire des Incas. Elle recevait une éducation rigoureuse et méticuleuse qui lui aurait permis, un jour, de faire partie de l'élite féminine.
19. L'épouse du chef des Incas. En général, c'était une Aklla à l'Akllawasi.
20. Institution où l'élite féminine, rigoureusement sélectionnée, reçoit son éducation.
21. Jeunes étudiantes de l'Akllawasi.
22. Mot qui désigne la boisson alcoolisée blanche utilisée au cours du rituel.
23. Mot qui désigne la boisson alcoolisée rouge utilisée au cours du rituel.
24. Femmes sages, maîtresses de l'Akllawasi.
25. Les adoratrices du Soleil.

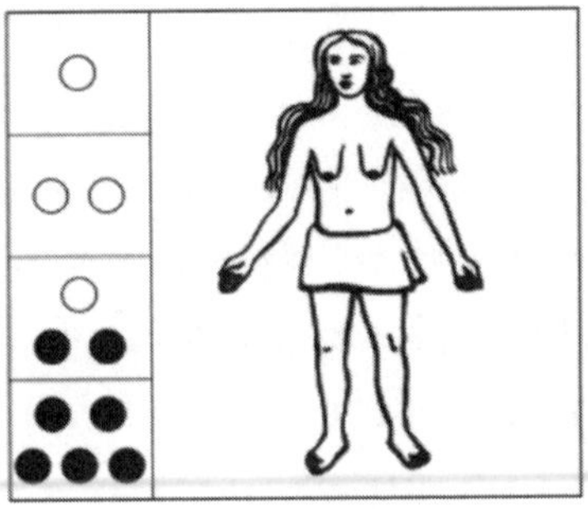

7.
LA FEMME EST AMOUR

Comme l'avait établi le curandero du feu, Kantu débuta son apprentissage le jour de la pleine lune. Elle inventa mille excuses afin de pouvoir quitter son travail durant une longue période. Désormais, elle suivait les enseignements de Condori depuis plusieurs mois, et celui-ci s'était révélé être un maître dur et exigeant, parfois sa sévérité devenait presque cruelle. Elle était soumise à des épreuves quotidiennes ; certaines lui semblaient absurdes, même si, bien vite, elle comprit que toutes avaient leurs sens : toutes répondaient à un parcours préétabli.

Comme tous les jours, ce matin-là elle exécuta les exercices qui devaient l'aider à trouver l'harmonie intérieure, puis elle fit une longue marche de plusieurs kilomètres. La promenade terminée, il faisait déjà chaud et, avant de retourner à la masure, elle s'assit sur un rocher plat pour contempler le lac de Langui.

Ce miroir bleu azur reflétait les purs nuages qui avançaient des basses montagnes couleur café, mouchetées du vert des arbres. Au fond, s'élevait une montagne gris clair ; à sa gauche, derrière une colline apparaissaient quelques arbres et, à sa droite, s'étendait le panorama de Langui. A proximité du village, on distinguait clairement la route de terre battue sur laquelle transitent camions, bus et, de temps en temps, quelques courageux motocyclistes. La route serpentait au milieu des champs cultivés d'orge, de blé, de pommes de terre et de fèves et au milieu des prés où paissaient les vaches, les ovins et d'autres animaux. Au loin, le ciel se couvrait de sombres nuages, signe de la pluie qui bientôt arroserait ces terres brunes arides.

Quelques semaines plus tôt, Kantu avait commencé à suivre les exercices de méditation qui devaient devenir quotidiens. Dans la pénombre de cette rustique masure, entre paroles et silences, elle commençait à se connaître, à comprendre le sens d'être une femme : une femme nommée Kantu.

Mais qui était-elle vraiment ?

Son maître lui avait dit qu'elle était une création de la nature, née grâce à l'intervention de l'intelligence infinie, du grand cosmos et de la force de la planète. Elle était née femme pour enseigner à aimer, destinée à devenir une maîtresse de la vie et de l'amour.

Sur le chemin du retour, elle repensa à la question posée un jour à Condori : « Qu'est-ce que l'amour ? » Il s'était limité à répondre : « Ce qu'est l'amour ? L'amour est la vérité, la loi, la porte qui se ferme sur l'éternité. Où que tu sois, aime, aime toujours. Seulement ainsi tu réussiras à t'approcher du divin parce que Dieu est amour. L'amour est l'énergie qui te conduit vers les petites et les grandes choses, tout l'univers se meut grâce à l'amour. Il n'existe pas d'énergie plus puissante ». « Mais comment naît le mouvement de cette énergie appelée amour ? » lui avait-elle demandé.

« C'est une étincelle qui fait mouvoir l'amour à travers les idéaux que chaque homme et que chaque femme cherchent à réaliser ou à enseigner à un autre. Une femme se donne à un homme justement en vertu de cet idéal, poussée par le besoin de perpétuer une union dans laquelle s'accomplit la communion de deux âmes. Ce sont les idéaux qui poussent un homme et une femme à s'unir, ou à avancer séparément, selon leur désir d'apprendre, de comprendre et de connaître la nature. Les idéaux sont comme les étoiles : ils guident le passant dans la nuit obscure, et le conduisent à destination. » Ainsi s'était exprimé le maître.

Alors qu'elle s'approchait de la maison, elle se sentit inondée de paix et de tranquillité. Elle n'était plus la jeune hystérique qui voulait à tout prix s'attacher à Juan ; elle était une femme désireuse de savoir pourquoi elle était tombée éperdument amoureuse de cet homme et pourquoi elle s'était donnée à lui si facilement.

Elle avait demandé plus d'une fois à son maître de l'aider à comprendre et Condori avait simplement répondu : « Tu aimes cet homme et tu t'es donnée à lui parce que ton cœur te dit que c'est l'homme aux côtés duquel tu pourrais avancer sur la terre, l'homme que tu pourrais aider à réaliser son idéal. Ton intuition te dit quel est l'idéal qui meut son existence et comment tu pourrais l'aider à le réaliser. Mais pour atteindre son but, il devra devenir ton disciple et tu devras être la maîtresse qui lui enseignera ce qu'est réellement l'amour. Ta réalisation en tant que femme, ou ta défaite, dépendent uniquement de cela. »

Kantu avait gravé ces paroles en elle et maintenant elle se les répétait mentalement cherchant à trouver le vrai sens : « L'union entre un homme et une femme est le début d'un voyage vers la réalisation de cet idéal. Seulement quand l'homme aura appris à aimer, il pourra s'approcher du Grand Esprit. Au fond du cœur l'homme cherche Dieu et, dans ce cheminement vers Lui, il devra être guidé par une femme. Mère, sœur, épouse, compagne, amante ou simplement amie, la femme sera de toute façon une maîtresse, une initiatrice pour lui. »

Le souvenir de ces paroles l'aida à mieux comprendre ce qu'elle avait déjà lu, au sujet de certains hommes les plus célèbres de l'Histoire. D'après leurs biographies, on peut constater que, près de chacun d'eux, il y a toujours eu une femme. Mama Anawarki fit en sorte que Tupaq Yupanki, son mari, appelé ensuite Pachakuteq, devint gouverneur des Incas. Micaela Bastidas fut l'âme de la Révolution Indienne dirigée par son mari Gabriel Condorkanki, connu aussi sous le nom de Tupaq Amaru II qui réussit à émouvoir l'Amérique entière. Un siècle plus tard, dans une autre région d'Amérique, Abraham Lincoln libéra les noirs de l'esclavage transformant ainsi en réalité le rêve de sa femme et de sa marâtre, celle qui depuis l'enfance lui avait transmis les valeurs fondamentales de la vie. Les femmes, depuis toujours, jouent un rôle déterminant dans la vie de tous les hommes.

Elle repensa à quelques hommes qui, poussés par une femme, sont parvenus à réaliser des entreprises incroyables, ont accepté des défis impensables, ou avaient même changé le sort du monde. Napoléon Bonaparte, pour satisfaire l'ambition de Joséphine : devenir impératrice, avait bouleversé l'équilibre de toute l'Europe. Au siècle dernier Edouard VIII, élu roi d'Angleterre et d'Irlande et Empereur des Indes, abdiqua en faveur de son frère pour épouser l'américaine Wallis Giled Simpson, une femme divorcée deux fois et de laquelle il était tombé éperdument amoureux. L'histoire universelle compte vraiment de nombreux exemples de femmes qui ont exercé une grande influence sur les hommes et sur l'Histoire.

Elle était arrivée à la cabane de Condori, quand lui revinrent en mémoire les paroles de son maître : « Ce que tu apprends te permettra de donner de l'amour, de la tendresse, de l'affection, de la chaleur, des attentions à ton bien-aimé avec lequel tu partageras cependant aussi les tristesses, les peurs et les préoccupations. Tu apprendras à lui montrer que tu as besoin de lui et, de cette manière, tu recevras tout son amour : l'amour est savoir se donner et s'enrichir. On peut le cultiver, le faire grandir mais il peut aussi être blessé et décliner peu à peu. Le véritable amour te fait grandir. L'amour unit, comprend, enseigne, pardonne : il est dévouement et sacrifice. Une femme qui aime est prête à tout ».

Quand elle atteignit enfin la masure, Condori n'était pas là. Il était sûrement en train de travailler aux champs ou, peut-être était-il parti récupérer les bêtes qu'il avait laissées en pâture la veille au soir. La promenade lui avait donné faim et elle alla donc dans la cuisine préparer le repas à partager dès le retour de l'homme. Comme il n'y avait plus de farine elle s'apprêta à en faire. Elle prit quelques épis de maïs séchés et les égraina. Puis elle souleva légèrement ses jupes multicolores et s'agenouilla sur une peau de brebis pour broyer les grains avec un mortier en pierre : elle ferait une Mazamorra, une polenta. Les ingrédients nécessaires étaient peu nombreux : quelques petits morceaux de viande séchée, de la farine de maïs, quelques pommes de terre pelées, quelques légumes, du sel et des épices. Rien d'autre. Depuis le début de son entrainement, elle ne se nourrissait que de deux repas par jour : le premier vers dix heures du matin et l'autre vers cinq heures de l'après-midi. Même les ustensiles de cuisine étaient peu nombreux dans cette cabane : quelques marmites en terre cuite, quelques assiettes creuses, des verres, quelques tasses, quelques spatules en bois, quelques cuillères et couteaux. Il n'y avait même pas de table aussi mangèrent-ils assis par terre sur les peaux de chèvres.

Ceux qui connaissaient Kantu comme la jeune fille citadine, étudiant, s'amusant, n'auraient certainement pas reconnu cette femme nouvelle. Maintenant elle portait les vêtements typiques andins : un bonnet de laine couleur café posé sur sa belle chevelure la protégeait du soleil ; une chemise, un pull-over en laine de mouton couleur crème et une jupe rouge brique cachaient ses formes harmonieuses ; d'épaisses chaussettes et des chaussures de campagne protégeaient ses pieds du froid, des cailloux et des épines.

Seuls ses parents et ses frères étaient au courant de sa réclusion qu'ils considéraient comme une autre de ses folies. Les autres croyaient qu'elle avait été mutée à Arequipa ou à Lima. Elle avait renoncé à son travail, laissé sa maison et tout le confort, et elle était enfermée dans cette cabane à trois kilomètres du village le plus proche. Là, elle n'avait lié amitié avec personne : les uniques personnes qu'elle voyait étaient celles qui allaient chez Condori pour se faire soigner. De ce groupe de visiteurs occasionnels, il n'était pas facile de deviner la provenance des hommes, alors que grâce au style et à la couleur de leurs vêtements multicolores, c'était très facile de savoir de quelles régions venaient les femmes ; on venait depuis Chincheros, de Paucartambo, de Valle Sagrado, de Ayaviri, de Sicuani, Juliaca, Puno, Coporaque, Chumbivilcas, Cuzco ou de lieux encore plus éloignés comme Copacabana, Oruro et Potosí, ville de la Bolivie.

Pour ne pas trop attirer l'attention de ces personnes ou des gens du pays, même Kantu s'habillait, sur la demande de Condori, de la même manière qu'eux. Au début, ça la dérangeait un peu, mais avec le temps elle s'habitua et elle finit par se sentir à l'aise. Versant les ingrédients dans la marmite d'argile où l'eau bouillait, elle ne pouvait s'empêcher de penser au genre de vie qu'elle menait : dans une maison sans meubles et avec peu d'ustensiles, c'était une vie simple, dure et sobre. Elle-même dormait sur un lit de briques où, à la place du matelas, elle devait se contenter de quelques peaux de chèvre, de lama ou alpaga sans draps ni coussin. En guise de couvre-lit elle se servait de deux ou trois couvertures épaisses tissées avec de gros fils de laine d'alpaga ou de chèvres. Elle chercha à rendre plus confortable cette chambre aux murs de briques nues, mais elle ne put pas bien l'améliorer ; elle se contenta de poser quelques affiches et quelques posters aux murs.

La paix, la tranquillité, le silence régnants l'aidaient à se concentrer sur ses pensées et constituaient le grand privilège de ce lieu. Mais les choses les plus belles et les plus importantes furent les conseils et les enseignements de son maître, qui l'aideraient à découvrir la vraie femme qui est en elle. Quand elle avait parlé à Condori de toutes les tentatives qu'elle avait faites pour se connaître et mieux se comprendre, il lui avait expliqué en souriant : « Kantu, sois patiente et persévérante dans ta recherche : c'est une chose très importante pour ta vie future et que tu devras faire seule ».

Elle travaillait beaucoup pour mieux se connaître et pour être en harmonie avec la *Pachamama*. Jusqu'ici, elle n'était pas encore parvenue à concilier complètement le cœur et la raison, mais elle sentit que quelque chose en elle commençait à changer.

« Tu es une voyageuse cosmique qui se meut sur la terre et ton corps est le véhicule qui se transforme au fur et à mesure que tu avances dans le temps. La progression ou l'arrêt de ton chemin dépendent uniquement de toi. C'est toi qui devras décider et assumer la pleine responsabilité de ce que tu feras, diras ou penseras. Dans ton monde, qui est ton univers propre, c'est toi qui devras créer, mais pour créer, tu devras d'abord savoir aimer et pour aimer tu devras être féminine, sinon tu ne deviendras jamais femme » lui avait dit Condori.

Kantu se considérait femme et, de ce fait justement, se croyait soumise à certaines limites. Condori, conscient de sa façon de penser, lui dit un jour : « Bien des femmes croient être ainsi uniquement parce que, se croyant faibles, elles acceptent certaines limites jusqu'à ce qu'elles prennent conscience d'elles-mêmes et comprennent qu'être femme est quelque chose de spécial. Pour une femme qui atteint la conscience d'elle-même, tout devient plus simple. Elle est plus sage parce que finalement elle connaît la vérité : dans ses émotions il y a plus de sérénité parce qu'elle est désormais capable d'exprimer son amour sans réserves et elle parvient finalement à vivre sa propre sexualité sans craintes ni peurs. La connaissance de soi lui donne du pouvoir : elle sait quand c'est le moment de donner ou non. Seulement en connaissant tout son potentiel, une femme peut s'approcher d'un homme et le guider sur le chemin de l'amour, de la vérité et du respect ». Peu à peu, Kantu commença à comprendre et à faire siennes les paroles de Condori, à se rendre compte de combien il est important pour une femme de se connaître à fond.

A ce moment-là, elle entendit des pas autour de la maison et le bruit d'un objet lourd qui tombait par terre. Elle sortit voir ce qui se passait dehors et vit, sur le plancher du patio, un gros tronc, et à côté de celui-ci, le curandero reprenant son souffle. Sur son visage cuivré coulaient des filets de sueur. Sur ses épaules, par-dessus son pull-over laissant à peine entrevoir la chemise, il portait son poncho enroulé, utilisé pour se protéger des aspérités du bois. « J'ai transporté ce tronc depuis la vallée. Je l'ai trouvé dans un ruisseau. Il nous servira pour en faire quelques récipients de bois pour les prochaines semailles » expliqua-t-il. « Porter tout ce poids jusqu'ici a dû être très fatigant. Quelqu'un t'a aidé ? » demanda-t-elle en voyant ce long et lourd tronc. Elle se disait qu'un homme seul ne pouvait pas transporter un tel poids d'un endroit aussi éloigné, surtout si l'on considère que le fleuve était distant de plusieurs kilomètres de la maison.

« Non, personne. C'est moi qui l'ai porté, seul, d'abord sur une épaule et puis sur l'autre » lui expliqua-t-il. Son visage luisant de sueur brillait soulignant le front, les pommettes et le nez. « Tu dois être fatigué. Repose-toi un peu » lui dit-elle maternelle. « Pas tant que ça. Je me sens frais et reposé. J'ai seulement faim » répondit-il alors qu'il enlevait le poncho et se lavait les mains. « Le repas est prêt. Je peux le servir quand tu veux » ajouta-t-elle en rentrant.

Ils mangèrent lentement et en silence ; de temps en temps ils se regardaient et parfois se souriaient. Kantu ne le considérait plus comme un étranger, mais comme un homme qu'elle apprenait à connaitre. Le repas terminé, alors que Kantu lavait, essuyait et rangeait la vaisselle, Condori joua d'une flûte en bois décorée de rubans colorés. Les joyeuses mélodies qu'émettait l'instrument touchaient Kantu au plus profond de son être. Elle avait entendu beaucoup de flûtistes jusque-là mais aucun ne jouait ces mélodies avec autant de chaleur que Condori. La flûte à ses lèvres, son visage prenait un air mystique. Les yeux fermés, une expression sereine sur le visage, l'homme soufflait de manière régulière. Il semblait inhaler l'air d'une façon mystérieuse pendant qu'il jouait car il ne faisait aucune pause pour aspirer. Elle l'écouta avec plaisir. Sitôt terminée la dernière chanson, Condori ouvrit les yeux et dit :

« C'est l'heure de reprendre les exercices pour développer le toucher. Cette fois-ci tu devras travailler sur ton visage. Tu le toucheras en exerçant des pressions graduelles avec la pointe des doigts, tu commenceras avec une pression qui se fera de plus en plus forte ».

Kantu acquiesça et alla vers sa chambre. Elle entra et ferma la porte. Elle resta enfermée pendant des heures, en cherchant d'expérimenter différentes pressions sur son visage. Dans l'obscurité de sa chambre, les yeux fermés et les oreilles obturées, elle s'isola du monde pour percevoir exclusivement les sensations tactiles. Elle devait établir la différence entre les différentes sensations éprouvées, pour finir, avec une perception intérieure : visualiser les images que ces sensations lui avaient suggérées.

Le jour où Condori lui avait enseigné ce type d'exercice, elle avait cru qu'il se moquait d'elle. Mais, après avoir expérimenté ces sensations, les yeux fermés et les oreilles bouchées, elle avait commencé à sentir qu'une nouvelle voie de communication s'ouvrait entre elle et son corps. Naturellement, ce n'était pas la première fois qu'elle touchait son corps mais jamais, auparavant, elle n'avait ressenti des sensations similaires à celles-ci ou à celles éprouvées quand Condori l'avait touchée, le premier jour. Plusieurs semaines étaient passées depuis et, entretemps, elle avait affiné sa perception tactile. Elle avait appris à se toucher et à toucher une autre personne. Elle avait dû toucher le corps de Condori quand il le lui avait ordonné. Elle se souvenait parfaitement de cette première fois. Elle s'était sentie nerveuse à la pensée de ne pas bien faire. Elle était tendue, ses doigts devinrent moites et elle transpira abondamment. Elle sentit un nœud qui lui serrait la gorge et une forte pression sur la poitrine.

« Respire lentement profondément plusieurs fois et tu te calmeras » lui avait-il conseillé en cherchant de la rassurer. Effectivement, elle s'est peu à peu tranquillisée en respirant ainsi. Finalement elle parvint à toucher le corps de Condori, à sentir la consistance de sa peau, sa température, ses signes particuliers, la forme de ses muscles, le tissu de certaines zones, le renflement de ses veines, les grains de beauté, les aspérités, les poils. Après l'avoir touché complètement, la crainte qu'elle éprouvait envers lui s'évanouit. Le langage de sa peau lui a dit qu'il lui serait difficile de lui faire du mal et que c'était une personne en qui on pouvait avoir confiance. Ou du moins c'est ce que ses doigts avaient perçu.

Au contraire, quand c'était à son tour de rester passive, les sensations éprouvées variaient selon le point touché et la pression exercée. En même temps que les sensations, émergeaient également des sentiments contrastés de : douleur, plaisir, colère, tristesse, chatouille, joie et d'autres encore. Au cours des rencontres successives elle avait expérimenté de nouvelles réactions ; des images du passé, du présent et du futur lui étaient revenues en mémoire, elle avait visualisé des paysages, des personnes ou des signes qui lui étaient inconnus. Condori lui avait expliqué que le sens tactile était celui de la connaissance et de l'amour.

« Dès que tu réussiras à perfectionner ce sens, tu pourras voyager à travers des univers lointains, sans même devoir bouger ; tu sauras ce que font les autres sans même avoir à les écouter, tu parviendras à les voir sans être vue » lui avait-t-il expliqué. « Mais la chose la plus importante est que tu réussisses à être consciente de toi-même, de ton potentiel et de tes limites, même si pour y parvenir, il te faudra t'exercer longtemps. En agissant ainsi, tu te connaîtras toujours mieux et, plus tu te connaîtras, plus tu t'aimeras. Et seulement au moment où tu t'aimeras vraiment, tu pourras partager ton amour avec les autres ».

Au terme de ce type d'exercices, ils marchèrent pendant une heure le long d'un étroit et petit sentier conduisant à une source d'eau thermale, située au pied d'une montagne. Quand il n'y avait personne, ils se baignaient complètement nus, en revanche s'il y avait du monde ils mettaient leurs maillots de bain. Parfois ils rencontraient des enfants, des familles entières, des travailleurs ou des visiteurs occasionnels, en majorité des hommes. Il y avait toujours quelqu'un qui, subjugué par la beauté de Kantu, par ses formes harmonieuses et par son corps sculptural, la courtisait. Mais elle qui, en ville, était constamment harcelée par les hommes, savait bien comment les tenir à distance. Si bien qu'elle allait à la source thermale seule ou en compagnie d'Inès, une fillette du pays qui, parfois, leur faisait quelques courses.

Un jour, Kantu alla aux bains avec Inès et elles rencontrèrent trois inconnus et un couple de la région qui se baignaient. Kantu portait des vêtements locaux et donc n'avait pas attiré l'attention mais, dès que les trois hommes la virent-ils vu en maillot, ils commencèrent à l'importuner avec des commentaires lourds, des propositions indécentes, se prenant même la liberté de lui proposer de l'argent pour profiter d'elle. Kantu avait pensé que la meilleure solution était de sortir de l'eau, de se rhabiller et de s'en aller, surtout quand le couple s'en alla aussi.

« Allons-nous-en Inès, ces hommes ne me plaisent pas. Cela pourrait être dangereux de s'arrêter ici » avait-elle dit à la petite. Donc, elles sortirent rapidement et allèrent se rhabiller mais, quand Kantu s'apprêtait à sortir de la petite cabine dans laquelle elles avaient été se changer, un des hommes la bloqua devant la porte. Inès, qui était sortie la première, avait eu le temps de fuir.

« Alors, beauté, pourquoi ne veux-tu pas rester avec nous ? Nous t'amuserons un peu » lui a dit un des hommes. Il avait un corps musclé et des cheveux noirs et décoiffés. Le corps encore mouillé, il s'est planté devant elle. Puis, il s'écarta un peu pendant que l'un des deux autres dit : « On s'amusera. Cette indienne est vraiment bien faite » l'attrapant par un poignet. Il avait les yeux injectés de sang, le visage couvert d'acné, le corps lourd et velu, les cheveux crépus et le regard sinistre. « Si vous me faites quoi que ce soit, vous verrez ce qui vous arrivera ! » les a-t-elle menacés apeurée. « Que veux-tu qu'il nous arrive ? Nous sommes la loi » avait rétorqué le troisième. « Sois gentille, sinon tu vas finir mal ». Celui qui l'approcha en dernier était métisse et, à sa façon de se comporter et d'après sa musculature, il semblait être militaire, peut-être un policier.

Elle s'est débattue pendant qu'ils cherchaient à lui bloquer les mains et à la bâillonner. Alors que deux d'entre eux cherchaient à la coucher sur le sol humide, Kantu a mordu de toute sa force la main pressant sa bouche et cria avec tout le souffle qu'elle avait dans le corps : « Au secours, au secours ! ».

« Tais-toi, stupide indienne » lui a ordonné celui qui ressemblait à un militaire, la giflant. Elle s'est débattue avec ténacité tentant de se libérer alors qu'ils cherchaient à la faire tomber.

Mais, juste à ce moment, arriva Condori. Il a attrapé un des deux hommes par le cou et par la taille et l'a flanqué à terre. Il a cogné rapidement et fortement le second, qui est tombé à terre comme un sac de pommes de terre. Entretemps le troisième avait sorti un revolver, Condori l'a fixé droit dans les yeux puis, avec une surprenante rapidité, l'a frappé à l'oreille droite. L'homme, les yeux exorbités, a laissé l'arme et est tombé à terre. Condori l'a ramassée et du bord des bains, l'a lancée dans le fleuve à quelques mètres. Le pistolet sombra dans les eaux. Puis il était retourné vers Kantu et, la serrant dans ses bras, lui a demandé : « Ces inconnus t'ont-ils fait du mal ? Il est probable qu'ils soient de Lima. Là-bas il y a des personnes vouées à la violence et à la débauche, ils volent, détruisent et, où qu'ils aillent, ils violent les jeunes femmes. Ici entre nous, personne ne peut te faire du mal. Allons-nous-en avant que ces vauriens ne reprennent des forces ».

Complètement pétrifiée de panique, Kantu est restée immobile, les yeux fixés sur ces hommes évanouis par terre. Tout était arrivé si vite. Condori l'a prise par la main de manière à ce qu'elle se sente protégée. Après s'être reprise un peu, au côté de Condori, elle a pris l'étroit sentier qui les conduisait à la maison. Ils avaient l'habitude de prendre ce chemin, même s'il en existait un plus large, près des bains.

« Tu as eu de la chance : j'étais tout près et quand Inès est venue chez moi en criant, je me suis tout de suite précipité » lui avait expliqué Condori.

Kantu marchait en silence, confuse, encore endolorie par la gifle. Physiquement elle allait bien, mais elle se sentait détruite de l'intérieur : pourquoi attirait-elle tous les autres hommes sauf celui qui l'intéressait ? Pourquoi la séduisaient-ils tous uniquement pour l'emmener au lit ? Ce qu'elle cherchait était de l'amour et non le sexe. « Pourquoi les hommes m'embêtent-ils ou cherchent à me rendre amoureuse si l'unique chose qu'ils souhaitent réellement est de me posséder ? » a-t-elle demandé à son maître, blessée de ce qui venait d'arriver.

« L'instinct de l'homme est assez différent de celui de la femme » lui a expliqué le curandero. « Chez l'homme la priorité est de féconder, d'ensemencer, de se reproduire ; chez la femme c'est la conservation de l'espèce, de la maternité, de l'amour. Pour que ces deux instincts s'unissent, la nature a imaginé un attrait : l'attirance sexuelle. Grâce à ce mécanisme, l'homme se sent attiré par la femme et la femme par l'homme et, de cette manière, ils s'unissent en donnant vie à la famille. Pris séparément l'homme a tendance à se déplacer, alors que la femme est, par nature, sédentaire ». « Il me semble que ce soit la femme qui a le plus à perdre dans un couple. C'est si difficile de faire en sorte que l'homme reste à tes côtés » a commenté Kantu, continuant à avancer le long du sentier.

Ils marchaient prudemment, cherchant à éviter les pierres lisses sur lesquelles ils pouvaient glisser et ils se sont agrippés aux rochers quand ils ont accosté les escarpements de la montagne. Il y avait la paix et la tranquillité dans ce lieu, mais des hommes comme ceux qui avaient cherché à la violer savaient aussi bouleverser ce merveilleux équilibre. Les paysans et les bergers de la communauté étaient des personnes simples et pacifiques. Jusqu'à ce moment, Kantu n'avait jamais eu de problèmes pour se promener seule, mais aujourd'hui elle a connu le côté le plus désagréable de l'homme, elle a connu la violence du désir sexuel sans amour.

« Pour faire en sorte qu'une femme parvienne à retenir un homme, la nature l'a dotée d'un puissant pouvoir : sa sexualité » a affirmé Condori, reprenant le discours. « C'est un appât lancé par la nature pour garantir la continuité de l'espèce. Une femme a le pouvoir d'attirer les hommes ou un homme en particulier, mais, comme tout instrument de pouvoir, il doit être connu et compris dans toute sa nature complexe. La sexualité ne se réduit pas simplement à l'organe sexuel, mais elle est avant tout l'énergie qui s'exprime sous forme de pensée, de mouvement, de sentiment et de passion. Le sexe sert à générer ou régénérer, à recréer ou élever spirituellement. Le corps de la femme attire l'homme parce qu'il renferme une spirale d'énergie de nature divine : situé en elle, enroulé sur lui-même, un serpent d'énergie. Ce qui attire n'est pas seulement sa beauté physique mais, surtout, l'énergie qui vibre en elle ».

L'explication a été interrompue dès que Kantu, regardant vers le ciel azur, aperçut deux condors qui voltigeaient et semblaient jouer : l'un allongeait ses pattes alors que l'autre les contractaient. Condori a également observé ces gigantesques oiseaux se mouvant majestueusement jouant entre eux. « C'est un couple : un condor mâle avec sa femelle » a-t-il observé. « On les reconnaît facilement grâce à leur apparence : le mâle a le cou et la crête rouge alors que la femelle a la tête noire et sans crête. Ce sont des oiseaux qui vivent dans les montagnes, même si parfois ils descendent sur la côte. Ils s'alimentent en grande partie de charognes et sont toujours à la recherche d'animaux morts. »

Au loin on distinguait la lagune du Langui, dont les eaux miroitaient le ciel diaphane azur. C'était une journée sereine. Ils avaient tourné vers la droite tournant le dos à l'eau. Devant eux apparaissaient les terres cultivées et les terrassements jaunes qui s'étendaient jusqu'aux montagnes. Alors qu'ils se rapprochaient de la maison, Kantu pensa à l'énergie féminine dont lui avait parlé Condori ; elle n'a pas compris grand-chose et elle voulait approfondir l'argument et ainsi, dès qu'ils furent arrivés, elle demanda : « Condori, s'il te plait, parle-moi encore de cette énergie féminine. En quoi consiste-t-elle et pourquoi attire-t-elle tant les hommes ? ».

Condori, assis sur un rocher pour jouir des derniers rayons du soleil, a repris le discours délibérément interrompu pour laisser à Kantu le temps de réfléchir : « Il s'agit d'une énergie subtile, plus pénétrante et donc plus puissante que l'énergie masculine » lui a-t-il expliqué.

« L'homme se sent attiré par cette énergie et, durant l'acte sexuel, il peut la ressentir encore plus intensément. Il y a des exercices, que bientôt tu apprendras, qui aident à prendre soin, à purifier et à contrôler cette énergie. Tu devras apprendre à faire mouvoir cette énergie à travers tous les organes de ton corps, spécialement les yeux, la gorge et les muscles. L'énergie doit couler librement en toi et te transformer intérieurement en une femme de lumière. Si tu désires conquérir un homme, tu devras utiliser cette énergie et tu auras la preuve concrète de ton pouvoir féminin et des effets qu'ils peuvent avoir. Pour conquérir un homme, tu devras être consciente du fait que ton aspect physique provoque une attraction, même s'il s'agit d'une attirance purement physique et momentanée. Tu devras chercher à faire naître chez l'homme un sentiment d'amour profond ; alors seulement la conquête sera totale et votre union éternelle ». « Mais comment doit être ce sentiment ? Aidez-moi à comprendre » l'avait-elle presque supplié.

« C'est un sentiment qui devra être physique, mental et spirituel en même temps. Et il t'amènera inévitablement à un nouvel état de conscience : l'amour. Homme et femme se rapprochent de l'amour par des chemins différents » a repris Condori. « Les hommes y parviennent à travers la porte du sexe, les femmes à travers celle du cœur. L'appétit sexuel chez l'homme est très intense et peut même le pousser à avoir recours à la violence, si la femme ne se soumet pas à lui. Une femme qui a pris conscience de son être ne pourra jamais être violée, elle pourra être agressée mais jamais violée, si elle ne le veut pas. Je te promets que plus tard je t'enseignerai comment éviter qu'un ou plusieurs hommes te violent ou t'agressent. Pour le moment je t'enseignerai ceci : inspire avec calme en fixant ton regard sur un seul point, sans ciller, comme si tu l'absorbais : puis expulse l'air rapidement toujours sans fermer les paupières. Tu répéteras cet exercice de respiration jusqu'à ce que tu le contrôles complètement et puis tu le poursuivras en regardant directement les yeux d'un homme en te répétant mentalement : « Je suis plus forte que toi, tu ne pourras rien me faire, si je ne le veux pas ». Et, pour augmenter ta force mentale, tu croiseras l'index sur le majeur. Essaye de suivre cet exercice d'abord avec un homme et puis avec d'autres. Si un ou plusieurs hommes cherchaient à te violer comme c'est arrivé il y a peu, utilise cette technique et ils en resteront étourdis. Et, pendant que tu les regardes dans les yeux, ne te laisse pas gagner par la peur : aie confiance en toi, en ton pouvoir. Saisis leur regard sans montrer de crainte et, sans opposer de résistance, montre-leur que tu n'as pas peur. Laisse la force de l'adversaire retomber, passant d'abord à travers toi. » Après un moment de silence, il ajouta : « Maintenant je dois faire plusieurs choses urgentes. On se verra plus tard » et il se leva et marcha vers le champ.

Kantu réfléchit à ce qu'elle aurait dû faire ce jour-là. Durant son temps libre, quand elle ne suivait pas les enseignements de Condori ou ne faisait pas ses exercices, elle travaillait dans les champs : elle récoltait les épis de maïs et d'orge coupés, ou bien elle aidait à ramasser les pommes de terre. Elle nourrissait les lapins et les chèvres, apportait les céréales aux poules, ou bien donnait le biberon aux agneaux orphelins. Parfois, elle descendait aussi au pays pour acheter du sel, du sucre, de l'huile et du savon et, aussi le peu de fruits qui arrivaient, occasionnellement.

Parfois Inès l'aidait à porter les courses jusqu'à la maison. C'était une fillette de dix ans, aux cheveux noirs, la peau cuivrée, les yeux allongés et vifs et les sourcils fins. Elle souriait toujours, avec ses deux dents de petite souris. Habituellement, elle portait un pull-over fuchsia, une chemise bleue ciel et une jupe violette ornée de lacets de différentes couleurs cousues sur toute la largeur. Elle chaussait des sandales andines en caoutchouc. Si elle sortait tôt, elle avait l'habitude de se couvrir avec un bonnet multicolore qui la protégeait jusqu'au cou, un châle en laine aux franges oranges et azur, orné de deux grands lamas brodés. Pour chaque service offert, elle recevait un pourboire qu'elle remettait religieusement à sa maman.

Parfois elle portait sur ses épaules son petit frère de deux ans, un bébé pâle aux grands yeux noirs, protégé du froid par un gros pull-over beige avec des franges couleur café et un chullo. Dans les Andes, les fillettes sont responsables très tôt et aident leur maman à s'occuper des frères plus petits, à faire paître les moutons, à surveiller et à traire les vaches, ou bien elles essaient de grappiller quatre sous en faisant de petites courses, ainsi que le fait Inès.

Cet après-midi-là, après être restée dans sa chambre à explorer son visage, Kantu s'est hasardée à demander à son maître : « Pourquoi, si je touche un endroit de mon visage je visualise une couleur et lorsque je touche une autre partie j'en vois une différente ? Et pourquoi je sens des fourmillements tout le long de la colonne vertébrale ? ». « Parce que tu touches les lignes de l'énergie qui circulent dans ton corps et qui se connectent à des centres de contrôle ; c'est à travers ces lignes que l'énergie de ton être entre et sort. Les couleurs sont la manifestation de cette énergie » lui expliqua-t-il. « Dans la nature il existe un océan d'énergie dans lequel tous les êtres vivants sont immergés ; il s'agit d'une énergie commune. Mais ce n'est pas toujours la même : elle se manifeste de différentes façons ou vibrations qui, à leur tour, produisent des effets différents sur notre organisme. Nos sens perçoivent ces vibrations sous forme de sons, d'odeurs, de saveurs, de sensations et de couleurs. A propos, peut-être est-ce l'occasion de te parler des couleurs ». Et, disant cela, il se dirigea vers une malle en cuir d'où il sortit une corde tressée de fils qui rappelaient toutes les couleurs de l'arc-en-ciel : elle commençait avec le rouge et finissait avec le violet.

« Nos ancêtres connaissaient bien le flux d'énergie de la terre et du corps humain. Pour cette raison ils la représentaient avec les couleurs de l'arc-en-ciel, lequel incarnait pour eux les énergies de la terre et du ciel, et c'est pour cela qu'ils le vénéraient ». Il fit une brève pause et reprit : « Je t'offre cette corde colorée, elle te sera utile pendant ton apprentissage ». « Merci… elle ressemble au drapeau de Cuzco… » observa Kantu. « C'est vrai. Placés ainsi, le rouge en haut et le violet en bas, cela représente l'arc-en-ciel céleste. Les Incas considéraient la ville de Cuzco comme le nombril du monde, la porte cosmique et c'est pour cela qu'ils la représentaient toujours de cette manière » affirma Condori.

« En revanche, si tu retournes la corde en mettant le violet en haut et le rouge en bas, alors cela représente les différentes vibrations qui s'écoulent à l'intérieur du corps de l'homme, c'est-à-dire l'arc-en-ciel humain ». « Je ne comprends pas ce que tu veux dire. Comment fonctionne notre corps ? » « Le long de la colonne vertébrale, plusieurs fenêtres circulaires d'énergie mettent en communication notre corps avec l'extérieur, avec l'océan d'énergie qui l'entoure. A travers ces fenêtres qui s'ouvrent et se ferment suivant les ordres de notre être, nous absorbons et évacuons l'énergie de l'univers. Chacun d'entre nous possède sept grandes fenêtres en plus des autres fenêtres plus petites, et huit centres de contrôle qui régulent le flux d'énergie, entrant et sortant. Ces fenêtres graduées servent chacune à sélectionner une partie de l'énergie : ce sont des espèces de filtres. Les fenêtres énergétiques commencent ici » dit-il en indiquant le périnée. « Cette fenêtre indiquant notre vitalité interne est représentée par le rouge. Si tu touches les grandes lèvres en gardant les yeux fermés, tu visualiseras très probablement le rouge parce que c'est le point final de la ligne du périnée et du sphincter anal. Si, en revanche, toujours les yeux fermés, tu touches divers points de la colonne vertébrale, tu verras des couleurs différentes. » « Mais je n'ai pas vu de couleurs en me touchant le corps mais plutôt le visage » répondit Kantu.

« Certes, car il y a des terminaisons éparpillées sur tout le visage. Si, par exemple, tu touches le bout de ton nez, tu pourras voir le vert ou le rose qui représentent le centre situé près du cœur. Après le rouge, vient l'orange, localisé ici », et il indiqua la partie inférieure du ventre « le point qui contrôle nos organes sexuels. Après l'orange, le jaune, situé entre le nombril et le plexus solaire, qui contrôle le foie et le pancréas. Le vert, à la hauteur du cœur, contrôle le thymus. Le bleu ciel, au niveau de la gorge, contrôle la tyroïde et les parathyroïdes. L'indigo, situé sur la cloison nasale juste au milieu des yeux, contrôle l'épiphyse. Et enfin, à la base du crâne, se trouve le violet qui contrôle l'hypophyse. Cette corde renferme donc en elle tout ce qu'il faut savoir sur le flux de l'énergie ».

« Et en quoi cela me servira-t-il de connaitre ces couleurs ? » répondit Kantu. « Si tu ne sais pas comment coule l'énergie à l'intérieur de ton corps, tu ne pourras jamais utiliser ton énergie intérieure de manière consciente. Uniquement en connaissant le mouvement de cette énergie tu pourras absorber celle qui te manque ou évacuer celle qui est en excédent, et devenir ainsi, téméraire comme le puma, observatrice comme le condor et prudente comme le serpent. Tu sauras attendre et agir au bon moment ».

« Et pourquoi je ne vois que quelques couleurs et non toutes celles qui peuvent être vues ? » demanda Kantu, plongeant ses grands yeux noirs dans ceux du curandero, comme si elle voulait y lire. « Parce que ton énergie est bloquée, nous devrons libérer les centres de contrôle qui la maintiennent prisonnière en l'empêchant de s'écouler librement » observa Condori. « Aide-moi à résoudre ce problème, s'il te plaît ».

« Je le fais déjà. L'autre jour je t'ai fait boire l'eau du *siwary*[26], tu te souviens ? Eh bien elle contient le vert, le rouge, l'indigo et aussi un peu de rose. Cette eau colorée sert à réveiller les centres assoupis. Je t'ai administré le rouge pour arrêter la peur que tu éprouves envers la vie ; le vert pour redonner de l'équilibre à tes sentiments ; le rose pour t'enseigner les choses les plus sublimes de l'amour qui ne se réduisent pas à la passion charnelle et, enfin j'ai aussi ajouté l'indigo pour atténuer un peu ta rationalité et ton sens du concret et te rendre ainsi, plus intuitive. En tant que femme tu dois avoir plus de fantaisie. Comme tu vois, je t'aide déjà ». « Merci, Condori. Tes connaissances et ta façon d'être accroissent de jour en jour l'amour que j'éprouve pour toi ».

Kantu semblait tout doucement tomber amoureuse du curandero, mais lui, toujours vigilant et attentif à couper court à toute relation affectueuse qui pouvait naître uniquement parce qu'elle n'était pas sûre d'elle, la reprit de suite : « Kantu, s'il te plaît, veille à ne pas confondre le sentiment avec la compréhension. Je t'instruis et je désire que tu apprennes, mais je ne veux pas devenir la bouée à laquelle tu t'accroches dans les moments difficiles. L'amour est une chose, le fait de ne pas être sûre de soi masqué par le désir et l'affection est bien différent». « Je ne savais pas qu'aimer était une forme de peur ».

Kantu avait peur, elle avait toujours eu peur : peur de ne pas être comme les autres, de ne pas être acceptée parce qu'elle était indienne, de ne pas être aussi intelligente que les autres, peur de perdre l'homme dont elle tomberait amoureuse et, maintenant peur de ne pas être à la hauteur de la situation.

« Je t'apprendrai à devenir une vraie femme, libre de décider de ta vie. Ne cherche pas à t'accrocher à moi pour l'unique raison que je sois ta bouée au milieu de l'océan de la vie : tu dois apprendre à nager. Tu es ma disciple et je suis ton instructeur » répondit-il.

« Non, tu n'es pas simplement mon instructeur ou mon éducateur : tu es mon maître, mon guide. Tu es un sage, un grand homme vêtu humblement » lui dit-elle « Et moi, je t'estime et j'ai confiance en toi ».

« Je ne suis pas un maître. Un homme ne peut qu'être un instructeur ou un éducateur, mais il ne peut pas enseigner l'amour. Seule une femme peut devenir une maîtresse parce qu'elle, dans le silence et avec grande patience, sait guider, sait transmettre ses connaissances. Elle guide par son exemple, sans avoir recours à la parole. Un maître ne prêche pas, il enseigne par l'exemple de sa vie. Peut-être un jour, quand tu te seras finalement rencontrée, tu seras en mesure de devenir une maîtresse et n'importe quel homme pourrait être ton disciple » objecta-t-il en se levant. Ils restèrent silencieux puis, subitement, il s'en alla.

Kantu regarda le soleil. Il ressemblait à un disque rouge érigé sur le ciel limpide, très haut sur les collines qui, par l'effet des ombres, étaient teintées de noir. Elle se leva et regarda vers l'est. Les montagnes auréolées et les champs d'orge et de maïs teintaient le paysage d'une couleur dorée intense alternant à la couleur foncée des zones ombragées. Elle leva les yeux au ciel, vers ce bleu azur dilué par le blanc des nuages. Regardant au-delà de l'horizon, au pied des montagnes grisâtres, où les pâturages encore embrasés de soleil s'étaient peints d'orange, elle comprit les merveilles de la vie, les merveilles de la nature : elles étaient là, devant les yeux de qui voulait les accueillir. Les couleurs de l'arc-en-ciel étaient présentes dans chaque élément de la nature et de l'être humain et justement pour cela, l'homme devait devenir un être lumineux, un arc-en-ciel de lumière.

---

26. Terre de douze différents chromatismes. Les andins l'utilisait pour soigner les malaises de type nerveux.

8.
LA CURANDERA SERPENT

Ce matin-là, le limpide ciel bleu azur qui dominait les montagnes commença à se couvrir de nuages. Par l'effet des rayons de soleil, les vallées noires contrastaient avec la couleur dorée des plaines cultivées de céréales. Au loin, les crêtes enneigées de l'Ausangate, de 6072 mètres d'altitude, semblaient une chaîne de brillants enchâssés dans la roche plombée. A ses pieds, s'étendent des champs de céréales qui, inondés de soleil, prennent un ton jaune paille ainsi que les plaines où se meuvent hommes, vaches, chèvres, ânes, lamas.

Cela faisait plusieurs heures que Kantu était en chemin, précédée par Condori. Il portait sur ses épaules un sac d'une cinquante de kilos, elle, un autre qui pesait la moitié. Ils avançaient en silence, jouissant de la vue de ce panorama. Au nord s'élevait une énorme masse de terre et de pierres, d'arbustes et de terrains dénudés. Ils continuaient le long d'un sentier de montagne étroit et raide, accidenté. Il leur fallait être très prudent, assurer leur pieds afin d'éviter de glisser sur les petits cailloux lisses, courant le risque de tomber au fond d'un précipice profond d'une centaine de mètres et dangereusement tapissé de pierres effilées en lames de couteaux.

A un certain moment, Condori s'arrêta et Kantu en profita pour reprendre son souffle et poser son sac. Durant la pause, l'homme ramassa des pierres, les empila l'une sur l'autre jusqu'à former une sorte de pyramide. Kantu posa le sac, s'assit sur une pierre plate près du sentier et se mit à observer Condori. Il ne semblait pas fatigué ; avec l'agilité d'un puma et l'élégance d'un lama, il ramassait et transportait les pierres. Son visage paraissait être celui d'un enfant satisfait qui joue dans l'immensité de son monde fantastique.

« Il faut encore trois heures avant d'arriver chez Mama Maru » dit-il sans se retourner.

« Jusqu'ici nous n'avons pas cessé de grimper. Le sentier est encore long ? » demanda-t-elle, anxieuse de savoir quand finirait la journée.

« Encore une ou deux heures de montée et nous atteindrons le sommet. Puis nous suivrons un autre sentier jusqu'à une crevasse et, à partir de là, nous commencerons une descente qui, en une heure, nous amènera à la maison de la grand-mère. Elle nous attend certainement ; je l'ai prévenue de notre visite ».

Sur ces paroles, il remit le sac sur ses épaules et repartit. Kantu se sentait très fatiguée et aurait voulu se reposer encore un peu, ses épaules et ses jambes lui faisaient mal et ses pieds étaient endoloris. Elle se leva à contrecœur, remis sur ses épaules les trois sacs en coton, remplis de maïs, pommes de terre et quinoa et se mit en route derrière Condori qui la devançait déjà de plusieurs mètres ; durant le voyage il ne parlait pas et ne faisait aucun commentaire. Le motif de ce voyage, lui avait annoncé Condori, était de lui faire connaître une ancienne, curandera, charmeuse de serpents. La femme vivait dans la communauté de *Cheqa*, mot qui signifiait « Vérité », dans une cabane à l'orée des champs cultivés. D'après ce que disait Condori, cette femme était parvenue à contrôler son énergie intérieure et pouvait maintenant l'utiliser pour aider les autres à guérir. Son fort caractère et sa volonté de fer fit que quelques femmes l'avaient surnommée « la chaîne brisée ». Elle avait vécu avec différents hommes mais n'avait jamais voulu se marier, ni avoir d'enfants. Ou du moins, c'est ce qui se disait d'elle.

Kantu et Condori continuèrent leur chemin en longeant la montagne. Sous eux s'ouvrait un énorme précipice : un instant d'inattention et l'on pouvait se fracasser sur ces rochers. Le dernier obstacle qu'ils devaient franchir était de traverser une faille entre deux roches ; un saut de presque un mètre. Condori sauta rapidement, alors que Kantu s'arrêta sur le bord et regarda à travers le précipice. Elle se sentit envahie d'un terrible frisson : les deux roches semblaient suspendues dans le vide. Prise de panique, elle resta immobile, presque hypnotisée à l'idée que ces roches, sous le poids de son corps puissent s'écrouler. Elle se décida finalement et sauta, mais elle calcula mal son élan et, ne parvenant pas à atteindre l'autre roche, elle commença à glisser le long de la fissure. Avec un effort immense et guidée par son instinct de survie, elle s'accrocha des deux mains à la roche, restant suspendue en l'air et lança un cri de désespoir.

Cet instant lui parut durer une éternité. Toute sa vie défila devant ses yeux à une rapidité vertigineuse, comme un film. En une fraction de seconde elle revit des épisodes de son enfance, des moments vécus avec ses grands-parents, à l'école, avec les amies, les moments d'angoisse, la fête pour ses quinze ans, la mort de sa grand-mère, les amis de l'université, sa fugue de la maison, sa première expérience amoureuse, son travail en tant qu'institutrice, sa rencontre avec Juan. Elle repensa à la raison pour laquelle elle se trouvait sur ce pic, vêtue comme une indigène et avec un poids sur les épaules qui la tirait vers le précipice.

Heureusement, la couverture qu'elle portait pour se protéger du froid des montagnes s'était accrochée à la pointe de la roche qu'elle agrippait désespérément. Un vent frais lui caressait les jambes découvertes et les pieds qui ne s'étaient jamais habitués aux sandales andines qu'elle ne portait presque jamais mais que, en ce moment, il eût mieux valu qu'elle en soit chaussée.

Ses pensées étaient restées comme suspendues, quand elle sentit la traction d'une main qui la souleva : c'était Condori qui était parvenu à l'agripper juste à temps et qui, très habilement, la souleva et la posa sur un terrain sûr. Kantu se sentit renaître, mais lui, comme si rien ne s'était passé, lui fit signe de reprendre le chemin. Elle, encore tremblante de peur et avec un nœud dans la gorge, ne savait pas si elle devait pleurer ou rire : elle avait été sur le point de mourir… et il ne le consolait même pas ! En colère par son attitude, elle fut sur le point de se mettre à hurler mais, soudain, se souvint de ce qu'il lui avait dit : « La vie est un défi et c'est uniquement en prenant des risques que l'on peut se mettre à l'épreuve. La vie est fragile ; on peut mourir à n'importe quel moment, cherche toujours à vivre ton présent ». L'unique chose qui comptait vraiment en ce moment c'était d'être encore en vie, elle se calma et s'arrêta de penser. Elle mit en place la charge sur ses épaules et suivit Condori qui avait déjà repris la route.

« Avant, ici, il y avait un pont de bois, mais désormais il n'est plus là. Et puis ce n'est pas difficile de sauter d'une roche à l'autre : tu as hésité et c'est pour cela que tu as glissé. Pour vaincre ou pour perdre tu dois oser » lui dit-il en se tournant. Pour la première fois depuis qu'il avait entrepris ce voyage, elle le regarda attentivement : elle le voyait comme son sauveur, son maître, comme un homme sûr de lui, qui savait ce qu'il voulait. Un *chullo* marron au pompon multicolore recouvrait sa tête et un poncho gris clair lui tombait sur les épaules ; les pantalons noirs qui lui arrivaient seulement jusqu'aux genoux, laissaient les mollets découverts et une paire de sandales andines, usée lui protégeaient les pieds. Malgré le poids qu'il portait, sa démarche continuait à être imposante : son aspect était vigoureux, ses épaules massives et fortes, son corps agile, ses jambes et mollets musclés. A ces qualités physiques s'ajoutait une profonde sagesse et une grande capacité de connaître la nature humaine, qualité utile spécialement quand il devait aider des patients venus de régions éloignés. Condori était un *Amaru Runa*, un curandero capable de soigner en se servant de ses mains. C'était un homme toujours disponible, d'un amour et d'une générosité si grands l'amenant à partager avec son prochain tout ce qu'il possédait. Parfois il devenait sérieux, dur, inflexible, mais généralement il aimait plaisanter, il était tendre et compréhensif. Il avait des comportements, une façon de faire, des jeux de mots, des sourires ingénus semblables à ceux d'un enfant, mais quand il se trouvait face à de graves situations, il était capable de se transformer en homme. Son comportement d'homme mûr réveillait en Kantu une profonde affection et le désir de se sentir sienne, alors que sa façon de faire infantile lui faisait ressentir un désir maternel de lui caresser la tête, de le bercer dans ses bras, de le protéger.

Lors de la deuxième pause, Condori lui indiqua de la main droite le chemin qu'ils devaient encore parcourir et dit : « A partir de là commence la descente ». Kantu le regarda sans rien dire, se contentant d'acquiescer.

Elle reprit la marche, attentive, pensant à ce qu'elle aurait fait avec Mama Maru. Condori lui avait dit : « Les mots sont comme le vent, ils s'envolent ; seules les œuvres restent. Dans ta vie, ce que tu dis ne compte pas, mais seulement ce que tu fais. Maintenant tu dois faire un pas, tu dois prouver ton courage, chasser la peur que tu as en toi avec des faits et plus avec les mots. C'est le moment de l'action : c'est ce que tu apprendras avec Mama Maru ».

Des hauteurs on pouvait observer une petite descente de prés embrunis sur lesquels paissaient les moutons, les lamas et les alpagas. Au fond, on distinguait nettement les crêtes pures du névé Ausangate, le gardien protecteur de ces régions. Seulement les indiens au thorax ample et aux grands poumons pouvaient vivre dans cette région qui dépassait les quatre mille mètres de hauteur.

Derrière le troupeau, le berger et son enfant d'environ cinq ans avançaient lentement. Des ponchos colorés les protégeaient du climat rude de ces cîmes. Ignorants être observés, ils allaient dans la direction opposée de celle de Condori et de Kantu, qui, à pas sûrs, descendaient par le sentier. Après la première plaine, ils entamèrent une descente quasi verticale. De là-haut on pouvait contempler le vert des champs cultivés qui serpentaient le long du fleuve qui, au fond de la vallée, à la lumière du soleil, se transformait en un serpent argenté.

« Pour arriver plus tôt nous prendrons un raccourci » dit Condori. « Suis-moi, en faisant attention de ne pas glisser à nouveau ». Et il descendit par un sentier qui coupait en ligne raide le chemin sinueux. Kantu le suivait en silence, prudente alors qu'elle posait les mains et les pieds par terre. A ce moment-là elle ne pensa plus à la route et aux cailloux, mais seulement à ce qu'elle affrontait pour l'amour d'un homme : elle avait abandonné ses parents et ses amis, laissé ses élèves et, surtout, elle avait renoncé à tout le confort de la ville pour se soumettre à de continuelles épreuves pour se prouver qu'elle était capable de tout.

Marchant en ligne droite, en peu de temps, ils rejoignirent les champs cultivés. De la route, Kantu entrevit quelques petites maisons grises au toit couleur café nuancés d'or. A cinq cents mètres sous ces constructions paissaient des brebis, des alpagas et peut-être aussi quelques porcs. Alors qu'elle se rapprochait, elle vit que

Condori se dirigeait vers une maison isolée, plutôt loin de toutes les autres, et protégée d'une enceinte de murs bas et réguliers en pierres. Soudain, une vieille indienne qui semblait attendre là, sortit de la maison. Les yeux de l'ancienne la touchèrent : ils étaient lumineux, ils semblaient émettre une lumière. Les mains de l'ancienne attirèrent aussi son attention.

Une pelote de laine enveloppait son poignet gauche, alors qu'avec l'index et le pouce elle soutenait le bout d'un fil fin. Il était tendu vers la main droite et, toujours serré entre l'index et le pouce, il passait au-dessus de l'annulaire finissant dans un fuseau : la femme filait. Sur la tête elle portait un bonnet de laine aux franges colorées.

Kantu observa sa longue crinière noire attachée en deux grosses tresses qui lui tombaient sur la poitrine. Quelques cheveux argentés lui éclairaient les tempes. Elle portait une chemise gris clair et une couverture marron à dessins blancs, jaunes et noirs, avec des franges rouges ; une jupe de laine noire avec un bord rouge sur le devant la recouvrait de la taille aux genoux ; ses pieds crevassés par le froid de la montagne chaussaient des sandales noires.

Les deux femmes s'échangèrent un long regard. L'ancienne resta immobile sur la terre aride, debout devant un scenario fantastique, avec les montagnes qui s'élevaient majestueusement. Au pied des montagnes argentées, certaines encore couvertes de neige, s'étendaient les parcelles cultivées en terrassement, tachées par les nuages qui empêchaient les rayons du soleil d'atteindre la terre. La curandera baissa le regard sur la pelote de laine et Kantu en profita pour jeter un œil au paysage qui l'entourait. Au-dessus d'eux, dans le ciel azur, les nuages blancs se firent toujours plus compacts et, au loin, quelques nuages noirs menaçaient d'amener la pluie. La vieille curandera leva le regard vers Condori qui, rompant le silence, dit avec un sourire : « Grand-mère, nous voilà. Voici la jeune fille dont je t'ai parlé ». « Vous devez être fatigués ; entrez vous reposer » les invita l'ancienne alors que son regard inquisiteur, fixe et profond, semblait scruter Kantu. Elle éprouva de la peur. Le visage de la curandera ne laissait transparaitre aucune joie de la voir ; elle avait une expression étrange, comme si elle était prête ou disposée à lutter. L'ancienne ne lui dit rien, mais elle continuait à la regarder comme si elle se demandait : « Et celle-ci, qui est-ce ? ». Deux rides profondes entre les sourcils révélaient son caractère fort et coléreux. La bouche avait des lèvres fines, pincées comme si elle serrait quelque chose. Le menton était large et bien délimité.

« S'il vous plaît, par ici » fit-elle d'une voix polie et, tournant sur elle-même, elle se dirigea vers l'intérieur de la maison. Kantu et Condori déchargèrent les sacs qu'ils portaient sur les épaules et les posèrent devant la porte d'une pièce. « Où pouvons-nous déposer ce que nous t'avons apporté ? » demanda Condori.

« Là-bas » dit Mama Maru en indiquant une zone sombre de l'habitation, sans détourner son regard de Kantu. Elle commençait à se sentir mal à l'aise devant l'insistance de ce regard. Il lui semblait que l'ancienne pouvait lire ses pensées, qu'elle étudiait ses réactions, le motif de sa venue. Pendant ce temps, Condori rangeait ce qu'ils avaient transporté pendant tous ces kilomètres. Quand elle sembla avoir fini son minutieux examen, l'ancienne dit, esquissant un sourire ambigu : « Vous devez avoir soif. Je vais vous apporter un peu de *chicha*[27] avec de l'orge ». Avec agilité, elle entra dans une autre pièce et, après quelques instants, elle réapparut avec une cruche et des bols en bois qu'elle remplit avec une boisson couleur ocre qu'elle donna à ses hôtes. Condori but avec avidité et d'un geste en demanda encore. L'ancienne lui remplit à nouveau son bol et Condori but de bon cœur s'essuyant ensuite la bouche avec la paume de la main gauche. A peine Kantu porta les lèvres à son bol qu'elle s'arrêta : ce liquide avait un goût terriblement acide. Ce n'était pas comme la chicha bue à Cuzco, sucrée, celle-ci était faite avec du maïs pur, de l'orge ou du quinoa fermenté. Elle se força quand même à boire le bol en entier.

« Grand-mère, je dois repartir. Elle restera ici chez toi pour quelques semaines. Je t'ai déjà expliqué pourquoi » dit Condori. « Bien, mon fils. Tu me confies cette colombe qui ne sait pas encore voler et je lui enseignerai à le faire » affirma Mama Maru avec un léger sourire. « Kantu, si tu devais décider de repartir avant, prends la même route que celle par laquelle nous sommes venus même s'il est probable que je vienne te voir bientôt » lui dit-il alors qu'il repliait son poncho et l'attachait dans son dos avec une corde.

Kantu observa son puissant dos et son cou musclé. Un frisson l'envahit en contemplant son corps fort et lisse. Il lui semblait le désirer, vouloir le sentir près d'elle. Elle le suivit attentivement du regard alors qu'il s'éloignait le long du sentier qu'ils avaient parcouru ensemble peu de temps avant. Dès que la distance l'engloutit elle se tourna vers la curandera qui n'avait pas cessé de l'observer.

Kantu avait subi une grande transformation dans sa façon de vivre : décoiffée, habillée avec des vêtements andins et humbles, avec de grossières sandales qui lui protégeaient les pieds, mais elle conservait sa beauté encore intacte. On aurait dit une fleur des champs, pure et sauvage. Le soleil et le froid des Andes lui avaient durci la peau, avant si douce, ses mains avaient des callosités et ses lèvres étaient gercées mais ses yeux, maintenant encore plus beaux, avaient toujours le regard de la vigogne sauvage. Détachant son regard d'elle, la curandera reprit le fuseau, recommença à filer et dit : « Je vais te montrer où tu dormiras ces jours-ci. Suis-moi ». Avec le fuseau en main et d'un pas sûr et décidé, elle avança vers une petite habitation. Kantu vit un lit préparé avec des peaux, quelques couvertures et un couvre-lit posé sur un banc fait de pierres.

« Ici, tu connaîtras le pouvoir du serpent. Ne t'attends pas à des gentillesses de ma part. Je serai une maîtresse dure et exigeante et si tu n'obéis pas à mes ordres ou si tu montres que tu as peur, tu devras partir ». Et, alors qu'elles sortaient de la chambre, elle la regarda avec des yeux sérieux, sans montrer aucune amitié. Dès les premiers instants, l'ancienne fit sentir son autorité en cherchant à obtenir de sa disciple une confiance aveugle et un total dévouement, tout comme l'avait fait Condori avant elle.

L'ancienne continua à la scruter avec ce regard d'acier, qui, parfois, semblait être celui d'un hibou, immobile, rigide, pénétrant. Kantu savait pourquoi elle se trouvait là et elle savait aussi que ce séjour allait être une dure épreuve pour elle. Condori lui avait expliqué que Mama Maru était une femme inflexible et sévère et malgré cela, avec la détermination et le courage que seul le fort désir de conquérir Juan pouvait lui donner, elle se sentait disposée à affronter n'importe quel risque, au point même de sacrifier sa vie.

« Ordonne et j'obéirai, grand-mère » lui dit la jeune fille. Kantu avait eu avec Condori un apprentissage difficile et fatigant ; avec lui elle avait continuellement dû apprendre de nouvelles choses, se mettre à l'épreuve, renforcer sa volonté et surtout, oser.

« Je veux voir combien tu es obéissante. Caché sous ce caillou plat il y a un serpent : prens-le en main et ne le laisse pas s'échapper » lui ordonna la curandera. « Si tu ne le fais pas, tu seras punie ».

Kantu déplaça la pierre qui cachait une grande cavité et, devant ses yeux, apparut une masse grisâtre enroulée sur elle-même : c'était un serpent énorme, un Jergón de la Costa[28] qui, découvert, commença à bouger. En se déroulant, le reptile gris tâché de noir, long de presque un mètre, souleva légèrement la tête. Kantu hésita un instant ; ce serpent était vénimeux et elle fut envahie d'une peur mortelle. Une seule morsure aurait suffi et pour elle tout était fini. Et puis, c'était la première fois qu'elle prenait en main un serpent ! Un frisson la parcourut. Il lui semblait vivre un cauchemar : un sentiment d'impuissance et de terreur lui fit contracter ses lèvres ; sa gorge devint sèche et, prise de panique, elle commença à transpirer. Ce fut à ce moment-là qu'elle se souvint du motif pour lequel elle se trouvait là : elle devait apprendre à vaincre la peur. En utilisant toute sa volonté, elle réussit à retrouver son calme presque immédiatement. Elle écarta toute la peur et la répugnance qu'elle éprouvait, elle allongea sa main vers l'animal et, rapidement, l'attrapa par le cou. Le contact avec cette peau squameuse qui s'agitait furieusement, la fit frissonner à nouveau : le serpent s'enroulait sur lui-même. Kantu observa avec attention la tête et la langue de cet animal qui maintenait la bouche entrouverte, en montrant des dents tranchantes et la langue fourchue. Elle observa les yeux du serpent : elle sentit un vide dès que le regard immobile du serpent se posa sur elle ; ces yeux la subjuguaient, l'hypnotisaient. Tout se passa en quelques minutes mais l'enchantement fut interrompu par la voix de l'ancienne : « Libère-le et laisse-le partir ».

Kantu se baissa et posa délicatement le serpent par terre ; une fois libre, il se faufila rapidement dans un autre trou à côté du caillou. Kantu poussa un soupir de soulagement : elle avait réussi la première épreuve. Elle avait vaincu sa peur envers les serpents ! A partir de ce moment, ils ne lui feraient plus peur.

Mama Maru avait voulu voir combien sa disciple était courageuse et obéissante. L'audace de la jeune lui prouva qu'elle était disposée à tout, jusqu'à jouer avec la mort. Alors qu'elles se dirigeaient de nouveau vers la maison, la curandera commença à expliquer : « La vie est pleine de défis et d'épreuves que seulement les audacieux, les courageux et les sages sont en mesure de vaincre. Les lâches, les indécis et les ignorants sont vaincus sur le chemin de la vie. Nous les femmes, nous avons seulement deux options : ou nous jouons avec la mort et nous vivons, ou bien nous vivons en fuyant la mort et, en faisant ainsi, nous nous détruisons. Tu as à peine risqué ta vie : au début tu as hésité, mais à la fin tu t'es décidée et tu as rapidement attrapé le cou de ce serpent. Au cours de notre vie, il nous arrive souvent de devoir prendre les décisions les plus importantes en une fraction de seconde, décisions avec lesquelles nous jouons notre existence : ou l'on gagne ou l'on perd ».

Ces mots lui rappelèrent une histoire que grand-mère Maria lui avait raconté, il y a des années : « Quand j'étais encore une adolescente, pour subvenir aux besoins de mes parents malades, je devais être commerçante. Il n'existait alors ni voitures, ni routes et la marchandise était transportée sur le dos des animaux ; là, on devait charger et décharger et même ranger durant le trajet et, comme je ne pouvais payer une aide, je voyageais toujours seule. Un jour, je me dirigeais vers Cuzco avec dix bêtes chargées de marchandise quand, alors que nous traversions une plaine, je vis des hommes s'approcher à cheval. Je me rendis immédiatement compte qu'il s'agissait de voleurs armés de pistolets, fouets et lassos, sûrement décidés à me voler. Dans ce voyage, j'avais investi tout ce que j'avais ; on m'avait même prêté de l'argent et, si l'on m'avait volé j'aurais été ruinée, peut-être même morte. La pensée de mon père malade me donna du courage ; le sang monté à la tête, je décidais de défier ces bandits, de me battre contre eux. Uniquement de cette façon je pouvais me sauver moi-même et ma marchandise. Je conduisis rapidement les bêtes vers une vallée qui avait un seul chemin de sortie, je barrai le chemin avec des arbustes et je restai immobile à attendre qu'ils s'approchent.

Les voleurs s'approchèrent en m'insultant et en me menaçant mais je ne bougeais pas, le fouet en main. En voyant que j'étais jeune et que je voyageais seule, ils descendirent de cheval, décidés à me voler tout ce que je possédais ; imperturbable je me mis à crier : « Vous n'êtes pas des hommes, vous n'êtes que des froussards qui prétendent abuser d'une femme seule. Que le plus courageux d'entre vous vienne se battre avec moi ! S'il me bat, tout ceci sera à lui, mais si c'est moi qui gagne, il me laissera partir ». Les hommes échangèrent un regard ; hésitèrent et puis celui qui semblait le plus fort s'avança en me disant : « Je te battrai et ainsi non seulement je prendrai possession de tout ce que tu as mais je ferai de toi mon esclave ». Il avança donc vers moi, sûr de me battre alors que les autres riaient, plaisantant sur mon corps frêle ; certains que l'homme gagnerait.

Dès que mon adversaire s'approcha, je le regardai droit dans les yeux et je lui dis, sûre de moi : « Tu es seulement un homme et tu ne pourras pas me battre car je suis une femme et je suis plus forte que toi ! » Mes paroles le firent hésiter un instant ; puis il m'attrapa par les poignets et me poussa en arrière en cherchant à me faire tomber, mais je résistai et je réussis à rester debout. Aussi bien lui que moi, nous mesurions notre force avec nos mains. A un moment d'inattention de sa part, je le soulevai et le jetai au sol ; il se releva en hurlant et me fonça dessus comme un taureau féroce, m'attrapant de sa main droite. Je le bloquai avec les deux mains, tournai rapidement sur moi-même, le fis passer au-dessus de mon épaule, m'accroupis et le fit voler, le jetant à nouveau par terre.

Je lui mis mon poing sur le nez le laissant dans une mare de sang : il se releva, décidé à continuer la lutte même s'il était un peu étourdi, alors je lui assenai deux coups sur les oreilles en le faisait tomber, évanoui à mes pieds.

Les autres hommes se turent tout à coup et celui qui semblait être le chef de la bande, dit : « Tu es une femme forte et courageuse, tu mérites d'être respectée. Continue ton voyage, nous ne te ferons rien ». Et ainsi ils s'éloignèrent, déconcerté par ma force. Ils ne savaient pas que je passais mes journées à soulever des poids de plus de cinquante kilos sans jamais m'arrêter. Bien vite je devins célèbre et, depuis ce jour, aucun malintentionné n'osa me déranger ou me suivre. Les seuls à le faire furent les serpents qui, à ce que l'on dit, devaient m'instruire ».

Kantu profita de la situation pour lui demander : « Grand-mère, que peut-on apprendre d'un serpent ? ». « Cet animal enseigne que la vie est mouvement, renouveau et rajeunissement. Chaque année, quand sa peau devient vieille, il s'en libère et se revêt d'une peau neuve. Et ainsi, il rajeunit ».

« Pourquoi les serpents vont-ils plus vers les femmes que vers les hommes ? » demanda Kantu en cherchant à gagner la confiance de la femme et en se souvenant que Facundo disait toujours : « Le serpent suit la femme ».

« Le serpent est en syntonie avec les femmes, pas avec les hommes. Il symbolise notre impulsion de création, de renouveau et de conservation. Le serpent sait que chaque femme est dotée d'une énergie puissante qui crée et régénère continuellement la vie et dont elle peut se servir pour donner la vie ou la mort. Le serpent est un animal de terre, le ventre en contact avec la terre et le dos tourné vers le ciel, en mesure de bouger aussi bien l'énergie terrestre que l'énergie céleste ». « On dit que le serpent est l'âme du diable » répliqua Kantu.

« C'est ce que soutiennent les religieux sexistes parce qu'ils savent que, si nous sommes vraiment comme les serpents alors nous sommes plus puissantes et plus redoutables qu'eux. Ils sont aussi convaincus que dès que la femme s'approche du serpent, elle se transforme en sorcière. Mais que la femme s'en approche ou non, si elle est vraiment consciente de ses dons et parvient à les projeter vers l'extérieur, alors elle possède force et pouvoir. La femme ressemble beaucoup au serpent parce que quand elle veut, elle peut. Quand un serpent veut traverser un fleuve, peu importe sa profondeur, il s'immerge dans l'eau, conscient qu'il y arrivera. »

Kantu resta silencieuse ; sa mémoire l'emmenait à ses années d'enfance. Apolinario, un marchand infatigable, ami de son père, lui avait raconté avoir vu un serpent avec deux yeux énormes et, une autre fois, il lui avait parlé du serpent à deux têtes. Il lui avait aussi raconté qu'alors qu'il voyageait à cheval, il avait vu un serpent énorme sur la rive d'un fleuve immergé dans les eaux pour réapparaître, peu de temps après, sur la côte opposée. Lui et son cheval avaient cherché un endroit peu profond pour traverser le fleuve alors que le serpent, sans hésiter, s'était immergé et l'avait traversé. Encore dans ses souvenirs, Kantu demanda : « Grand-mère, tous les serpents sont-ils dotés de pouvoir ou seulement certains ? ».

« Les serpents différent les uns des autres en dimension et en pouvoir. Certains sont plus sages que les autres car la sagesse est le pouvoir. Ici chez nous, le serpent le plus sage est *Amaru*, le grand serpent qui unit le ciel avec la terre. Dans ces régions, outre le serpent que tu as touché, il y en a d'autres plus petits, à la peau verte striée de noir et de blanc appelé *Yana Muruq* et d'autres encore de couleur grise appelé *Oqe Muruq*. Pour connaître le pouvoir que chacun d'entre nous possède en soi, tu devras d'abord connaître le serpent. Observe-le avec attention : regarde comment il bouge, comment il dort, où il vit, comment il s'alimente et comment il se procure sa nourriture. Ceci t'enseignera qu'en lui réside le pouvoir de la vie et de la mort. A partir de demain tu commenceras à suivre celui de tout à l'heure et à observer chacun de ses mouvements. »

« Grand-mère, il y a quelque chose que je ne comprends pas. Pourquoi le serpent est associé au vagin ? Depuis toute petite j'ai entendu des histoires de serpents qui s'introduisent dans le vagin ou qui se transforment en hommes pour s'accoupler avec la femme. Qu'est-ce qu'il y a de vrai dans tout cela ? »

« Toutes ces histoires sont inventées pour cacher le pouvoir de notre sexe face à l'homme. La femme possède une zone occulte située au-dessus de l'os sacrum : ses organes sexuels, qui ont un pouvoir magnétique. C'est là que sont scellés tous les désirs et les aspirations de l'humanité. La femme, via son sexe, est en mesure de transmettre la paix en l'homme, seule elle peut lui faire effleurer ses désirs les plus intimes ou connaître ses rêves les plus cachés. Pour cette raison c'est toujours l'homme qui cherche la femme et non l'inverse. Les hommes nous cherchent, nous suivent, nous dérangent, nous parlent, mais derrière chacune de leur action se cache un unique intérêt : notre sexe. »

Kantu le savait par expérience. Les hommes étaient toujours derrière elle, ils l'avaient importunée et courtisée mais, au fond, leur unique désir était de l'emmener au lit. Interrompant ses pensées, l'ancienne lui dit : « Je suis Mama Maru. Avec moi, tu apprendras à connaître l'énergie qui gouverne le monde et la sexualité. En toi s'éveille déjà le pouvoir lié à l'énergie sexuelle que tu devras apprendre à utiliser et à dominer. Tu devras laisser de côté tous les préjugés selon lesquels le sexe diminue ou dégrade la femme et oublier les affirmations qui tendent à réduire la femme à un simple objet sexuel ou à une machine à faire des enfants. La fonction de ton énergie ne s'épuisera pas simplement dans les relations sexuelles, mais elle servira à recevoir et à transmettre le pouvoir et l'énergie capable de générer, de créer et de transformer ».

Kantu écouta attentivement ces mots, fruit de l'expérience d'une femme qui s'était libérée et réalisée. Le soleil couchant illumina le visage de l'ancienne de ses derniers rayons et, dans cette position, il lui sembla que la lueur de ses yeux était la même que celle que, peu de temps auparavant, elle avait vu briller dans les yeux du serpent.

« Bientôt il fera noir. Allons chercher du bois pour cuisiner et nous réchauffer, car les nuits sont froides. » Mama Maru posa la laine et le fuseau et se leva. Puis elle prit deux vieilles couvertures dans un coin de la pièce et, en en tendant une à Kantu, lui ordonna : « Prends le bois que tu trouveras à droite de la maison, moi j'irai à gauche. » « D'accord, grand-mère » dit Kantu et elle s'éloigna vers le côté de la maison qui lui avait été confié. Elle devait se dépêcher de trouver du petit bois et des racines sèches entre les rochers, les murs ou en dehors des zones cultivées, sur le terrain inculte ou semi-aride. Alors qu'elle récoltait le bois, elle pensa à toutes les difficultés que devaient affronter au quotidien les personnes qui vivaient en campagne, loin de la ville. Il n'y avait pas d'eau ni de lumière à portée de main, le gaz ou le téléphone n'existaient pas, et il ne semblait pas qu'ils existeraient un jour. Et pourtant, malgré la misère qui semblait régner, les personnes possédaient une grande richesse spirituelle et savaient vivre en intime contact avec la terre. Ils connaissaient la nature, vivaient avec elle et se sentaient en faire partie intégrante. Au-delà des restrictions économiques et de la faim, les hommes, les femmes et les enfants avaient une sérénité profonde et vivaient avec une plus grande tranquillité que les habitants des villes. Le fait d'être une indienne qui avait grandi en ville lui permettait de connaître les deux mondes et de cohabiter avec ces deux réalités si différentes.

Quand elle rentra, il faisait presque nuit. Elle parvint difficilement à reconnaître le sentier qui la reconduisait à la maison de Mama Maru. L'ancienne avait déjà allumé le feu sur un foyer en pierre, sur lequel elle avait posé deux marmites en terre cuite. « Tu as ramassé assez de bois pour les prochains jours ? » demanda-t-elle en versant la farine d'orge et la fécule de pommes de terre dans une des deux marmites. « Ici, on n'en trouve pas beaucoup aux alentours, grand-mère. Je n'ai pu en ramasser qu'un peu » répondit-elle. « Alors tôt demain matin, tu iras jusqu'à la vallée de Cheqa. Là, tu en trouveras certainement. Pour le moment ceci suffit pour cuisiner et se chauffer » ajouta-t-elle ensuite en l'invitant à se rapprocher du feu pour se réchauffer. Il commençait à faire froid et Kantu s'accroupit près du foyer. Le silence qui l'entourait était inquiétant, on n'entendait pas le moindre bruit. Elle regarda à travers la porte étroite de l'habitation : l'obscurité avait déjà déployé son noir manteau. La journée avait été plutôt dure pour Kantu. Après avoir mangé, ses paupières se firent lourdes et il lui vint l'envie d'aller dormir. Elle demanda donc à l'ancienne curandera : « Mama Maru, je voudrais aller dormir. Je suis très fatiguée. » « Va donc te reposer, ma fille ; tu connais déjà le chemin. Moi, je reste encore un peu » lui répondit-elle en la regardant dans les yeux. Kantu sortit de la chambre et le vent glacé la réveilla un peu. Même si le ciel était calme, la nuit était sombre mais le spectacle du firmament constellé de points lumineux était quelque chose de grandiose. La jeune femme chemina jusqu'à l'habitation assignée par Mama Maru et elle se reposa. Au lit, elle pensa à l'existence difficile et solitaire de Mama Maru qui, à première vue, ne semblait pas craindre la solitude. Elle pensa à elle-même, à la peur qui s'emparait d'elle chaque fois qu'elle devait affronter des situations hors du commun. La peur l'avait accompagnée depuis son enfance : peur de demander, de savoir, de regarder les personnes en face, peur de se tromper. Toujours cette maudite peur. Mais elle avait commencé à la contrôler, à l'empêcher. Condori lui avait expliqué un jour : « La peur est une forme d'énergie. C'est comme l'amour, la haine, la colère : c'est simplement une énergie tournée vers une certaine direction. Défie la peur et tu modifieras sa direction ». Malgré ses recommandations, elle ne pouvait pas éviter d'éprouver de la peur. Cette nuit, elle devrait affronter la peur de dormir seule; elle avait toujours dormi avec quelqu'un et maintenant, dans ce lieu désolé, elle et Mama Maru étaient seules, sans un homme à leur côté qui pouvait les protéger. La peur commençait à entrer en elle, insistante ; elle décida de mettre en pratique la technique enseignée par Condori : elle respira lentement et avec naturel, jusqu'à ce que le sommeil ne l'emporte. Elle ne savait pas qu'à ce moment elle avait commencé à rêver.

Dans son rêve, Mama Maru prit la forme d'un énorme serpent noir et squameux, elle glissait vers elle, avançant avec un regard sinistre. Elle voyait seulement ces yeux, des yeux qui brillaient, qui l'envoutaient. Puis le reptile gigantesque ouvrit grand la bouche et s'approcha d'elle. Elle se sentit petite, impuissante, faible. Elle voulait se sauver mais ne pouvait pas, elle n'en avait pas la force ; c'était comme si elle était clouée sur place. Elle ne voyait plus les yeux mais seulement l'énorme gueule, les dents pointues qui s'approchaient d'elle, lentement. Elle se vit attrapée par cette gueule et broyée par ces dents fines. Elle criait, se contorsionnait en une tentative désespérée de se débattre, mais son corps était emprisonné. Elle se réveilla le cœur battant la chamade. Alors seulement, elle se rendit compte qu'elle s'était enroulée dans les couvertures : se tournant et se retournant en tentant de se réchauffer, elle s'était coincée et le cauchemar était né de cette situation. « C'était seulement un rêve » se répéta-t-elle.

Peu après, elle se rendormit. Elle rêva encore de Mama Maru ; cette fois, c'était une femme méchante qui la soumettait à une série de supplices à laquelle, épuisée et sans force, elle ne parvenait pas à se soustraire. Mama Maru la frappait durement avec un bâton. Kantu avait peur mais, alors qu'elle cherchait désespérément à fuir cette punition, elle se souvint dans le rêve des paroles de Condori : « Même dans les rêves, la femme doit toujours rester vigilante, attentive, elle doit affronter ses peurs. » Ces paroles lui donnèrent du courage et la force nécessaire pour défier l'ancienne et, rapidement, le bâton en bois dur et rigide se transforma en un instrument léger ; une grande plume avec laquelle Mama Maru caressait son corps.

Elle se réveilla encore et, alors qu'elle cherchait à se rendormir, d'autres paroles de Condori lui revinrent en mémoire : « Le rêve est une activité sacrée, l'opportunité que nous avons d'entrer en contact avec le monde spirituel, pour en recevoir des conseils, pour être guidé ». Et puis il avait ajouté : « Nos ancêtres étaient de grands rêveurs. A travers les rêves, ils transformaient en réalité la vie, la vraie vie, qui n'était pas celle-ci. En premier lieu, il faut suivre la vision et la vision se donne seulement dans les rêves ; on rêve toujours, même lorsqu'on est éveillé. Le rêveur, par la force des choses est un créateur et, s'il est capable de créer, il doit aussi être en mesure de soigner, de donner la santé. La femme rêve beaucoup plus que l'homme ; c'est une de ses caractéristiques, et c'est vraiment à travers le rêve qu'elle entre en contact avec l'infini, avec l'au-delà. Le rêve guide, enseigne comment se comporter durant la veille, enseigne à réaliser certaines actions.

Dans le rêve, les fantaisies et des idéaux de la femme se font réalité, justement parce que c'est à travers le rêve qu'elle peut accéder à un espace plus grand dans lequel elle acquiert un plus grand savoir. Pour bien rêver, on doit renforcer sa propre capacité de se souvenir des rêves et de les modifier pendant que l'on dort ». Condori lui avait expliqué que les gens qui vivent en ville, à cause du stress auquel ils sont soumis, ne rêvent pas, et s'ils le font, ne s'en souviennent pas, ne savent pas comment les utiliser. Durant le rêve, même les situations les plus difficiles deviennent faciles. Le rêve est le moyen à travers lequel une personne peut entrer en contact avec elle-même.

« Que voudra dire mon rêve sur Mama Maru ? » se demanda Kantu. Elle l'aurait découvert dans les jours suivants parce que, d'une maîtresse aussi dure et exigeante, elle ne savait vraiment pas à quoi s'attendre. Et ainsi, elle dit à haute voix, avec grande détermination, presque comme pour se donner du courage : « Je veux résister et affronter ce qui m'attend, peu importe ce que ce sera, car je veux atteindre mon but. Je veux me libérer de la peur enracinée en moi et parvenir à dépasser chaque obstacle. J'ai pris ce chemin et je ne retournerai pas sur mes pas ! ». En prononçant ces mots, elle se sentit envahie par une sensation de paix et de sécurité, comme si elle s'était libérée d'un poids et qu'elle pouvait finalement se mettre à voler. Sans s'en apercevoir, elle referma les yeux et dormit jusqu'au lendemain.

---

27. Boisson dérivante de la fermentation du maïs.
28. Reptile appartenant à la famille des crotales.

9.
SAVOIR EST POUVOIR

Quand elle ouvrit les yeux, la chambre était éclairée par la lumière du soleil, debout, devant son lit, elle vit Mama Maru. « Lève-toi ! » lui dit-elle rudement, en se dirigeant vers la porte. « Aujourd'hui, tu as journée libre pour te familiariser avec les lieux ; demain, nous commençons ta préparation. » Kantu descendit du lit, fit quelques exercices que Condori lui avait conseillés, et se précipita hors de la chambre. Mama Maru était déjà dans la cuisine. C'était une journée fraîche et les rayons du soleil désormais perpendiculaires illuminaient la demeure solitaire de la curandera. Aux alentours, aucune autre maison, elles étaient les seules habitantes de l'endroit et Kantu ne comprenait pas comment Mama Maru pouvait vivre là. Seul Dieu savait ! Elle ne concevait pas que la femme ait choisi cet endroit volontairement. Il devait y avoir quelque chose de spécial là, c'est pour cette raison qu'elle vivait à l'écart de tous, pensa-t-elle. Elle regarda l'ancienne et se sentit contrainte de lui demander : « Grand-mère, tu n'as pas peur de vivre ici toute seule ? ». « Peur de quoi ? » « Du noir, des animaux sauvages, des voleurs, des délinquants, des hommes. »

« Il ne faut pas avoir peur de l'obscurité mais la considérer comme une alliée. Ici, il n'y a pas d'animaux sauvages ou dangereux. Et, en ce qui concerne les voleurs et les bandits, parfois il en vient un mais je sais m'en occuper, je l'ai toujours fait, depuis que je suis jeune ». « Comment es-tu parvenue à vaincre la peur ? » demanda alors Kantu, étonnée de ces mots. Mama Maru commença à filer sur son rouet et, sans quitter son travail du regard, se mit à narrer quelques épisodes de sa vie : « Pendant longtemps, j'étais esclave de la peur, mais désormais je m'en suis libérée. La peur est un piège qui emprisonne les femmes, les empêchant de s'exprimer librement. Je l'ai appris physiquement, et de manière brutale et suite à une expérience assez douloureuse ; celui qui parvient à la défier devient maître de sa vie ».

Enfant, Mama Maru a dû être une jeune fille très belle et son corps, agile et svelte, conserve encore les traces de cette beauté. Combien d'hommes devait-elle avoir attiré, pensait Kantu. Et pensant ainsi, elle lui demanda : « Quand tu étais jeune, sûrement que beaucoup d'hommes t'ont harcelée. Comment faisais-tu pour te défendre ? ».

« En leur prouvant que je n'étais pas une femme quelconque, mais une vraie femme » répondit-elle. Kantu se souvint de la violence subie peu de temps auparavant et en profita pour lui raconter cette expérience désagréable. Au terme du récit, elle demanda encore : « Tu dis que tu parviens à t'en occuper, que tu l'as fait depuis que tu es jeune, mais tu as dû aussi commencer par contrôler ta peur envers les hommes, les personnes ? ».

La curandera reprit la parole. Elle fixa la jeune disciple, se demandant pour qui se prenait cette jeune fille pour lui poser toutes ces questions, pour s'introduire dans sa vie privée mais, se souvenant qu'elle était là pour recevoir ses enseignements, elle décida d'ouvrir son cœur et de raconter une partie de sa vie.

« J'étais alors une itinérante, commença-t-elle, je possédais dix mules et je transportais de la viande, du *chuño*[29], du quinoa, jusqu'aux vallées tempérées où j'achetais du maïs, du grain, de l'orge, des fruits. Parfois je voyageais seule, d'autres fois j'étais accompagnée par d'autres femmes. Souvent, naturellement, je rencontrais le long du chemin des hommes violents qui voulaient me posséder avec force ; mais ils n'y sont jamais parvenus, par le simple fait que je ne le voulais pas. Si je ne leur avais pas opposé toute ma volonté, ils auraient tranquillement pu y parvenir. Mais je me donnais à un homme seulement par amour, non par peur. Dès que je suis arrivée à Cuzco, venue de mon petit village natal où j'avais grandi, un homme m'a violée. J'étais embauchée en tant que domestique dans une maison de famille d'avocats, le père était avocat et le fils étudiait pour le devenir. A l'époque, j'étais une jeune fille de seize ans et le jeune homme en avait plus de vingt. Il m'agaçait continuellement et je le repoussais mais il devenait toujours plus insistant. J'encourrais un danger majeur lorsque nous restions seuls, même si je réussissais toujours d'une manière ou d'une autre à le fuir. Jusqu'au jour où, profitant que tout le monde était sorti, il ferma toutes les portes, et il se mit à me courir après jusqu'à ce qu'il m'attrape, me jette par terre et me viole. Je cherchais à résister mais il était beaucoup plus fort que moi et il m'écarta les jambes avec ses genoux et me pénétra de force. Dès le retour de sa mère, je lui racontais ce qui s'était passé, mais la femme, une blanche, au lieu de le reprendre, me chassa sans me payer en hurlant : « Sors d'ici, menteuse ! Comment peux-tu penser que mon fils daigne poser les yeux sur toi ! Elle me jeta à la rue, me balançant tous mes vêtements et ajouta : « Ne viens plus par ici ou je t'accuserai de voleuse. Tu ne réussiras pas à salir la réputation de ma famille ».

Dans cette ville qui m'était complètement étrangère, je ne connaissais personne, je n'avais même pas de famille. En larmes, je commençais à marcher. J'étais affamée et sans un sou. Je passais la nuit à la belle étoile, près de la maison de l'avocat. Le jour suivant, j'attendis dans le voisinage, peut-être auraient-ils eu un peu de compassion pour moi et m'auraient-ils réembauchée, pensais-je. C'étaient eux qui m'avaient emmenée là et l'avocat avait assuré à ma mère : « Je la ferai étudier, je la traiterai comme si elle était ma fille ». Maman, veuve, m'avait confiée à lui me conseillant : « Pars avec ce monsieur, sois obéissante et essaie de te comporter en adulte. Peut-être que ton destin se trouve justement là ». Mais ce jour-là, dès qu'il me vit hors de la maison, le monsieur me hurla : « Que fais-tu ici ? ». Je pleurais, sans rien dire. Alors il me regarda, il regarda les gens qui s'étaient arrêtés pour observer la scène et ajouta : « Allons à la maison mais ne dis jamais que mon fils a eu des rapports sexuels avec toi. Je parlerai avec ma femme et ainsi tu pourras revenir et rester avec nous ».

Dès que nous entrâmes dans la maison, la dame me frappa en hurlant : « Indienne, sauvage. Si tu oses encore une fois provoquer mon fils, je te rouerai de coups jusqu'au sang. Et maintenant file balayer les chambres, laver la vaisselle et... comporte toi bien ! ». Et ce fut ainsi que je retournais dans cette maison où je ne recevais qu'humiliations, mauvais traitements et des atteintes à ma dignité de femme.

Je restais là parce que je ne savais pas où aller, fuyant et me défendant continuellement des pièges de ce jeune garçon ne cessant de vouloir profiter de moi. Les mois passaient et mon ventre se faisait toujours plus gros. J'étais enceinte ! Quand la femme vint à le savoir, elle devint furieuse et me maltraita encore plus alors que je me contentais de pleurer en silence. Elle ne voulut plus me loger et je dormais dehors, dans une encoignure de la maison. Quand vinrent les contractions, ils m'emmenèrent à l'hôpital « Lorena », où je donnais vie à un garçon. Puis ils me ramenèrent à la maison et quelques mois plus tard, à l'arrêt de l'allaitement, la femme m'éloigna de la maison avec un subterfuge. Elle me fit monter en voiture et, atteignant une rue isolée, elle me fit descendre me disant : « Attends-moi ici, je reviens de suite ».

Je l'attendis toute la journée mais elle ne revint pas. Alors seulement je me rendis compte qu'elle m'avait jetée dehors, en s'appropriant mon fils. J'errais dans les rues cherchant à retrouver la maison mais je n'y parvins pas. Le troisième jour, errante, perdue et sans moyen dans les rues, je m'évanouis. Une vendeuse de fruits et légumes me recueillit et m'amena dans sa modeste maison. Les jours suivants, je l'aidais dans son travail et cessais de rechercher mon fils : la ville était trop grande et inconnue pour moi. Je vécus avec cette marchande jusqu'à ce que je connaisse une vieille femme qui, chaque fois qu'elle venait acheter les fruits chez nous, me fixait attentivement comme si elle voulait savoir qui j'étais. Jusqu'à ce qu'un jour, elle me raconta qu'elle vivait seule et me proposa d'habiter avec elle. Comme nous gagnions à peine de quoi vivre, je décidais d'accepter ; l'ancienne donna un peu d'argent à la vendeuse et m'emmena chez elle.

Je lui racontais mes vicissitudes lui donnant le nom de l'avocat qui m'avait fait venir en ville et lui racontais comment celui-ci, en accord avec sa femme, m'avait chassée de la maison en gardant mon fils. La femme, fâchée par cet abus éhonté, convoqua l'avocat via le tribunal et, quand elle le trouva, elle le réprimanda et le menaça de le dénoncer. Elle prétexta la restitution de mon fils qui devait vivre avec moi, sa mère. Cherchant à résoudre la question de manière pacifique, elle lui donna notre adresse et, dans l'après-midi même, l'avocat et sa femme se présentèrent chez nous, mais sans mon enfant. Sans afficher aucune arrogance, sans élever la voix et montrant plutôt une certaine humilité, ils conversèrent longtemps avec la femme, lui dirent qu'ils étaient de bonne famille et qu'ils ne pouvaient accepter que leur fils ait une relation avec une indienne. Ils offrirent de prendre soin de mon enfant ; de lui donner le meilleur et lui assurèrent qu'ils me l'auraient rendu une fois grand. Ils ajoutèrent aussi que je pouvais le voir autant de fois que je le voulais.

« Ma fille, comment feras-tu avec un enfant, sans argent et sans travail ? Apprends d'abord à gagner de quoi vivre et ensuite nous te le rendrons » me suggérèrent-ils. Moi, je ne savais que répondre, aussi parce qu'ils avaient raison : c'était vrai, je ne savais pas encore comment gagner ma vie. Ma mère adoptive réfléchit un moment et leur dit : « Bien, mais j'exige une déclaration signée dans laquelle vous vous engagez à tenir cette promesse ». L'homme écrivit la déclaration et, après avoir lu la lettre à l'ancienne, les deux conjoints la signèrent. Ils s'en allèrent donc, mais non sans m'avoir recommandé de travailler et de gagner de quoi vivre : seulement ainsi je pourrais reprendre mon fils.

La femme m'envoya à l'école. J'appris à lire et à écrire ; mais je ne parvins à voir mon fils que peu de fois : ils me le firent voir assez peu. J'étais devenue une étrangère pour lui, ce qui me faisait terriblement souffrir, mais je me donnais du courage me disant qu'un jour il reviendrait chez moi. Lors d'une de ces visites, je revis le père de mon fils. Il était plus mûr ; me regarda et me sourit. A partir de ce jour-là, il me suivit à l'école, il me faisait entendre de belles paroles et me promettait même qu'un jour nous aurions vécu ensemble. Il était déjà devenu avocat. Avec le temps, il parvint à me persuader et je le fréquentais en cachette. Petit à petit je tombais amoureuse de lui et un jour, alors que l'on faisait l'amour, il me supplia de lui donner l'accord signé par ses parents. Il me promit de m'épouser et de vivre ensemble tous les trois : lui, moi et notre enfant. En jeune fille ingénue que j'étais, je le crus et lui donnais le document, sans rien dire à ma bienfaitrice. Mais lui, à partir de ce jour disparut, et celle qui se mit à le chercher, ce fut moi : une fois de plus, il avait profité de moi.

Quand un jour j'allais chez eux pour voir mon fils, ils me chassèrent et me claquèrent la porte au nez. Ce fut la dernière fois que j'y allais. Peu de temps après, je perdis ma mère adoptive qui mourut sans jamais rien savoir de ce qui s'était passé. Entre temps je devins une femme et tous disaient que j'étais belle. Peut-être que c'est justement pour ça que le père de mon enfant m'embêta à nouveau. Un jour, il me proposa de travailler pour lui dans son étude mais, avec une ruse, il me conduisit dans une pièce où la seule chose qu'il y avait était un lit. Même si je l'aimais, je me refusais de lui céder, mais sous la menace et sous les coups, je me pliais à sa volonté. « J'ai été ton premier homme et tu seras mienne jusqu'à ma mort, que tu le veuilles ou non. Je te trouverai où que tu ailles. Et si tu es avec un autre, je te tuerai ! » En entendant ces menaces, je me mis à trembler. En réalité, j'avais toujours éprouvé de la peur, depuis mon arrivée en ville.

J'avais alors commencé à travailler en tant que vendeuse dans un magasin de confection. Un jour, j'arrivais au magasin en larmes et, me voyant dans cet état la patronne, une femme âgée, me demanda : « Pourquoi pleures-tu ? Qui t'a frappé ? ». Je lui racontais toute l'histoire : le viol, la perte de mon fils et comment l'avocat, sous les coups, m'avait de nouveau obligée à rester avec lui. Le récit de tous mes malheurs la mit en colère.

« Dès que nous fermerons le magasin, nous irons voir une dame. On va lui faire payer à ce misérable, tout ce qu'il t'a fait endurer. Les membres de cette famille sont des maudits, je les connais bien. Ils ont fait souffrir beaucoup de gens » me dit-elle.

Ainsi, après la fermeture du magasin, elle me conduisit vers une route qui montait vers le quartier de San Blas. Là, je connus Jacinta Qoyllur, une curandera qui écouta attentivement mon récit et me dit de revenir le jour suivant. Le lendemain, j'y retournais et, en me tendant un petit sachet, elle me dit : « Cache ce petit sachet sous tes vêtements et porte le toujours avec toi. Quoi qu'il fasse, cet homme ne gagnera plus contre toi, laisse toi aller, n'utilise pas la force, ne lui résiste pas et tu verras : il ne t'arrivera rien. Puis, reviens me raconter ce qui est arrivé ». Je tentais de la récompenser ; mais elle refusa l'argent que je lui offrais et je retournais à la maison.

Dès que Ronald, le père de mon enfant, chercha de nouveau à me séduire, j'étais d'accord et le suivis. Je n'opposais aucune résistance et je me laissais aller ; mais lui, malgré sa volonté, ne parvint pas à obtenir une érection et donc, ne put ni me pénétrer ni satisfaire ses propres envies. Il se sentit impuissant et n'avait même pas essayé de me frapper puisque je n'avais pas résisté. Il se rhabilla et fit un bout de chemin avec moi. Les jours suivants il essaya plusieurs fois, mais toujours avec le même résultat. A partir de ce moment-là, il m'évita, il ne se sentait plus viril et ainsi il cessa de me chercher et de me suivre. Alors ce fut moi, encore amoureuse de lui, qui me mit à le chercher mais il ne voulait pas me voir. Avec le temps je me résignais à la perte de cet amour ; l'unique chose qui m'importait c'était de pouvoir garder mon fils. Je retournais donc chez Jacinta pour lui relater comment allaient les choses avec Ronald et lui demander si elle pouvait m'aider à récupérer mon fils. Elle écouta attentivement ce que, en larmes, je lui racontais et puis elle me rassura : « Calme-toi : si tu veux tu pourras retrouver aussi bien ton fils que cet homme. Je t'aiderai, je t'enseignerai les arts pour mettre ce misérable à tes pieds et, si tu le veux, ensuite tu pourras devenir une curandera comme moi ».

Je ne voulais pas devenir une curandera, je voulais juste embrasser mon fils à nouveau : c'était mon plus grand désir. Et bien sûr, je désirais aussi que Ronald revienne vers moi ; il avait été mon premier homme, mon unique homme. Et donc j'acceptais sa proposition.

« Reviens ce soir et je commencerai à t'instruire » dit-elle. Jacinta était une petite femme, au corps lourd et vigoureux. Elle portait toujours un tablier bleu, typique des vendeuses de marché et elle se couvrait le dos avec un châle gris. Sur son visage aux yeux vifs et brillants, apparaissaient déjà quelques rides et elle était habituée à attacher ses cheveux noirs en deux tresses noires. Elle vivait dans une maison qui appartenait à un professeur à la retraite qui, depuis qu'il avait déménagé à Lima deux ans avant, n'était plus revenu à Cuzco. Elle avait pris soin de cette maison à plusieurs pièces devant et un patio qui donnait sur une autre pièce derrière.

Malgré la peur éprouvée, poussée par l'amour que j'éprouvais pour mon fils, j'y retournais le soir même. Jacinta me conduisit dans la pièce arrière. A l'intérieur, il n'y avait aucun meuble, seulement un tapis sur le sol et quelques couvertures. Il faisait noir, alors, elle alluma une bougie et, avançant à sa faible lueur, elle se dirigea vers le foyer situé dans un coin de la pièce et l'attisa. Dès que la flamme se raviva, elle jeta sur le feu le contenu d'un sachet qui se mit à crépiter. Un parfum agréable envahit toute la pièce.

D'un geste, elle m'ordonna de me coucher sur le tapis : j'obéis et je me mis sur cette surface dure et gelée. Pendant ce temps, Jacinta avait allumé le feu dans un brasero situé non loin. Elle éteignit la bougie, éparpilla des poudres sur les braises et entonna un chant incompréhensible. Ce chant et ce parfum m'imprégnèrent de peur. Un frisson parcourut tout mon corps le raidissant, suivi d'un fourmillement. Elle passa le brasero fumant le long de mon corps de manière répétée. Je ne m'enfuis pas uniquement parce que je la connaissais, et que j'étais certaine qu'elle ne m'aurait pas fait de mal, mais j'étais quand même prise de panique.

Le chant de Jacinta était entre une prière et une cantilène grâce à laquelle elle réussissait à canaliser inexorablement toute mon attention sur elle. Elle me regardait et je suivais ses yeux avec grande concentration. Par quelque étrange raison, je ne parvenais pas à détacher mon regard du sien ni à penser à autre chose. Peu à peu, ce regard enchanteur prit possession de moi et je perdis le contrôle de mon corps, comme entrainée dans un tourbillon qui me conduisait au fond d'un abysse.

D'infinies pensées assaillirent mon esprit jusqu'à ce que je sente, du plus profond de mon être, quelque chose qui luttait désespérément pour sortir de mon être sans y parvenir. Finalement diverses choses me vinrent à l'esprit et jaillirent de ma tête. Il y eut un moment où il sembla que moi, la fumée et le feu du brasero fûmes un. Mon esprit planait, comme la fumée qui s'élevait lentement, flottant librement dans une ambiance sereine et pacifique : et rien ne me troublait.

Puis je fus précipitée rapidement dans un tourbillon sans fin, encore sous l'emprise de la peur. Comme dans un film, je vis défiler devant moi toute mon existence : de mon village tranquille entouré de mes proches, des amis, des gens connus ; je passais rapidement à la maison de mes anciens patrons où je restais tétanisée, ressentant la douleur, la faiblesse et en larmes. « Je ne veux plus retourner là-bas » me dis-je inconsciemment. « Je me sens seule, ne sachant pas où aller, j'ai peur, tellement peur. » A ce moment j'entendis une voix qui tentait de me redonner du courage : « Lutte de toutes tes forces ; affronte la peur en pensant seulement à ton fils, cherche une issue ». En entendant ces paroles, quelque chose en moi bougea et se mit à pousser violemment vers l'extérieur. Je ne sais d'où venait toute cette énergie débordante, mais je luttais de toutes mes forces ; il me semblait me débattre au milieu de l'océan.

Peu à peu je commençais à me mouvoir avec plus de force, à nager vers un point lumineux, je continuais d'avancer vers ce point, maintenant de manière consciente. Je n'avais plus peur, tu comprends ? Je luttais de toutes mes forces contre ce qui se présentait devant moi, mais ensuite je sentis que j'allais de nouveau être précipitée dans un gouffre. Je continuais à résister cherchant de me mettre à l'abri : je voulais vaincre, sortir vivante de là. Subitement, je commençais à flotter immergée dans un océan de paix et de tranquillité. Je me sentais forte, puissante, désormais je savais que je le pouvais !

Les mots de Jacinta me communiquèrent de la sérénité. « Calme-toi ! Je suis là pour te protéger et t'expliquer ce que tu es en train de vivre. En ce moment tu te retrouves, au-delà des souvenirs, au-delà du monde matériel. Tu as été en ton centre, et cela te donnera de la force pour toujours. Tu n'auras plus peur du monde extérieur parce que, à partir de maintenant, tu sais que ton monde intérieur est extrêmement puissant. A partir d'aujourd'hui, tu pourras toujours aller jusqu'à ton centre où tu pourras te connaître toi-même, ton âme, et où tu entreras en contact avec l'esprit de lumière qui vit en toi. Et je t'aiderai dès que tu seras prête pour le faire. » dit-elle en ajoutant encore : « Je te révélerai deux secrets : chacun de nous possède un chemin, un but, un objectif propre. Une fois ton chemin trouvé, tu devras servir les autres parce que, seulement lorsque tu vis pour les autres, tu vis aussi pour toi. Entre ton chemin et ton service pour les autres, il devra y avoir un équilibre sinon tu risqueras de te transformer en un être noyé dans le chaos ou de devenir l'esclave de quelqu'un. Je t'aiderai à maintenir cet équilibre et à ne pas te faire tomber. Tu devras toujours être toi-même : accepte qui tu es et commence à avancer. Le second secret est d'admettre que tout le monde a peur : tous, absolument tous, tu comprends ? Aucune personne n'est étrangère à ce sentiment parce que la peur fait partie de la nature humaine. Mais tu devras réussir à l'affronter, à la dominer parce qu'uniquement de cette manière, tu pourras la surmonter et l'utiliser selon tes désirs. Souviens-toi que si tu te laisses écraser par la peur, tu seras perdue, vaincue, irrémédiablement battue. Si, au contraire, tu l'affrontes, si tu décides de la battre, tu cours un danger, c'est vrai, mais tu prouveras l'énorme pouvoir dont tu es dotée. Tu sauras que tu peux vaincre ou perdre, il n'y a pas d'autre alternative. Quand quelqu'un affronte sa propre peur, du centre de son être se libère une énergie puissante qui la transforme en un autre sentiment ».

Ses paroles se firent toujours plus lointaines, plus faibles, au fur et à mesure que j'entrais dans le règne de l'inconscient : j'avais sommeil, très sommeil. Soudain je me sentis prise d'une sorte d'assoupissement. Ça ne m'intéressait pas où, ni comment, j'avais seulement envie de dormir. Et donc je m'endormis et puis je ne me souvins plus de rien sauf que je me suis réveillée le lendemain matin, à la lueur du jour. Quand j'ouvris les yeux, je me retrouvais dans une pièce inconnue, étendue par terre, enroulée dans deux couvertures : Jacinta m'avait couverte alors que je dormais. C'est ainsi que commença mon apprentissage » conclut Mama Maru terminant son récit.

« Mais, à la fin as-tu réussi à retrouver ton fils, à épouser Ronald ? » demanda Kantu curieuse de connaître la fin de l'histoire.
« Oui, j'y suis parvenue. Avec tout ce que j'ai appris de Jacinta, ce ne me fut pas difficile. Et pourtant je ne parvins pas à modifier le parcours de ces deux vies : celle de mon fils et de l'homme qui m'avait causé tant de souffrances. Mon fils grandit loin de moi pendant de nombreuses années, me voyait comme une étrangère. Pour lui, sa mère était la grand-mère qui lui avait inculqué cette

idée depuis sa plus tendre enfance et qui, surtout, lui avait enseigné à penser comme elle. Je n'étais rien pour lui. En ce qui concerne Ronald, une fois mon apprentissage terminé, nous nous rencontrâmes et passâmes la nuit ensemble. J'utilisais tout mon pouvoir de femme : je lui fis connaître le plaisir le plus profond, je le fis se sentir un véritable homme, je le fis frémir de passion. Mais je compris qu'il continuait à me considérer comme un objet de plaisir et je le défiais : « Si tu m'aimes, vivons ensemble ou tu ne me verras plus jamais ».

Alors il me menaça avec un pistolet et chercha à me frapper mais j'étais sûre de moi, sereine et forte, désormais : il ne pouvait plus me dominer. Le regardant droit dans les yeux, je lui dis : « Tu ne pourras rien me faire, si moi je ne le veux pas. Tire si tu veux : tu pourras me tuer mais tu ne pourras pas me posséder » Il comprit. Après cette rencontre, il changea. Il commença à m'aimer et un jour, bien qu'il fût déjà marié, il décida de venir vivre avec moi. La double vie n'était pas faite pour moi ; j'étais sa femme, mais il appartenait à un monde social complètement différent du mien. Pour pouvoir rester avec moi, il aurait dû renoncer à tout, se séparer de sa famille, oublier son rang social et jusqu'à lui-même. A la fin, il décida de rester avec moi parce qu'il m'aimait et me désirait ardemment : je l'avais fait se sentir homme comme aucune autre ne l'avait jamais fait.

Il fit ce terrible pas. Il se disputa et lutta contre tous. Il divorça et m'épousa mais il ne fut jamais réellement heureux : sa famille, la société, les amitiés, le « qu'en dira-t-on » lui pesaient. Il vivait encore au passé, se souvenant et se lamentant de ce qu'il avait vécu, ou inquiet pour l'avenir. En outre, encore complètement subjugué par sa mère, il ne put réussir à reprendre notre fils. Je souffrais de le voir si triste, si taciturne, si mélancolique de nous voir loin de notre fils, qui aurait rendu notre existence plus heureuse. Par amour, j'essayais de l'aider par tous les moyens, que ce soit en tant qu'épouse ou en tant que compagne. Je parvins à lui faire exploiter au maximum tout son potentiel mais, quand il eut atteint la limite de ses forces, je compris que je ne pouvais rien faire de plus pour lui. Je compris aussi que je gaspillais ma vie et qu'il eût mieux valu ne pas rester à ses côtés. Je le laissais... libre de se refaire une vie futile et pleine de préjudices, libre de suivre son propre chemin. Et je commençais à servir les autres en tant que curandera ».

« Et tu sais comment ils vont maintenant ? ». « Oui, il est retraité. Il fut nommé avocat avec le grade de colonel de la Police Judiciaire. Mon fils aussi est devenu avocat, affilié aux Forces Armées. Il est majeur. De temps en temps, Manuel vient me voir. Il aimerait m'emmener en ville vivre avec sa famille mais je ne veux pas. Quand il se maria et qu'il devint père, il commença à changer de comportement envers moi. Maintenant il m'appelle maman, petite maman. Après tant d'années de séparation, il vint un jour me voir et, se mettant à genoux à mes pieds, me dit : « Maman, excuse-moi pour le mépris avec lequel je t'ai traité durant toutes ces années. Maintenant que je suis père et que j'ai perdu mon fils, je sais combien tu as dû souffrir de notre séparation ; ma femme et moi avons beaucoup souffert. La douleur éprouvée m'a fait penser à combien tu as dû souffrir quand la grand-mère m'a pris. Je t'ai cherché partout avec cette épine plantée dans le cœur. » Il pleura dans mes bras ; on pleura tous les deux. Et ainsi, après tant d'années, j'avais finalement retrouvé mon fils.

En revanche, Ronald n'a pas eu de chance avec son troisième mariage. Il n'est pas heureux de sa vie. Il ignore que lui seul peut conquérir la paix et la sérénité comme je l'ai fait les années suivant mon apprentissage. Quand mon fils vint me voir, il vint aussi. Maintenant il est vieux, gros, a les cheveux blancs et a des ennuis de santé. Chaque fois que l'on se voit, il me dit qu'il m'aime encore, que je suis la seule femme qu'il ait jamais aimée, qu'il a beaucoup réfléchi sur nos vies. Il y a quelques mois, il vint ici pour la dernière fois. Il s'agenouilla, me baisa les pieds, me demanda pardon pour tout le mal qu'il m'a fait. En pleurant, il me dit : « Je t'ai volé l'innocence, j'ai profité de toi. Ma mère t'a pris ton enfant… Et la vie m'a puni avec la haine et le dédain de notre fils. Manuel a beaucoup changé depuis qu'il est devenu adulte. Il ne vient plus me voir, me méprise et hait sa grand-mère. Ma mère et moi recueillons les fruits de ce que nous avons semé. »

Alors qu'elle racontait cette partie de sa vie, les yeux de Mama Maru s'humidifièrent et la lumière de l'âtre révéla toute leur tristesse. Kantu n'osa plus rien lui demander. Les deux femmes restèrent silencieuses, leurs regards se croisèrent ; l'une avait assez avancé sur son chemin, l'autre en revanche, avait à peine commencé. Qui sait ce qui l'attendait ! Mille pensées lui passaient par la tête.

Le feu de la cheminée sur lequel cuisait leur repas, commença à s'éteindre lentement, presque comme pour symboliser l'éphémère et l'imprévisible de l'existence humaine. L'atmosphère était plutôt tendue, chargée du triste récit de Mama Maru. Kantu décida de sortir : elle voulait mettre un peu d'ordres dans ses idées. Les tièdes rayons de soleil caressèrent son visage. D'un pas sûr et décidé elle se dirigea vers sa chambre où elle commença à réfléchir à sa relation avec Juan et sur le passé de Mama Maru. Même s'il y avait beaucoup de différences, il y avait quelque chose de similaire à leur destin. Juan ne l'avait jamais violée ; c'était elle qui s'était donnée volontairement. En revanche, Ronald avait abusé de Mama Maru en profitant de son statut social, de son pouvoir. En travaillant en tant qu'institutrice, Kantu avait entendu beaucoup d'histoires semblables par les mères de ses élèves. Elle se demandait comment elle aurait affronté Juan si elle l'avait rencontré après être devenue elle aussi une curandera.

En ce moment, elle était guidée par les curanderos andins pour apprendre à contrôler sa force intérieure, dont elle était pleinement consciente. Grâce aux exercices tactiles longtemps pratiqués, elle avait appris à connaître son corps, à le comprendre, à en connaître les capacités, le potentiel. Il y a peu de temps encore, pour elle son corps était simplement la partie matérielle, physique, d'elle-même ; alors que maintenant, il s'était transformé en un merveilleux instrument capable de lui transmettre toute une série d'informations : sentiments, désirs, sensations, pensées, rêves ; un instrument en mesure de résoudre différentes situations de son quotidien.

Il pouvait aussi lui donner du plaisir, ce plaisir tant de fois nul et que maintenant elle ressentait par tous les pores de sa peau. Une joie intense qu'elle adorait ressentir, un assouvissement qui lui donnait une grande satisfaction et qui n'avait rien à voir avec ce sens du péché qu'avant, elle ressentait chaque fois qu'elle se touchait à certains endroits. Maintenant elle pouvait se toucher librement, sans remords.

Cet après-midi, quand Mama Maru entra dans sa chambre, elle la trouva occupée à méditer et à faire les exercices recommandés par Condori.

« Avant de commencer ton apprentissage, je dois purifier tout ton corps » lui dit-elle. Kantu vit que l'ancienne avait apporté avec elle un brasero, des herbes aromatiques et quelques flacons. Regardant la jeune fille droit dans les yeux, elle avait ajouté : « Déshabille-toi ». Ensuite elle dessina un cercle sur le sol sur lequel elle traça les quatre points cardinaux. Puis, lui indiquant cette figure, elle ajouta : « Mets-toi debout au centre ». Après s'être complètement déshabillée, Kantu se mit au centre.

« Fichtre ! La nature a été généreuse avec toi ! Physiquement tu es vraiment une belle femme ; voyons si tu l'es également spirituellement et mentalement » dit Mama Maru et, après une brève pause, elle reprit : « Très souvent la ville déforme les pensées et la femme finit par devenir artificielle, presque masculine. La ville offre le confort, mais elle te remplit aussi de choses inutilisables, trompeuses qui finissent par changer ta vraie nature. »

Tout en parlant, Mama Maru alluma un petit feu sur lequel, de temps en temps, elle soufflait pour raviver les braises. Complètement nue et refroidie, Kantu bougea d'un côté à l'autre du cercle cherchant à se réchauffer. « Reste au centre du cercle ! » ordonna l'ancienne sur un ton péremptoire. Kantu se mit sur le point indiqué. « Ferme les yeux et écarte tes jambes » ajouta la curandera.

La jeune disciple obéit. Mama Maru disposa sous ses jambes un récipient d'argile rempli de braises allumées sur lesquelles elle versa une poignée d'herbes aromatiques en petits morceaux. En entrant en contact avec les braises, les herbes libérèrent une fumée blanchâtre qui enveloppa son corps nu. Cette fumée, mélangée à l'air, lui entra dans les poumons la faisant tousser. « Reste tranquille ! » somma l'ancienne d'une voix sûre et décidée. « C'est bientôt fini. Ce que je vais te faire te sera très utile dans les prochains jours ». Elle frotta tout son corps avec ces herbes médicinales, puis elle versa le liquide de quelques récipients dans une bassine et la lava. « Cela te servira pour entreprendre le chemin des femmes serpents » expliqua-t-elle alors qu'elle la lavait. Les yeux fermés, Kantu sentit la fraîcheur du liquide glisser sur sa peau, elle entendit le crépitement du brasier et inhala cette fumée âcre qui l'empêchait de bien respirer et qui, par moments, la faisait tousser. « Lève les bras ! » lui ordonna la curandera d'une voix autoritaire et lui mettant une pierre sous chaque aisselle. « Baisse les bras et tiens les pierres ». Puis elle sentit que la grand-mère lui mit le long de l'épine dorsale quelque chose qui l'aspirait vers l'extérieur, comme s'il s'agissait d'une sorte de ventouse ; en réalité, c'était des pierres de différentes couleurs posées avec dextérité par l'ancienne sur différents points du son corps.

« Ce sont les k*huyakuna*[30] » lui expliqua-t-elle. « Je cherche à répartir tes énergies, à t'équilibrer. Les épreuves que tu devras affronter sont difficiles et tu devras avoir suffisamment de force et d'équilibre en toi pour être en mesure de les supporter. « Reste tranquille, j'ai presque fini ! ».

Quelques instants plus tard, Kantu sentit que quelque chose de tiède descendait de sa tête, parcourant toute la colonne vertébrale et arrivant jusqu'au coccyx ; le liquide visqueux mouillait ses fesses et glissait le long des jambes allant par terre. Tout de suite après, elle entendit la voix de Mama Maru disant : « Ce sont les herbes sacrées qui lavent la lumière de ton corps… Maintenant tu peux te rhabiller et aller te reposer ». Kantu se rhabilla et alla s'allonger sur le lit. A ses côtés, Mama Maru disait : « Souviens-toi que savoir est pouvoir ; maintenant tu entreras dans un cercle dans lequel tu apprendras les secrets des femmes serpents. Tu comprendras que ce qui t'a été enseigné jusqu'ici n'est pas la vie authentique ; la vraie vie en est une autre. Ici tu apprendras à être femme ».

Kantu l'écouta en silence, cherchant à retenir le plus petit détail. La curandera continua : « Tu dois aussi prendre conscience que le savoir ne sert à rien s'il est conservé, caché en nous. Le savoir doit être transmis, autrement il devient comme les joyaux : ils servent pour embellir mais restent presque toujours enfermés.

Ou bien comme l'argent caché jalousement et qui, en revanche s'il circulait librement, pourrait devenir utile. Savoir est pouvoir : un pouvoir qui vient de l'action. Tu pourras employer ce pouvoir chaque fois que tu le voudras parce que ce n'est qu'en agissant et en expérimentant que tu sauras et comprendras si ce que tu fais est bien ou mal, si tu vas dans la bonne direction ou dans la mauvaise ». Et alors qu'elle prononçait ces paroles, elle approcha ses mains du front de Kantu, appuya les pouces à la naissance du nez, les autres doigts étant sur les tempes.

« Les pensées des êtres humains, très souvent, sont confuses parce qu'elles n'ont aucun but ou finalité ; la direction du propre chemin se trouve uniquement dans l'action. Par exemple, si tu veux prendre une route, tu commenceras à te rendre compte que tu es en train de le faire seulement après avoir commencé à marcher et alors ainsi, tu pourras voir ce qui t'attend plus loin ; si au contraire tu t'arrêtes, tu ne sauras pas exactement dans quelle direction ce chemin te conduirait et tu serais perdue. Et même, si tu dois marcher et finir par te perdre, tu pourras toujours revenir en arrière et chercher de nouveau ta route ».

Kantu écoutait attentivement tout ce que Mama Maru lui disait. Subitement, elle sentit une chaleur intense sortant des mains de l'ancienne et pénétrant jusqu'aux endroits les plus profonds de son être. Elle eut peur : elle sentit une sorte de décharge électrique qui, du coccyx, montait jusqu'au cerveau.

Quelque chose en elle bougea, lui faisant presque perdre conscience. Elle sentait un bourdonnement constant en elle, similaire au sifflement d'un serpent. Les yeux fermés, elle percevait un univers constellé de points lumineux qui s'éloignaient et se rapprochaient en une fraction de seconde. Puis elle fut envahie d'une somnolence qui la poussait toujours plus loin dans le règne de l'inconscience, même si dans sa tête la voix de la curandera continuait de résonner : « Les pensées des êtres humains, très souvent, sont confuses parce qu'elles n'ont aucun but ou finalité… la direction du propre chemin se trouve seulement quand on agit. Et même si tu dois marcher et finir par te perdre, tu pourras toujours revenir en arrière… »

29. Pomme de terre sèche déshydratée et stérilisée.
30. Pierres de cristal aux pouvoirs magiques.

10.
POUR VAINCRE, IL FAUT PRENDRE DES RISQUES

L'aube pointait quand Kantu se leva pour faire ses exercices matinaux. Condori lui avait conseillé de se lever tôt pour absorber l'énergie accumulée entre le ciel et la terre. « Une demi-heure avant le lever du soleil, fais une promenade pour te réveiller et prépare ton corps à la pluie d'énergie qui descend à l'arrivée des premiers rayons de notre *Tata Inti*[31] » lui avait-il dit.

Kantu mettait en pratique ce conseil tous les jours. Ce matin elle était debout, déjà habillée, se protégeant du froid sous une couverture. Devant la porte, elle contemplait le paysage du matin. Aux premières lueurs de l'aube, le profil des montagnes apparaissait complètement voilé. A l'ouest régnait encore l'obscurité tandis qu'à l'est les nuages étaient illuminés de lueurs fumées, qu'un peintre aurait peintes en rouge, orange, et or. Derrière les montagnes semblait se lever une auréole de lumière, un contraste de couleurs rouge brique allant jusqu'aux tons dorés, délimitant avec précision le profil gris vert des montagnes. Les matinées sur les Andes étaient fraîches, c'était le moment où la vie renaissait après un intervalle d'obscurité. Kantu sortit de l'habitation et, entre les bâillements, elle s'étira lentement comme un félin, et commença à faire les premiers pas.

L'air frais lui piqua le visage et le corps, la réveillant complètement. Elle vit Mama Maru qui retournait vers la maison après avoir fait sa promenade matinale. A la lueur de l'aurore, le visage de la curandera semblait voilée de noir ; pendant qu'elle s'approchait à pas lents on pouvait apercevoir le profil de son chapeau, le manteau qui la couvrait du cou à la taille et les jupes qui lui arrivaient jusque sous le genou. Cette même lumière inondait les murs de pierres grises et de terre rougeâtre et les toits de paille des maisons d'en face, mettant en valeur les dégradés de plomb au café doré. Son regard se posa ensuite sur une cour cerclée de pierres, un troupeau de lamas et d'alpagas s'y reposant. Certains dormaient encore, d'autres, protégeant leurs oreilles attentives, commençaient à bouger dans la lumière incertaine du matin.

Dehors l'atmosphère était sereine, silencieuse, fraîche. Au loin le chant sonore d'un coq, le gazouillement de quelques moineaux auxquels se joingnait ensuite le gargouillement des lamas saluant le nouveau jour. Tout semblait renaître dans une grande harmonie de sons et de couleurs. Kantu inspira profondément, se remplissant les poumons d'air. Bougeant sa tête de façon rythmique de gauche à droite, elle commença sa promenade matinale. Le terrain emprunté était stérile et irrégulier, pourtant, de ses mouvements légers et cadencés, il semblait qu'elle marchait sur de la paille. De temps en temps, elle s'arrêtait pour reprendre son souffle et remplir ses poumons non seulement d'oxygène des montagnes, mais aussi de l'énergie éthérée qui, à cette heure, était très concentrée. Condori lui avait dit : « Les premiers rayons de Tata Inti sont un aliment pour tous les êtres vivants. Et les rayons du soleil mélangé à l'air sont le souffle de la *Pachamama* que nous respirons. C'est pour cela que les animaux, surtout les oiseaux, chantent à la vie tous les matins. »

Quand le roi de tous les astres apparut dans toute sa splendeur, Kantu s'arrêta pour le regarder à la cime des montagnes.

Elle respira plusieurs fois, les yeux ouverts et les bras tendus vers Tata Inti, en murmurant : « Père Soleil, tu es la lumière et la chaleur pour notre peuple. Tes rayons dorés embrassent la terre en lui donnant la vie, après une nuit d'absence, tu reviens vers nous rajeuni, fort et puissant ». Ses lèvres continuèrent de bouger, sa gorge entonna un son, un chant d'amour à la vie. Autour d'elle, les champs grisâtres devenaient dorés et des plantes et des arbustes émanait la même splendeur. Elle regarda les lamas et les alpagas, ils étaient tous debouts entourés d'une sorte d'aura. Oui, il n'y avait aucun doute : le soleil était la chaleur, la vie, le réveil ! ».

Les exercices terminés, elle se dirigea vers Mama Maru restée à la regarder en silence, les yeux imprégnés d'une lumière surnaturelle. De son visage énigmatique émanait un regard magnétique qui fascinait et faisait peur à la fois et auquel on ne pouvait se soustraire. La curandera se rapprocha toujours plus, en la fixant droit dans les yeux sans ciller. La force de son regard la subjuguait, l'hypnotisait presque. Soudain, tout se mit à tourner autour d'elle et elle se sentit tomber dans une sorte d'abysse lui donnant l'impression de se trouver au beau milieu d'une turbine tournant de manière vertigineuse, lui faisant perdre le sens de l'orientation. Reprenant le contrôle de soi, elle se retrouva devant l'ancienne indienne qui, d'une voix calme lui dit : « Aujourd'hui tu commenceras ton apprentissage avec ce serpent que j'ai apporté jusqu'ici de la vallée tempérée. Tu resteras avec lui jusqu'à ce que tu parviennes à lui caresser le dos neuf fois avec la main droite, de droite à gauche et puis neuf fois avec la main gauche, de gauche à droite ».

Dès qu'elle vit le Jergón de la Costa, elle frissonna de la tête aux pieds ; le long animal s'enroulait, serré dans la main de l'ancienne. A l'idée de devoir le toucher, elle fut reprise par la peur, la répulsion et la crainte de l'inconnu. Cette peur était l'héritage d'une éducation reçue par les sœurs au collège. « Le serpent est le diable en personne » lui avait été constamment répété et depuis le dégoût ne l'avait plus quitté. Une peur que Mama Maru semblait ignorer, peut-être justement parce qu'elle connaissait mieux ces animaux. Condori lui avait dit à son sujet : « Elle est parvenue à dompter le serpent et maintenant c'est une femme courageuse, une gagnante, une femme libre et indépendante ». La femme reposa le serpent dans une cavité, et retourna vers la jeune fille restée là, pétrifiée par la peur. Passé le premier moment de terreur, Kantu reprit son calme et chercha de paraître sereine même si elle était encore secouée. Pour faire plaisir à sa maîtresse, elle s'inclina devant elle en la saluant.

« Mama Maru, tu t'es levée avant moi et pourtant je te vois fraîche et pleine d'énergie. Dis-moi, que dois-je faire pour commencer mon apprentissage ? » lui demanda-t-elle.

« Durant toute la journée, mais sans trop t'approcher, tu observeras le serpent : tu ne devras pas le perdre de vue un seul instant. Si tu es distraite, tu seras punie ou carrément renvoyée » répondit l'ancienne sans prêter la moindre attention à l'aimable salut de la jeune disciple. « Oui, grand-mère, je ferai très attention » répondit Kantu se mordant la lèvre inférieure essayant de réprimer son désir de lui répondre ou de l'envoyer au diable. Elle voulait être courtoise même quand la curandera l'agressait verbalement. « Alors sois prudente. Le serpent est caché dans cette cavité couverte par une pierre plate. Ne t'approches pas trop, il est susceptible et parfois, de mauvaise humeur. » Et après lui avoir donné ces conseils, elle s'éloigna.

Kantu resta là, immobile, puis elle s'assit attendant que le serpent sorte de son trou. Plusieurs heures passèrent sous le soleil brûlant, sans rien boire ni manger, elle resta là, tranquille.

Elle avait attendu longtemps et, un moment, elle avait pensé que le serpent n'était plus là. Mais elle ne voulait pas bouger parce que Mama Maru lui avait dit clairement qu'il s'agissait d'un devoir. Elle avait mal aux yeux et au dos, elle était tendue et, par sa posture incommode, ses jambes s'étaient engourdies. Elle se les massa plusieurs fois sans perdre de vue l'ouverture.

A un certain moment, voilà que finalement, le serpent sortit. Il avança lentement, formant des demi-cercles de son long corps. Elle le regarda apparaître avec cette gueule serrée, ronde, légèrement écrasée et noirâtre, les narines semblaient des antres ténébreux et, dans ses yeux circulaires couleur gris fumée, se devinait à peine la petite pupille noire. Le serpent, comme s'il voulait répondre à son profond désir de l'observer attentivement, s'arrêta à un mètre et demi d'elle et la fixa. Kantu resta immobile sans faire le moindre bruit, et se limita à le regarder en silence.

Sa peau écaillée était dessinée de figures géométriques, et brillait sous le soleil de reflets argentés. Peu après, l'animal se dirigea vers la cour et s'introduisit dans une fissure si petite que Kantu pensa qu'il ne pourrait passer. Elle ne le perdit pas de vue et, la queue disparue dans le trou, elle courut de l'autre côté du mur à pas légers ; elle était sûre que le serpent percevait le moindre son. Elle vit Mama Maru, le bras droit appuyé sur le mur qui chantonnait une chanson monotone et aiguë : « *Nenri, nenri, nenri, nenri* ». Au son de cette ritournelle, le serpent sortit de sa cachette et s'approcha de l'ancienne, glissa droit vers son bras tendu et s'enroula autour, posant la tête sur son épaule. Kantu observa la scène absolument stupéfaite, sans mot dire.

« Ce serpent est docile avec moi, il m'obéit parce qu'il sait que c'est moi la plus forte. Il commence à me connaître, mais je dois quand même être prudente » dit-elle en le déroulant de son bras pour le reposer délicatement sur le sol. Le serpent s'éloigna en émettant un sifflement, il avançait avec la bouche ouverte, la langue fourchue sortie, zigzaguant gracieusement ; et il se mit dans un coin de la cour, s'enroulant sur lui-même.

Kantu fut étonnée de la familiarité de l'ancienne femme avec le serpent et, sans quitter des yeux l'animal, lui demanda : « Grand-mère, comment se fait-il que tu possèdes ce serpent ? Depuis combien de temps l'apprivoises-tu ? ».

« Je l'ai recueilli dans la vallée tempérée quand j'ai su que tu allais venir. Ici il y a seulement des serpents plus petits qui ont peur de l'homme, celui-ci en revanche, capte et comprend les pensées des êtres humains. Si tu t'approches sans peur, il ne te fera rien ; mais si tu t'approches de lui apeurée, il cherchera de faire croître ta peur, parvenant à s'approprier un peu de ton énergie vitale. C'est pour cela que tu dois toujours être vigilante et attentive : souviens-toi que sans ton énergie vitale tu es une femme morte ».

Kantu poussa un profond soupir se souvenant que, bientôt, elle devrait passer sa main sur le dos de l'animal une bonne dizaine de fois. A un moment ou à un autre, elle devrait surmonter cette épreuve qui pourrait également lui coûter la vie. « Va manger quelque chose et reviens ici. N'arrête pas de l'observer ou que tu ailles. Observe tout ce qu'il fait et rappelle-toi qu'ensuite je te demanderai le compte rendu de ses mouvements ». « Oui grand-mère ».

Kantu marcha rapidement vers la cuisine. Elle mangea un peu de maïs cuit et des figues sèches et retourna vers Mama Maru qui, d'une main, lui indiqua l'endroit où se trouvait le serpent à ce moment-là. C'était un trou dans le mur qui, probablement, cachait une grande cavité.

Ce jour-là et le suivant, Kantu continua à observer le serpent jusqu'à se familiariser avec lui ; elle surveillait chacun de ses mouvements et explorait le moindre indice qui lui permettait de le dompter et d'anéantir sa peur. Plus elle observait, moins elle avait peur. Elle devait néanmoins être toujours prudente et vigilante : la plus petite inattention pourrait lui être fatale. Le serpent lui enseignait beaucoup de choses, par exemple que, dans la vie, tout est mouvement alors que la mort est immobilité. Elle se souvint de ce récit glaçant, narré par Apolinario quand celui-ci travaillait dans un camp minier à proximité de la forêt amazonienne, attentif, usant de mille précautions avec le serpent. « Un jour, alors que je marchais au milieu des arbustes et des cailloux, je sentis des dents aiguisées s'enfonçant dans mon mollet suivi ensuite par un coup de queue qui me heurta. C'était un serpent à sonnette, mais je réagis trop tard alors que le serpent disparaissait au milieu des herbes. Je regardais l'endroit qui me brûlait pour voir s'il y avait les traces de morsure, sitôt trouvées, je sortis le couteau que je portais à la ceinture et je me le plantai dans la chair en essayant de couper le morceau infecté par le venin. Je sentis une douleur atroce, mais la supportai stoïquement parce que je savais qu'il y allait de ma vie. Je coupai le morceau de chair, me suçant la blessure et crachant le venin. Je cueillis de la *contrahierba*[32], la pilais entre deux pierres et la mis sur la blessure qui saignait ; puis je déchirais un lambeau de chemise et en fis une écharpe avec laquelle je bandai la blessure la serrant avec une molette afin d'arrêter la circulation du sang empoisonné.

Je retournai au campement boitant, hurlant de douleur, angoissé de devoir mourir entre cris, convulsions et délires atroces. Par chance, mon ami Paxi était là, un indien. Il examina immédiatement la blessure, mit un autre emplâtre d'herbes et grimpa rapidement sur un monticule, chassa un singe et lui prit le foie que, plus tard il me fit manger cru, alors qu'il m'emmenait vers le fleuve. La jambe avait déjà commencé à enfler. Je me sentis très mal, j'avais la gorge sèche, la langue pâteuse et acide. J'étais complètement dans le brouillard, je me souviens de tout comme s'il s'agissait d'un rêve : tout d'abord je me sentis traversé dans tout le corps par un ardent tison, je m'immergeai dans les eaux du fleuve et, à ce moment, la fièvre cuisante s'en alla. Par la suite, il me ramena au campement où je restais sans forces durant quelques jours. » Kantu se souvenait de cette histoire chaque fois qu'elle regardait le vénimeux jergón. Mais elle n'avait pas le choix : elle devait rester près de ce serpent même si l'idée lui déplaisait.

Le troisième jour, Mama Maru lui enseigna à éviter la morsure des serpents les plus vénimeux : « Les serpents peuvent être très dangereux. Il y en a trois types : les premiers sont ceux qui s'effrayent facilement, qui fuient et qui, dès qu'ils sentent le pas de l'homme, s'échappent et attaquent seulement s'ils se sentent piégés. Les seconds sont agressifs, pervers, de mauvais caractère et, quand ils se fâchent, ils ont l'habitude de tourner en rond. Parfois, quand ils ne parviennent pas à mordre l'homme, ils se mordent eux-mêmes finissant par se suicider tout comme font les êtres humains. Enfin, les derniers sont des serpents sereins, normalement très grands, pacifiques et sages qui, parfois, protègent les enfants en danger, ils meurent seulement de faim ou de mort naturelle. A ce propos je vais te raconter une histoire : « Un colonel qui vivait dans la forêt avec son épouse et son fils, dut un jour emmener sa femme gravement malade au centre hospitalier le plus proche ; ne pouvant pas emmener son fils de cinq ans, il l'enferma dans sa chambre avec de l'eau et de la nourriture, en lui recommandant de ne pas sortir. Se sentant seul le pauvre petit se mit à pleurer désespérément.

Près de leur maison vivait Yakumama, un grand serpent qui, souvent, se laissait approcher par l'enfant et jouait avec lui. Quand le reptile entendit ces pleurs, il se faufila par une ouverture de la maison pour aller tenir compagnie au bambin. Voyant le serpent, il se calma, joua avec lui et enfin s'endormit, le serpent le veilla afin qu'à son réveil, il ne se retrouve pas à nouveau seul. Durant ce même après-midi, un jaguar, qui avait vu s'éloigner le colonel et sa femme, friand de viande tendre d'enfants, s'approcha silencieusement de la maison où était enfermé le petit et, dès qu'il sentit l'odeur, essaya d'y pénétrer. Ne trouvant même pas une petite fissure, il commença à griffer les murs faits de bois et de lianes. L'enfant se réveilla apeuré mais, dès qu'il vit Yakumama à ses côtés, il se tranquillisa. Peu à peu le jaguar réussit à se faire un passage dans la cloison et il se faufila dans la maison, se lança sur l'enfant quand soudain, un fort coup de fouet le frappa en pleine face, l'éloignant ainsi de sa proie : c'était Yakumama, intervenu pour défendre son ami. Le jaguar, alors, décida d'abord de se débarrasser du serpent. Il se lança brusquement sur la tête du reptile le blessant avec les pattes antérieures mais rapidement, le serpent s'entortilla, l'enveloppant complètement ; et ainsi, alors que le félin le couvrait de morsures, Yakumama l'enserrait, l'étouffant d'une prise mortelle. Moribond, le serpent ne lâcha pas son adversaire avant que celui-ci n'exhale son dernier souffle ; alors, blessé, il rampa et mourut. Le pauvre enfant assista tétanisé à toute la scène et, dès le retour du père, il lui raconta l'événement. Le colonel comprit alors que Yakumama avait défendu son fils d'une mort certaine ».

Kantu écoutait en silence chaque détail de la description des serpents et Mama Maru continua : « Il y a deux façons d'apprivoiser les serpents : avec la voix et avec le regard. Avec la voix, il faut des mots de pouvoir. Ce sont des mots qu'il ne faut pas simplement se contenter de prononcer à haute voix, mais qu'il faut aussi répéter mentalement. Ta première étape d'entraînement et de transmission de pouvoirs basés sur l'observation durera, à partir de maintenant, sept jours : durant ce laps de temps, tu devras apprendre à percevoir les bruits que le serpent fait, à comprendre ce qui lui plaît et ce qui le rend furieux. Maintenant, regarde-moi très attentivement en silence : je te montrerai comment agit ce serpent ».

Mama Maru haussa la voix et émit des sons, puis, d'un seul coup, se tut et se mit à tapoter délicatement les pierres qui couvraient la cavité dans laquelle le serpent s'était enfilé. Successivement, d'une voix aiguë, elle commença à prononcer de façon continue des paroles en quechua, à la fin elle ordonna au serpent de sortir de sa cachette.

« Il dort dans le trou de cette cloison. Il n'aime pas être dérangé et il pourrait répondre de manière agressive et même t'attaquer, même te connaissant. Il pourrait aussi le faire avec moi, c'est pour cela qu'il faut toujours rester sur ses gardes ».

Puisque le serpent ne répondait pas aux appels de la femme, Mama Maru se remit à chanter et à prononcer les mêmes mots d'une voix plus forte et déterminée. Cette fois, comme s'il répondait réellement à son appel, le serpent sortit de mauvaise grâce et de manière agressive. Mama Maru allongea le bras vers lui sans cesser de le regarder dans les yeux. C'était un duel de regards. Alors le serpent se dressa en position de défense, mais ensuite il se rabaissa et alla se poser docilement sur la main de Mama Maru. Celle-ci le souleva en le maintenant assez haut afin que Kantu puisse le voir de près. Le serpent était emprisonné dans les mains de l'ancienne, mais ne faisait rien pour se libérer.

Une fois qu'elle avait démontré à la jeune fille le pouvoir qu'elle était en mesure d'exercer sur ce serpent, Mama Maru le déposa à terre et il se dirigea rapidement vers la cavité de laquelle il était sorti. La curandera haussa de nouveau la voix et lui ordonna de s'arrêter : le reptile s'arrêta aussitôt.

« C'est comme cela qu'il faut apprivoiser le serpent. Et c'est comme cela qu'il faut surmonter la peur » conclut l'ancienne.

Durant les jours suivants, Mama Maru ne cessa de la conseiller : «Utilise la voix et les yeux, si tu veux réussir à l'apprivoiser ». « Tu dois lui enseigner à ne pas désobéir à tes ordres et beaucoup te concentrer » lui répétait-elle. Kantu écoutait en silence, avec grande attention jusqu'à ce qu'une après-midi Mama Maru lui dise : « Dans la vie, il n'est pas suffisant de savoir vivre avec eux, mais il est fondamental d'apprendre à connaître et à affronter les serpents de n'importe quelle espèce. Dans ce but, je vais maintenant te montrer un serpent très dangereux ».

L'ancienne la conduisit jusqu'à une vallée à la végétation épaisse, elle s'arrêta près d'un arbre et commença à froncer le nez, ouvrant et fermant rapidement les narines, comme si elle humait quelque chose.

« Un jour, ici, je vis une famille de serpents à sonnette. J'en sens… » expliqua-t-elle très sûre d'elle. « Mama Maru, c'est impossible que tu parviennes à sentir un serpent. Les serpents ne sentent rien, ils n'ont pas d'odeur ».

« Ça c'est toi qui le dit, car tu ne possèdes pas un sens olfactif fin comme le mien : les serpents dégagent une odeur, comme tous les autres animaux. Maintenant laisse-moi travailler, je dois me concentrer intensément pour en localiser un et lui ordonner de ne pas me mordre ».

Donc Mama Maru ferma les yeux et renifla partout, comme si elle était un chien de chasse. Les yeux fermés, elle ouvrit les mains, étendit les bras et les pointa comme des antennes dans plusieurs directions. Puis elle ouvrit les yeux, se dirigea vers un trou et se mit à crier : « Serpent, je sais que tu es là, sors ! Par le pouvoir que je possède, je t'ordonne de sortir immédiatement ! ».

Le temps passait mais le serpent ne semblait pas sortir de sa tanière. Alors, Mama Maru, avec les yeux scintillants et les lèvres tendues, cria d'une voix fâchée : « Sors de là, je te dis ».

Etant donné qu'il ne se décidait pas à sortir, Mama Maru s'accroupit et, utilisant ses doigts en guise de griffes, elle commença à agrandir l'entrée de la cavité. Kantu ne pouvait pas voir le serpent qui, assurément, se tenait dans la partie plus profonde du refuge, mais l'ancienne continua à creuser en chantant et en parlant à voix haute. Elle s'approcha encore plus du trou, introduit son bras jusqu'au coude et le retira rapidement en en tirant un vers elle. Le serpent se contorsionnait en colère, mais Mama Maru le tenait fermement, l'avait attrapé avec force, comme s'il s'agissait d'une corde flexible et sans vie. Elle le regarda fixement et lui dit : «Tu aurais dû sortir quand je t'ai ordonné de le faire ! Par le pouvoir que j'ai sur toi, maintenant tu m'obéiras ».

Ainsi dit, elle le jeta par terre, le serpent s'enroula immédiatement sur lui-même et prit la pose d'attaque. Mais, Mama Maru fut plus rapide et, le prit par la queue alors que celui-ci s'en retournait en cherchant à fuir sa chasseresse. Il ne parvint pas à se débattre dans cette main qui, d'un mouvement rapide, le prit par le cou et le souleva. Le reptile se cambra sifflant furieusement. Mama Maru le tenait avec fermeté et lui, se rendant compte de ne pas avoir le dessus, s'apaisa. Alors l'ancienne, en se tournant vers Kantu, dit : « Tu vois ? Tu es convaincue ? Ce serpent est venimeux, est grand, mais ne mord pas. Il ne peut pas me mordre parce que je lui ai interdit de le faire. Et ensuite, il ne peut me désobéir parce que maintenant il sait qui est le plus fort ».

Puis, relâchant la main, elle le laissa glisser à nouveau à terre. Une fois libre, l'animal se mit à zigzaguer et Mama Maru, par précaution, lui appuya la main sur la queue, l'empêchant ainsi de s'enfuir. Kantu l'observait attentivement. L'animal mesurait environ un mètre cinquante et pouvait avoir trois ou quatre centimètres de diamètre. Ces yeux qui, au début, lui paraissait sinistres et menaçants et qui avaient regardé Mama Maru d'un air assassin, semblaient maintenant avoir compris que la lutte entre lui et cette femme était désormais terminée.

La curandera, alors, lui ordonna de poser la tête sur sa main alors qu'en même temps, elle le persuadait : « Tu ne pourras pas me mordre et tu ne devras pas me mordre car je suis Mama Maru, la femme serpent. Mon pouvoir est supérieur au tien ».

Le serpent, les yeux encore fixés sur elle, chercha à se débattre en une inutile tentative de rébellion ; finalement il se rendit, arrêtant de siffler, il étendit doucement la tête sur la paume de la main de la curandera. Kantu, n'ayant jamais rien vu de pareil, resta pantoise devant ce spectacle impressionnant et surréaliste.

Le serpent, entretemps, avait ouvert la bouche laissant ainsi voir à Kantu ses dents incurvées liées à deux sachets de venin suffisant pour tuer une personne. Un frisson de terreur s'unit au sentiment de profond respect qu'elle éprouvait pour le pouvoir que Mama Maru exerçait sur ces animaux.

« Pour apprivoiser un serpent, tu devras utiliser ta force mentale avec laquelle tu devras réussir à le persuader qu'il ne peut et ne doit pas te mordre. Tu devras mettre une grande force à ton chant, faisant naître les sons à la hauteur de ton ventre, c'est seulement ainsi que tu l'assujettiras. Pour l'apprivoiser complètement et le soumettre à ta volonté tu devras utiliser tes yeux.

Tu ne devras pas douter de toi, de ton pouvoir, de ta volonté, pas même un instant !» lui recommanda Mama Maru.

Kantu continua d'exercer son chant et son regard ne cessant, en même temps, d'observer le serpent de la maison de Mama Maru.

Au sixième jour, les yeux du serpent et les siens se croisèrent. Surmontant la terrible peur qu'elle éprouvait, elle se prépara à affronter le grand défi de sa vie : doucement elle ordonna au serpent de s'approcher d'elle et, restant debout, la paume de la main vers le haut, elle tendit le bras vers le reptile. L'animal glissa sur la paume de sa main sans la mordre et Kantu sentit une sorte de familiarité, elle n'éprouvait plus pour lui la peur qui la bloquait avant. Elle le prit donc délicatement par le cou et le souleva, pendant qu'avec l'autre main, elle déroula les anneaux qui s'étaient entortillés autour de son bras à demi nu. Puis elle le déposa à terre et respira soulagée en constatant que le serpent obéissait à sa voix. Une fois à terre, le serpent continua tranquillement son avancée vers le mur. Mama Maru lui avait expliqué que les serpents pouvaient s'endormir ou s'arrêter au son de sa voix ou à son regard. Durant les jours précédents, Kantu avait exécuté un chant aigu et monotone, très efficace dans ces cas-là. Alors elle fit l'essai : elle émit ce son et ordonna au serpent venimeux de s'arrêter. Avec toute la force qui naissait en elle, elle répéta plusieurs fois l'ordre de lui prêter attention de s'arrêter et, obéissant, le serpent s'arrêta, il se retourna complétement sur lui-même et glissa vers elle menaçant. Leurs regards de défi se croisèrent. Le serpent paraissait furieux mais Kantu sûre d'elle, pensa : « Je suis plus forte que toi » et d'une voix profonde et impérative elle lui ordonna : « Arrête-toi ! ». Sans détacher son regard d'elle, le serpent s'arrêta. Kantu vivait les jours les plus intenses de sa vie. Un serpent lui faisait mettre à l'épreuve toutes les sensations connues et inconnues. Ce fut ainsi que Kantu fut convaincue que le ton de la voix qu'elle utilisait était en mesure de s'imposer au serpent et de lui démontrer qu'elle était plus puissante. Maintenant il ne lui restait plus qu'à utiliser le pouvoir des yeux.

Le septième jour, la pensée que ce fut le dernier jour à sa disposition, sa dernière opportunité, la rendait extrêmement inquiète. Elle repensa à ce que lui avait dit Mama Maru à propos du pouvoir de la voix et des yeux. « Qu'avait-elle voulu dire avec ce pouvoir des yeux ? ». Tant Anselmo que Condori lui avaient dit que les femmes sont en mesure de projeter leur pouvoir intérieur en se servant des yeux. Que voulait dire cela ? Comme un chasseur patiemment posté en attente de sa proie, elle resta là toute la matinée, sans bouger, à attendre. Elle se mit à fixer la cachette du serpent, elle analysait chaque détail mentalement, chaque mouvement vécu durant les derniers jours. Subitement, elle se souvint d'un détail qu'elle avait négligé : quand Mama Maru voulait immobiliser le serpent, d'abord elle regardait fixement le soleil durant quelques minutes avec les yeux grands ouverts. Immédiatement, les paroles d'Eusebio Laura lui vinrent en mémoire, un ancien paysan, un virtuose de la flûte de pan, qui vécut durant de nombreuses années dans les vallées froides et tempérées :

« Pour parvenir à capturer un serpent, il faut d'abord l'hypnotiser, l'étourdir avec la lumière des yeux et, ainsi fait, l'animal se calme. Il faut fixer le soleil et puis diriger immédiatement son regard sur le sien ». Elle pensa et repensa à cette possibilité : mais bien sûr ! La solution pour surmonter une fois pour toute l'épreuve devait être celle-là ! ». Plusieurs heures passèrent. Kantu attendit patiemment, affamée et assoiffée du fait de la chaleur, le dos douloureux, mais imperturbable.

Voilà soudain que le serpent fit son apparition. Prudemment, il commença à glisser dehors, s'arrêtant un instant comme pour sentir l'ambiance ; puis tout son long corps.

Kantu voulut mettre à l'épreuve le pouvoir de ses yeux. Le soleil était haut, presque perpendiculaire, elle le contempla longtemps, sans faire attention au serpent. Puis, avec les yeux encore éblouis de l'intense réverbération des rayons du soleil, elle tourna la tête et posa son regard sur les yeux du serpent qui glissait vers elle. Elle réussit à distinguer seulement des tâches grises et noires sur la tête de l'animal qui, se sentant observé, s'arrêta, restant immobile. Quand elle retrouva une vision normale, elle vit que le serpent se tenait là, rigide, calme, comme assoupi. En s'armant de tout son courage de femme amoureuse résolue à faire n'importe quoi, elle allongea la main droite vers le dos de l'animal, la posa sur lui et le caressa délicatement une seule fois. Le serpent ne fit aucun mouvement, Kantu alors, sans cesser de le fixer dans les yeux, le caressa huit autres fois et fit la même chose de la main gauche. L'animal ne bougea pas, resta tranquille jusqu'à ce qu'elle baisse le regard. Quand elle l'eût caressé des deux mains, elle regarda ailleurs : ses yeux étaient tendus et irrités, et elle battit des paupières plusieurs fois. Le serpent, comme s'il fut soudainement réveillé, retrouva à nouveau sa mobilité et sifflant glissa sinueux, s'éloignant dans la direction opposée à sa cachette et disparut rapidement dans une autre cavité.

« Magnifique ! Très bien ! Tu es parvenue à apprivoiser le serpent ! Et tu l'as fait selon les termes établis ! » entendit-elle derrière ses épaules : c'était la voix de Mama Maru qui était restée cachée à observer toute la scène. Kantu se retourna et la regarda ; sur son visage d'habitude sans émotions s'était dessiné un grand sourire. Elle se rendit compte alors que l'ancienne avait vu ce qui s'était passé. Mais, était-elle venue seulement à ce moment ? Depuis combien de temps l'observait-elle ? se demanda Kantu étonnée. « Mama Maru, je ne t'ai pas entendue arriver. Tu t'es approchée silencieusement et vraiment au bon moment ». « La vraie femme doit se déplacer comme le serpent : elle doit savoir s'approcher et s'éloigner sans se faire remarquer ». Et, souriante, elle ajouta : « Le mouvement de la femme doit être comme une caresse ».

Kantu savait maintenant qu'elle pourrait répéter ce qu'elle venait de faire maintes et maintes fois, maintenant elle savait ce qu'elle devait faire. En cet instant, elle oublia toute la fatigue, la faim, la tension subie durant ces sept derniers jours, jours qui lui semblèrent interminables et durant lesquels elle avait revécu de nombreux moments de sa vie. Elle avait été seule, complètement concentrée sur ce défi. « Bien, pour conclure la journée nous retournerons où nous avons déjà été » dit Mama Maru. « Seulement de cette manière je serai convaincue que tu peux vraiment ». Durant ces jours, elle avait découvert d'elle-même que la foi, la force de la pensée et la volonté jouent un rôle fondamental dans l'apprivoisement d'un animal. Les deux femmes retournèrent dans la vallée où Mama Maru captura deux serpents à sonnette qu'elle mit dans un panier et emmena en plaine. Là, où il n'y avait ni cailloux, ni cavités mais seulement de la terre, les serpents pouvant ramper et non se cacher. Mama Maru passa la main dans le panier, attrapa un serpent et, le tendant à Kantu, lui ordonna : « Prends celui-ci, n'aie pas peur ». L'ordre péremptoire de la curandera fit sursauter Kantu. Les deux femmes se regardèrent dans les yeux. Comme si, entre elles, ce fut établi une communication télépathique, Kantu comprit à l'instant : admettre sa peur envers ce serpent, en ce moment si crucial de son existence, signifiait son échec et, peut-être aussi le renoncement à faire partie du groupe de femmes courageuses disposées à donner la vie par amour.

La situation exigeait une décision immédiate. Avec un léger tremblement et regardant le serpent droit dans les yeux, elle pensa : « Je suis plus forte que toi, tu ne peux et ne dois pas me mordre ! » Puis elle allongea une main et prit le serpent par le cou alors qu'avec l'autre elle maintenait la queue immobile.

Jusqu'ici, la peau des serpents lui était toujours parue froide et visqueuse, alors que maintenant la sensation qu'elle éprouvait en la touchant n'était pas du tout désagréable. Le serpent leva les yeux et regarda sa nouvelle chasseresse. Il semblait s'être rendu compte qu'il était passé dans d'autres mains à chaleur différente. Il ne se démenait pas, au contraire, il resta immobile et vigilant, le corps rigide. Kantu sentit un nouveau frémissement de peur, naturel et inévitable à ce moment, mais qui disparut presque immédiatement. Poussée par une énorme force de volonté et déterminée à aller de l'avant, elle maintint ses yeux dans ceux du serpent. Se sentant observé avec insistance, celui-ci, sans cesser de la regarder, fléchit son corps, le tordant d'abord d'un côté, puis de l'autre. De temps en temps, il émettait un sifflement ou respirait péniblement. Comme preuve de courage, Kantu approcha la tête du serpent de la sienne : l'animal se calma, de manière incroyable. Mama Maru, alors, le lui prit des mains et le remit dans le panier ; puis elle sortit l'autre et posa par terre ordonnant à Kantu : « Kantu, dompte ce serpent et ne le laisse pas s'échapper ».

Se voyant libre, l'animal commença à ramper à la recherche d'une fissure dans laquelle se cacher et fuir Kantu qui le suivait. Mais n'en trouvant pas et se sentant traqué, il s'arrêta et se retourna sur lui-même dans une attitude de défense alors que la queue émettait le caractéristique crépitement des grelots. Kantu, le regard fixe dans celui du reptile, se concentra mentalement et commença à chanter et à parler, infusant vigueur à ses paroles :

« Tu ne pourras pas me mordre parce que je suis plus forte que toi et je m'impose à toi ». Le serpent était irrité. Avoir été tiré de force de sa cache l'avait énervé, se voir suivi et braqué, le mit en fureur grandissante. La tête légèrement soulevée, il émit un sifflement se préparant à attaquer. Les deux adversaires maintenaient leur distance, puis Kantu commença à s'approcher du serpent. Tentant d'esquiver le regard et la prise de la jeune fille, le reptile bougeait la tête. Kantu continuait à chanter et à donner des ordres : des gouttes de sueur, dues à la tension, perlaient sur sa peau. Comme si l'autorité avait fini par s'imposer, soudain le serpent se calma, elle l'attrapa alors rapidement par le cou, le souleva de terre et lui bloqua la queue. Le serpent n'opposa aucune résistance, au contraire, il semblait disposé à se soumettre.

« Assez comme ça : maintenant je suis convaincue que tu en as le pouvoir » dit Mama Maru lui enlevant le reptile des mains et le remettant dans le panier. Alors qu'elles retournaient vers la vallée pour remettre les serpents en liberté, regardant sa disciple avec les yeux débordant de joie, l'ancienne dit : « Tu vois ? Tu les domines déjà. Tu as gagné le droit d'entrer et de faire partie du groupe des femmes serpents, de celles qui ont gagné la guerre, de celles qui connaissent l'impitoyable guerre qui afflige le monde. Nous appartenons à une autre classe, nous : nous sommes les amoureuses de la vie et de la mort. Tu as simplement ouvert une autre porte ». Ce fut ainsi que Kantu fut initiée en tant que Femme Serpent, elle prouva de pouvoir le faire, se méritant donc d'entrer et de faire partie du groupe des *Amaru*.

Sur le chemin du retour, Kantu se mit à réfléchir sur la signification d'être devenue une Femme Serpent. Petite, à l'école, elle avait étudié l'histoire de l'Ancien Pérou, parfois les professeurs passaient des diapositives de diverses zones du pays sur lesquelles apparaissaient des sculptures ou des dessins de serpents.

Dans les ruines de Chavín de Huántar, les serpents ornaient les têtes de pierres qui garnissaient l'autel majeur et qui avaient été sculptées en commémoration des hommes et des femmes plus dévoués de ce sanctuaire. Dans la Maison des Pré-élues, centre où étaient éduquées les célèbres Vierges du Soleil et dans le Temple d'Amaru de la ville de Cuzco, il y avait une multitude de serpents sculptés dans la pierre. Même dans les somptueuses demeures de certains influents gouvernants, il y avait toujours quelques pierres taillées en forme de serpent.

Bon nombre de ces personnages avaient reçu une initiation et avaient suivi un apprentissage similaire au sien. Maintenant Kantu savait que le serpent est un animal de pouvoir, énergique, mais elle avait également compris que la femme l'est encore plus. Elle commença à comprendre la signification du symbole de la femme qui piétine la queue du serpent, employée dans certaines religions. Elle comprit que la femme possède une force intérieure si puissante qu'elle peut projeter à l'extérieur à travers la voix et les yeux.

L'expérience vécue ces jours-ci avait été très dure. Pour la surmonter des nerfs d'acier étaient nécessaire, une grande détermination, du courage, de l'audace et une infinie patience dont elle avait fait preuve. Cette expérience lui démontrait qu'elle avait toujours possédé cette force en elle mais que, jusque-là, elle n'avait pas su comment l'émettre.

Même si désormais tout était passé, la jeune disciple continuait à entendre le sifflement du serpent ; une partie de ce son était resté gravé en elle. Elle se réjouit infiniment d'avoir dépassé l'épreuve d'initiation. D'un seul coup, la vie lui parut plus belle que jamais : une joie profonde l'envahit complètement alors qu'elle retournait vers la maison en marchant le long du sentier poussiéreux. Elle repensait aux paroles de Mama Maru : « Si nous voulons obtenir quelque chose nous devons oser, nous devons affronter les obstacles qui se présentent au quotidien sur notre chemin et qui font partie de la vie. Ce n'est qu'en les affrontant que l'on apprend. Nous devons être audacieux et risquer. Les obstacles surmontés nous fortifient et nous font croitre en tant qu'êtres humains parce qu'ils permettent de nous valoriser ».

Kantu regarda, maintenant avec beaucoup d'amour, sa maîtresse qui cheminait devant elle. La démarche de Mama Maru était silencieuse et sûre : il semblait qu'elle bougeait en glissant. La curandera acquit ainsi, aux yeux de la jeune fille, une puissante auréole de Femme *Amaru*.

31. Père Soleil
32. Antidote (N.d.A.). Plante appartenant à la famille des Moracées, typique de l'Amérique Méridionale utilisée comme antidote contre les serpents. D'après la terminologie française, la mûre et la figue appartiennent à cette famille (N.d.A.).

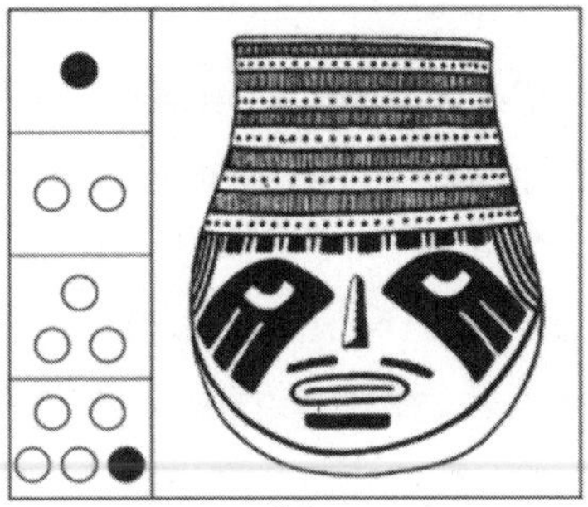

11.
COMMENT APPRENAIENT-ELLES À ÊTRE FEMME ?

Cette après-midi-là, Kantu et Mama Maru étaient assises près de l'âtre et préparaient à manger. Les nuages de vapeur s'élevant au-dessus de la marmite de terre cuite indiquaient que bientôt l'eau se mettait à bouillir. Kantu avait épluché le *chuño* mis à tremper.

Mama Maru, elle, avait écrasé une grande quantité de maïs dans le mortier de pierre. A côté du foyer, la casserole pour l'infusion de feuilles de coca, à boire après le dîner pour stimuler la digestion et se protéger du froid des nuits sur les hautes montagnes péruvienne, était prête.

« Kantu, passe-moi le *chuño,* nous devons le cuire » lui ordonna Mama Maru.

Lui passant le plat, Kantu la regarda. L'ancienne aperçut un éclat étrange dans les yeux de sa disciple y décelant la mutation, même si elle n'était pas encore consciente de ce qui avait changé en elle. Ce n'était plus la timide femme d'avant, elle était devenue une femme mûre, déterminée. Maintenant, il y avait une grande complicité entre elles et la curandera échangeait son expérience et ses connaissances avec la jeunesse et l'enthousiasme de la jeune fille. Kantu avait désormais commencé à se défaire des conditionnements de l'éducation reçue jusqu'ici et imposée par la religion et la société. Peut-être était-ce ce qui la poussa à demander à Mama Maru : « Comment apprend-on à être une vraie femme ? ».

« En étudiant attentivement la nature », répondit la curandera. « Mais, avant tout, il est important de te connaître et de t'accepter telle que tu es. Tu devras seulement être toi-même, toi-même et rien d'autre. Souvent, nous construisons notre vie en prenant des bribes de l'existence des autres et nous cherchons à nous façonner sur des modèles imposés de l'extérieur. Il est très probable que ta maman ait eu une influence sur toi ou que, peut-être, en réalité tu aies été influencée par ta grand-mère, ta tante, par une amie ou par d'autres personnes connues. Ce sont des pans de vie avec lesquels tu vas tisser un genre de couverture qui te cache aux autres et te rend malheureuse. La vraie femme découvre qui elle est vraiment et suit son chemin, pleinement consciente d'elle-même ». La jeune disciple écouta en silence les paroles de sa maîtresse, sans lui poser d'autres questions.

La curandera la regarda d'une affection maternelle. Les regards des deux femmes se croisèrent : celui de Kantu, ouvert et direct, sans peurs ou doutes soutint celui de Mama Maru, à laquelle elle dit : « Grand-mère, en y réfléchissant bien, je me rends compte que je ne sais pas qui je suis. Je peux pratiquement dire que toute ma vie a été conditionnée par l'exemple des autres femmes. J'ai toujours cherché à être comme elles et jamais à être simplement moi-même ».

Mama Maru la regarda fermement et lui répondit : « Oui, beaucoup de femmes cherchent à paraître ce qu'elles ne sont pas et peu nombreuses sont celles qui, en revanche, prennent le temps de scruter en elles pour découvrir qui elles sont et ce qu'elles veulent vraiment. Dans ton cas, la nature t'a donné un corps et une âme en lesquels réside ton esprit. Toi seule, en tant que femme, et personne en-dehors de toi, n'est en mesure de changer ta vie ». Et, pendant qu'elle mettait d'autres branches dans la cheminée, elle poursuivit :

« Seulement le jour où tu auras clarifié qui tu es, tu seras sur le bon chemin pour devenir une vraie femme. Femme, dans le vrai sens du mot, celle qui un jour deviendra la compagne d'un homme, la mère des enfants que la nature voudra lui donner et la maîtresse des deux. Elle sera une habile gérante de sa maison, une dame respectée de tous, une excellente compagne, une déesse et une artiste de l'amour. Sa prudence, sa sagesse et sa grâce seront sa principale parure. Une femme qui réveille sa vraie nature, qui réveille ses pouvoirs endormis en elle et qui rendent inutile le recours à la force, peut réussir à faire tout cela. Si tu ne le fais pas, tu resteras là à végéter comme la plupart des femmes ».

« Grand-mère, parle-moi de ce pouvoir » la supplia Kantu en lui souriant.

« L'arme la plus puissante d'une femme est son énergie intérieure qui la protège ainsi que tous ceux qu'elle aime » continua Mama Maru. « C'est pour cette raison que tu devras apprendre à te fondre dans ton monde intérieur : seulement lorsque tu découvriras ta véritable essence, alors tu pourras utiliser toute ton énergie interne. Tu es forte et dotée d'une grande énergie et c'est pour cela justement que tu appartiens au groupe de femmes capables de faire bouger le monde. Et pourtant, tu as une limite : tu ne te connais pas encore et, en conséquence, tu ne t'acceptes pas ».

Kantu écoutait l'experte ancienne, cette femme qui était parvenue à surmonter avec succès la dure école de la vie ; elle avait raison en tout ce qu'elle disait et elle faisait tout son possible pour graver dans sa mémoire chaque leçon. Mama Maru observa de nouveau Kantu et dut donner raison à Condori : « Outre sa beauté, cette jeune fille est aussi très forte et déterminée, disposée à risquer n'importe quoi pour atteindre son but ». Alors qu'elle ravivait à nouveau le feu, l'ancienne femme réfléchie, continua son discours : « La société contemporaine veut ignorer qui est vraiment la femme et cherche à en déformer le caractère dès sa naissance. Qu'apprend la femme de la société chaque jour ? A se falsifier, à cacher ses vrais sentiments, ses opinions, à masquer ses pensées ». « Mais, aujourd'hui, les femmes reçoivent une éducation, un grand nombre d'entre elles parviennent à devenir de vraies professionnelles, en mesure d'exprimer librement leurs pensées » observa Kantu.

« Ce que tu dis n'est absolument pas vrai : la majeure partie de ces femmes sortent d'une école au moule masculin qui ont fini par déformer leur vraie nature en influençant ainsi leur existence et leur enlevant la possibilité d'exprimer leur propre féminité. Des qualités comme l'intuition, la créativité, l'art, les sentiments, s'éloignent toujours plus de leur monde. Au nom du travail, ces professionnelles ont souvent dû sacrifier une partie de leur nature. C'est un phénomène typique des sociétés industrialisées ». La voix de la curandera s'interrompit un moment, puis reprit : « Ne confonds pas l'instruction avec l'éducation. Il y a beaucoup d'hommes bien instruits et mal éduqués et, au contraire, il y a beaucoup d'ignorants qui séduisent justement grâce à leur éducation : la vie quotidienne nous le démontre. Dans la majorité des centres « éducatifs » d'aujourd'hui, nombreux sont ceux qui œuvrent à détruire la vie sur terre alors que bien peu œuvrent à la défendre. Entre un scientifique sans morale ni conscience et un ignorant éduqué, le second est préférable car il ne fera jamais autant de dégâts que le premier ».

Kantu réfléchit un peu avant de répondre à ce que soutenait sa maîtresse. C'était vrai, en fait, que dans le monde sur dix savants studieux, sept travaillaient pour des industries d'armements ou pour d'autres sociétés polluantes, deux seulement luttaient pour la défense de la vie sur terre et à peine un cherchait à préserver la connaissance pure. C'était aussi vrai que les hommes civilisés avaient causé plus de dégâts à la terre que les agriculteurs ou les chasseurs, donc elle demanda : « Tu veux dire que ce serait mieux que l'homme ne soit pas instruit ? ».

« D'abord il faudrait l'éduquer et ensuite l'instruire. L'éducation est plus importante que n'importe quelle instruction ; elle se conçoit déjà au sein de la famille, chaque fois que l'on enseigne à avoir du respect pour la personne, pour ses sentiments. Ce type d'éducation a comme but principal l'humanisation de l'homme, l'instruction, en revanche, poursuit le développement de l'esprit et de la rationalité ».

« Cela signifie que la femme, pour devenir une vraie femme, doit se tourner avant toute chose vers son cœur et puis vers son esprit ? » « Exact. Ce que l'on est en train de faire actuellement envers la femme n'est rien d'autre que d'en bloquer la féminité. A l'école, au collège, à l'université, la femme apprend la pensée masculine. Là, ils n'enseignent ni à se connaître ni à se comprendre ».

Kantu dut reconnaître que sa maîtresse avait raison. « Et alors, où et comment devons-nous être éduquées ? Que devons-nous apprendre ? » demanda-t-elle extrêmement intéressée.

« Nous devrons créer une institution éducative qui corresponde aux nécessités et aux intérêts de la femme. A l'époque de l'Empire inca, il existait une institution appelée *Akllawasi* qui avait une orientation manifestement féminine. Malheureusement elle disparut il y a quelques siècles : d'abord elle a été fermée par les incas et ensuite elle fut détruite par les conquistadors espagnols. Dans ce centre, on enseignait que la femme est l'auteur de la création et de la consolidation de la société humaine, l'axe autour duquel se mouvait cette société et que l'éducation devait commencer à la maison. Parce qu'éduquer et instruire un homme veut dire former un individu qui pourrait aussi ne rien laisser derrière lui, alors qu'éduquer et instruire une femme signifie former les générations à venir ».

« Mama Maru, tu veux dire par là que la femme éducatrice doit commencer son devoir dans sa propre maison ? Et si c'est ainsi, comment doit être cette maison ? ».

« La femme doit faire de sa maison un lieu de paix, de tranquillité, de stabilité, de bonheur. Elle en fera un petit centre dans lequel elle pourra éduquer son compagnon et ses enfants. Elle canalisera les instincts de chacun en suivant leur nature spécifique, en développera le caractère, en modèlera les inclinaisons. Là, elle guidera vers la vérité, la bonté et le respect de tous les autres êtres vivants parce que l'éducation est la vie ».

La jeune médita un moment et puis demanda : « Et quel est le rôle de l'homme dans l'éducation des enfants ? »

« La femme a besoin d'un collaborateur masculin qui la seconde dans son projet éducatif. C'est pour cela que, au moment où elle devra choisir son compagnon, elle devra se faire guider par son âme et non par ses yeux. Oui, parce que si elle s'unit à un homme c'est pour parcourir toute sa vie avec lui, et avec lui se connaître, s'aider, s'appuyer l'un sur l'autre ».

« Et quel rôle ont les enfants dans la vie d'une femme ? »

« Les êtres qu'elle mettra au monde, seront une élévation pour elle parce que chaque enfant est un livre ouvert de la nature dans lequel elle pourra apprendre beaucoup de choses. La maternité est un choix, il ne s'agit pas d'une fonction purement biologique, mais aussi sociale, mentale, spirituelle. Il y a des mères biologiques et des mères spirituelles. Et, dans son rôle de mère, la femme est en mesure de faire grandir les vertus et d'affaiblir les défauts du tempérament humain ».

Pendant qu'elles poursuivaient leur conversation, la marmite signalait que bientôt le dîner allait être prêt. De temps en temps, Kantu ajoutait des branches sur le feu, attentive aux paroles de sa maîtresse. Mama Maru, voyant que tout était presque prêt, s'assit pour se reposer un peu. Quelques instants plus tard, elles mangeaient en silence. Kantu pensa au fait qu'être une femme était une chose ardue.

A l'école ou à l'université, on ne lui avait jamais parlé de ces choses ; les maîtres et maîtresses avaient évoqué certaines choses mais, aucun d'entre eux n'avait parlé de l'importance d'être une femme et encore moins de comment devait être une vraie femme. Ils se référaient toujours à la femme en termes de sexe faible, de créature inférieure, d'esclave fidèle au mari, d'un être qui devait se sacrifier pour le bien de la famille.

Ils avaient même traité la femme émancipée de rebelle, une femme réfractaire au mariage, comme si proposer l'égalité entre les sexes ou soutenir la nécessité de l'indépendance économique équivalait à un caprice ou pire, à une attaque directe à la suprématie masculine.

Dès que les deux femmes eurent fini de manger, elles rangèrent la vaisselle et Kantu reprit ses questions : « Grand-mère, comment doit être la vie de la vraie femme ? » Sa maîtresse la regarda longuement et reprit : « La vraie femme est une maîtresse de vie : elle guide son compagnon, éduque ses enfants dans l'action, les enseignements, les exemples. Kantu, souviens-toi que dans le cœur de la femme réside le puits du savoir où puisent aussi bien les génies que les idiots. La femme a besoin de disciples à aimer et à qui enseigner, l'homme a besoin d'une maîtresse qui lui suggère des idéaux à concrétiser. Homme et femme ont des rôles différents mais ont besoin l'un de l'autre pour se compléter. Un homme sans femme n'est rien, mais une femme sans homme n'est pas mieux. Séparés, nous sommes des êtres incomplets à la recherche de quelque chose d'introuvable alors qu'unis, le véritable homme et la vraie femme sont une force.

La vraie femme n'a pas besoin de se mesurer à l'homme ; elle est un être doté de certaines qualités qu'il est absurde de comparer aux masculines. La femme en communion, en coopération absolue avec son homme, entreprend le chemin de l'amour, de la vérité, du respect des lois universelles.

Une vraie femme chemine vers le futur avec amour, dévouement et consentement. Elle a un regard serein, parle avec douceur et respect, le cœur empli de tendresse. Son énergie est constituée de vibrations plus subtiles qui l'élèvent à un niveau plus spirituel. Pour cette raison, aujourd'hui encore l'on dit : « La femme ouvre la porte de l'éternité à l'homme ; la vraie femme est une demi-déesse, fille de la *Pachamama*, de la Grande Mère Cosmique, source de vie éternelle ». Et ainsi elle va vers l'éternité, la route qui permet de se fondre avec l'infini pour apprendre à comprendre et à se réaliser dans la vie ».

« Que doit faire l'homme avec la femme ? » demanda Kantu très intéressée à sa future vie.

« L'homme près d'une vraie femme se divinise » expliqua Mama Maru très sûre d'elle. « Pour découvrir les mystères de la divinité l'homme doit pénétrer dans le cœur de la femme car la *Pachamama* veut uniquement ce que désire la femme. Si la *Pachamama* est amour, la femme l'est aussi. L'homme doit considérer la femme comme la version de la nature créatrice dont la morale est basée sur le respect pour la vie ».

« En quoi consistait, dans le passé, l'éducation de la vraie femme ? » demanda Kantu.

Observant attentivement son visage, Mama Maru lui expliqua : « Jadis, pour apprendre à être une vraie femme, on devait recevoir une initiation. La femme entrait seule dans le Temple du Puma où elle restait durant sept jours et huit nuits. Installée sur une pierre du temple, elle prenait connaissance et goûtait la vraie solitude. Dans l'obscurité totale, elle affrontait sa peur de l'inconnu et, plongée dans le silence le plus impénétrable, elle cherchait à connaître sa vraie nature, et je t'assure que c'est une lutte très difficile. Le combat le plus difficile à soutenir n'est pas celui de se battre contre un adversaire, qu'il soit homme ou femme, mais contre soi-même. Là, où elle ne percevait pas le moindre bruit, la femme commençait à entendre les sons émis par son propre corps : les battements de son cœur, le son sourd des poumons, du foie, du pancréas, de l'intestin, de l'estomac, des ovaires…

Chaque organe commençait à entonner sa propre musique : des sons jamais entendus, jamais écoutés. Dans cette retraite absolue, à travers la méditation, la réflexion et l'analyse de toute sa vie, la femme vainquait ses propres peurs jusqu'à découvrir qui elle était vraiment et ce qu'elle était venue faire sur la terre. Celle qui entrait dans le Temple du Puma en sortait prête, consciente de son propre pouvoir et de sa propre force. Ainsi, même la femme stérile pouvait sortir du temple en mesure de concevoir des enfants ».

Kantu buvait les paroles de l'ancienne curandera, et cherchait à comprendre la signification de chaque mot, de chaque geste de cette femme, qui avait déjà parcouru une bonne partie de son chemin. Regardant le feu, Mama Maru continua : « Mais, pour pouvoir commencer son initiation, la femme devait d'abord surmonter une série d'épreuves qui tempéraient son caractère pour pouvoir ensuite apprendre, dans le Temple, à contrôler peu à peu son corps et son esprit. De tout ce parcours, la plus grande bataille à affronter était celle du contrôle de son esprit. En cet endroit, elle était constamment assaillie de peurs et de doutes :

elle devait apprendre à avoir la foi, car celui qui n'a pas foi en soi est perdu. Concentrée sur elle-même, la femme parcourait à nouveau en pensées tout ce qu'elle avait fait depuis qu'elle était née. Pour la première fois dans sa vie, elle s'affrontait et se jugeait. Enfermée dans cette enceinte, la femme devait apprendre à traverser la porte de l'éternité sans peur. Et si elle le voulait vraiment, elle pouvait le faire » ajouta finalement Mama Maru, appuyant sur ces derniers mots.

« Toutes les femmes peuvent, c'est seulement une question de volonté. Si tu veux quelque chose, tu peux l'obtenir ; il suffit simplement que tu le désires de toutes tes forces. En revanche, si ta volonté est faible, fragile, alors tu n'y arriveras pas. Une fois que tu auras compris la puissance qui t'habite, tu pourras lever la tête, regarder les autres avec amour et douceur, et agir en même temps, avec sérénité et détermination ».

L'esprit de Kantu se mit à voyager, allant jusqu'à la maison de Mama Rosa, une ancienne paysanne qui ressemblait assez à la description de Mama Maru. Bien qu'elle ne fût pas une personne instruite, beaucoup parmi les hommes, les femmes et les enfants, avaient reconnu en elle les vertus d'une grande femme, maîtresse, compagne, amie, sœur, conseillère. C'était une femme respectable de qui émanait sympathie et allégresse. On disait que, quand elle était jeune, bien des hommes avaient tenté de la séduire mais qu'après lui avoir parlé, ils avaient changé d'opinion apprenant à la respecter. De toutes les maisons que Kantu avait connues, celle de Mama Rosa était la seule où régnait vraiment le bonheur. Son mari était profondément amoureux d'elle et tous les deux étaient liés par une histoire et une complicité qui durait depuis plus de quarante ans. Ses enfants l'adoraient et elle était un véritable exemple pour les belles-filles.

N'importe quel jeune en difficulté allait lui demander conseil et, quand une femme du pays attendait un enfant, même si personne ne lui demandait, Mama Rosa préparait le trousseau pour l'arrivée du bébé. Irradiée de joie, elle attirait les enfants et, durant ses moments libres, elle les amusait en leur racontant avec brio quelques histoires. De même durant les réunions sociales, elle était celle autour de laquelle se pressaient tant hommes, femmes qu'enfants. Les expériences qu'elle racontait n'étaient pas un étalage de savoir mais des histoires intéressantes et utiles à tous. Mama Rosa était exactement le type de femme que Mama Maru décrivait. Sortant de son mutisme, Kantu demanda : « Grand-mère, pourquoi existe-t-il des familles heureuses et des familles malheureuses ? De toute ma vie je n'ai connu qu'un seul couple d'époux heureux et, il me semble que, la femme de ce couple corresponde vraiment à la description que tu en fais. Et pourtant je ne comprends pas comment a pu faire cette femme pour adapter son propre caractère et sa façon de percevoir le monde à celui de son mari. »

Mama Maru se dépêcha de lui répondre : « Probablement cette femme s'était préparée à devenir une vraie femme et, utilisant son énergie intérieure, elle a tendu le *Pachachaka*[33], c'est-à-dire le pont cosmique. Il est possible qu'elle ait fait transiter son mari à travers ce pont en le conduisant ainsi à l'Océan de l'Amour dans lequel réside le divin ». « Je ne comprends pas ce que tu veux dire » répondit Kantu. « Ceux qui entrent dans le Temple du Puma apprennent à tendre un pont, c'est une des épreuves qu'elles devaient réussir. Toi-même, pour réussir cette épreuve, tu devras prouver de pouvoir tendre le *Pachachaka* pour pouvoir diriger, ensuite, l'homme que tu aimes vers l'éternité. A travers la femme, l'homme peut atteindre l'absolu ; c'est pour cela que c'est si important pour elle d'apprendre à diriger son énergie. La femme a le pouvoir de libérer l'homme du matérialisme. Dans cette vie, si une femme parvient à faire en sorte que l'homme se dirige vers la pleine réalisation de lui-même, celui-ci restera à ses côtés comme un disciple. Grâce à elle l'homme, autrement condamné à rester esclave de son matérialisme, recevra le feu qui lui permettra d'être créateur. Si elle réussit à tendre ce pont d'énergie, l'homme qui l'empruntera saura qu'elle est le chemin capable de le conduire à la divinité. C'est pour cette raison que la vraie femme doit se donner complètement à son homme ; uniquement en se donnant totalement à lui, elle recevra la force et l'énergie nécessaire pour traverser le *Pachachaka* et ainsi rejoindre la Mère Divine et le Père Divin, se reconnaissant comme leur fils. Devant la divine présence, il deviendra un homme vrai, c'est-à-dire un *Runa*[34], un être humain amoureux, respectueux, curieux de la vie. »

« Maintenant je commence à comprendre une chose qui m'a toujours inquiétée, c'est-à-dire, comment certaines femmes ont réussi à influencer leur compagnon quand bien même il leur manquait la beauté physique. » réfléchit Kantu.

« Dans ce lieu, temple du temps et de l'espace, la femme apprenait à entrer en harmonie et en paix avec elle-même. Aujourd'hui en ville, des milliers de femmes vivent en disharmonie complète. L'harmonie est fondamentale afin que chaque élément soit uniforme à cette unité appelée Être et que la femme puisse jouir de la vie avec calme, sérénité, sécurité. La femme qui connaît l'harmonie maintiendra la sérénité même dans les moments les plus difficiles ; ses yeux refléteront la pureté de son âme et seront illuminés par sa beauté intérieure, celle qui ne se détériore jamais. Au fil des ans, sa beauté physique ressentira l'effet du temps, alors que la beauté intérieure gardera une jeunesse toujours croissante. Une femme harmonieuse jouira d'une meilleure santé et jeunesse qui, partagées avec son compagnon, prolongera son existence. Son corps sera une panacée pour lui et, grâce à sa grande énergie vitale, elle pourra soulager et soigner ses maladies de manière plus rapide et douce ». L'ancienne se tut. Un profond silence envahit toute la pièce créant une atmosphère de sérénité qui invitait à la méditation. Kantu resta quelques instants le regard baissé, pensive , soudain, semblant sortir d'un rêve, elle rompit ce silence posant une question qui la poursuivait depuis toujours : « Et que doit faire une femme pour être initiée ? »

« Elle doit retourner dans l'utérus de la *Pachamama* et se plonger dans l'océan de la vie. Là, elle devra entrer en contact avec sa propre intimité, en harmonie avec les éléments sympathiques : la terre et l'eau. Uniquement de cette manière l'esprit pourra se manifester. Elle devra apprendre à surmonter le doute, la peur, la douleur, le désespoir, la fatigue, l'ennui, la frustration, la désillusion. A travers cette épreuve, elle saura si son corps travaille en harmonie avec son esprit dans le repérage du danger. Grâce à la préparation reçue, elle apprendra à voir et à sentir dans l'obscurité, à comprendre si c'est le moment de patienter ou bien celui d'agir et, dès que ses sens l'aviseront de l'existence d'un danger imminent, elle saura l'affronter en ayant recours à sa prudence, sa sagesse, son calme et sa sérénité. Et, quand finalement elle aura réussi à dépasser n'importe quel danger, alors elle apprendra à voyager dans le temps et l'espace. »

« C'est important d'apprendre à voyager dans le temps et dans l'espace ? » demanda Kantu. « C'est fondamental » répondit Mama Maru. « Durant les nuit passées dans le Temple du Puma, la femme apprendra que le temps et l'espace sont une seule chose, à connaître et à traverser. Elle apprendra à voyager en allant en avant et en arrière dans l'infini, parce que le temps et l'espace sont contigus et ne sont pas divisés et, ce faisant, elle visitera des petits et des grands mondes lointains. Elle pourra aussi traverser l'espace intérieur, pénétrant dans l'esprit des autres et anticipant ainsi les événements. Ainsi, alors qu'une personne commune se met en marche, la vraie femme est déjà de retour : c'est ainsi que nos ancêtres voyageaient dans le temps et l'espace ».

« Ce que tu me dis me semble fantastique » dit Kantu émerveillée, « C'est vraiment possible ? ».

« Je vais te dire encore mieux » continua Mama Maru. « Celle qui sortait du Temple du Puma savait également contrôler les éléments. Sais-tu que dans la nature il existe des éléments qui la font bouger et de ce fait la font fonctionner ? L'homme leur obéit et les utilise, mais ceux-ci peuvent à leur tour contrôler l'homme, s'il les laisse agir. La vraie femme apprend à connaître et à contrôler en douceur les éléments naturels. Seulement si elle le désire, l'initiée peut provoquer ou arrêter la pluie, les inondations, les incendies, les tempêtes et les irruptions volcaniques ».

« Je crois que l'homme aussi peut faire bouger ces éléments » précisa Kantu.

« Seul l'homme initié est en mesure de le faire uniquement à travers la connaissance, la sagesse, l'amour et la volonté, les éléments peuvent se rapprocher de lui. Mais la femme initiée est plus puissante. Chez la femme, plus que chez l'homme, vibrent des courants subtils qui envoient une très belle lumière capable d'attirer les éléments de la nature. Ceux-ci, comme nous, sont dotés de sentiments quoique d'un autre niveau : ils vivent dans la terre, dans le vent, dans l'air, dans la pluie, dans le feu. Il est impossible de les commander, mais il est possible de leur demander de faire quelque chose pour nous. Ce n'est pas pour rien qu'il existe une expression qui dit : « Demande et il te sera donné ». La femme demande très souvent, mais elle devra d'abord apprendre à le faire, parce qu'une chose est de demander ou de suggérer et une autre très différente d'ordonner.

D'une voix douce, la femme amoureuse est capable de freiner les éléments naturels ; si la femme dit « Calme-toi, vent » ou « Calme-toi, tempête », peu à peu ils se calment. Dans les périodes de sécheresse, comme celle que nous vivons maintenant, les vraies femmes demandaient de l'eau en disant : « Pouvons-nous avoir un peu d'eau, s'il vous plaît ? » et, peu de temps après, il tombait des averses qui comblaient les sillons arides formés dans la terre. La femme, avec la douceur, est capable de vaincre les éléments naturels qui se battent aussi en elle ; une fois qu'elle y parvient, surgit la femme maîtresse, la guide suprême de l'humanité. »

Kantu pensa aux fées protectrices, aux mages, aux sorcières : elles étaient toutes des femmes. Même les voyants les plus connues étaient des femmes. Elle se souvint de la fameuse légende de la grotte dans laquelle un puissant chef de bande avait caché de magnifiques trésors en condamnant l'entrée d'une porte qui ne s'ouvrait qu'au son d'une formule magique, que lui seul connaissait. Malheureusement, durant un combat, cet homme mourut, emportant avec lui le secret de cette formule. Durant des années, plusieurs hommes ambitieux cherchèrent en vain à ouvrir cette porte, debout devant cette pierre immobile certains prononcèrent des paroles étranges, d'autres menaçaient et d'autres encore utilisaient des paroles vulgaires, mais personne ne parvint jamais à l'ouvrir ».

Jusqu'à ce qu'un jour, une femme qui connaissait l'existence du trésor caché dans la grotte, se présenta accompagnée d'un enfant affamé. Elle décida quand même d'essayer là où d'autres avaient échoués et dit : « Petite porte, voudrais-tu t'ouvrir s'il te plaît ? » et, au son de ces simples paroles, la porte s'ouvrit donnant ainsi à la femme le trésor bien gardé.

Tout semble démontrer que la femme possède vraiment des pouvoirs qui lui sont inconnus. Kantu réfléchit un peu avant de poser une autre question à sa maîtresse : « Grand-mère, si une femme réussit les épreuves du Temple, alors ce sera une femme de pouvoir ? ».

« L'initiée qui sort du Temple du Puma est plus sage, plus sensible ; elle possède les armes du savoir, du pouvoir, du vouloir, du faire et du courage. Elle aura aussi appris à agir et à rester en silence. Celle qui se rencontre elle-même, entre en possession d'un pouvoir terrifiant : le pouvoir de vie ou de mort que la femme utilisera, non à son avantage, mais pour les autres ».

« Pourquoi anciennement la femme tenait une part prépondérante lors des sacrifices ? »

« Parce que seule la femme est en mesure d'utiliser son cœur, déversant de l'amour. Les femmes qui se sont sacrifiées par amour pour un homme, des enfants ou la communauté sont nombreuses. Souviens-toi que pour recevoir il faut donner. Si tu donnes de l'amour, tu recevras de l'amour. L'homme, à la différence de la femme, ne peut comprendre ces choses car son esprit et ses vibrations spirituelles ne possèdent pas la sensibilité nécessaire pour les percevoir ; la femme, au contraire, sait que l'amour est le fondement sur lequel se base l'existence de la société ».

« Ça ne me convient plus de dépendre d'un homme » répondit Kantu. « Je ne veux plus être son jouet ».

« Je ne parle pas de la femme qui s'agrippe à n'importe quel homme et qui est esclave de ses passions » répondit Mama Maru. « Je te parle de la femme qui se donne à un homme qu'elle a choisi comme compagnon, avec lequel elle sent pouvoir entreprendre le chemin de la connaissance ».

Elles se turent et Kantu en profita pour mieux observer sa maîtresse, cette ancienne qu'elle apprenait à connaître. Condori avait dit d'elle qu'elle était une femme de pouvoir et l'avait dit avec respect : « Elle est capable de bouger les montagnes, de provoquer la pluie, de trouver des trésors cachés, de soigner les maladies les plus difficiles, jusqu'à faire beaucoup de mal si elle le désire. Elle a choisi le chemin du service, du don de soi et de l'altruisme ; elle vit humblement et avec simplicité parce qu'elle l'a voulu. Si seulement elle le voulait, elle pourrait avoir tout ce qu'elle désire ».

Devant Kantu il y avait ce personnage, cette femme vêtue pauvrement qui vivait dans une petite masure et s'alimentait à peine. Alors qu'elle la regardait, il lui vint en mémoire ce que justement elle lui avait dit à propos des femmes : « La femme est capable de supporter les sacrifices les plus terribles parce qu'elle sait être la base du Temple, le levain qui soulève la terre, celui qui sème les idées dans le cerveau de l'homme, en faisant un être positif ou négatif. La salut de l'humanité est entre les mains de la femme qui, dès qu'elle deviendra une vraie femme, rencontrera d'autres vraies femmes et ensemble, unies, elles pourront sauver la terre ». « Comment fais-tu pour être sûre de cela ? » enchaîna Kantu.

Mama Maru répondit : « Il existe une prophétie selon laquelle la terre, au début du Troisième Millénaire subira de gros changements climatiques qui se répercuteront sur la santé, sur l'économie, sur l'organisation sociale de l'humanité. Les *Payakuna* et les *Machakuna* transmettent qu'arrivera le moment où l'esprit féminin se réveillera d'une longue léthargie de plus de cinq siècles, pour donner, enfin, naissance à un monde de paix et d'harmonie ».

« Alors que peut faire chaque femme pour favoriser la réalisation de cette prophétie ? »

« Tant que dans le cœur de la femme il continuera de briller la lumière de l'amour, le monde sera sauf mais, si cet amour diminuera, alors la haine et l'indifférence nous envahiront et finiront par le détruire. La femme est le pont tendu vers l'éternité, le sens de l'ordre moral, intellectuel, spirituel, c'est un état de conscience. Dès que l'homme aura réalisé le but pour lequel il est venu sur terre, dès qu'il se sera uni au ciel et à la terre, alors il rejoindra le créateur et la femme sera le pont qui lui permettra d'y accéder ».

Quand elle avait prononcé ces paroles pleines d'enseignements, le visage de Mama Maru prit la solennité de la grande maîtresse et maintenant que Kantu la regardait attentivement, il lui semblât qu'une pâle auréole de lumière entourait toute sa personne.

« Grand-mère, tu veux dire que nous les femmes devons guider les hommes ? »

« C'est notre devoir d'être leur maîtresse, la vraie femme a toujours été une maîtresse. L'homme est un élève difficile et capricieux, mais la femme, avec tendresse, simplicité et patience saura l'éduquer et l'épanouir. Uniquement ainsi la femme pourra mener à terme sa mission » et, après avoir dit ceci, l'ancienne curandera resta silencieuse.

Maintenant la jeune disciple savait, du moins en théorie, ce qui l'attendait. Elle devait seulement décider si elle voulait l'affronter ou non. Dans cette décision, la plus importante de sa vie, il n'y avait pas d'espace pour les voies intermédiaires, c'était tout ou rien. Et elle savait que si elle voulait vaincre, elle devrait surmonter sa peur, elle n'avait pas d'autre choix. Elle y pensa un moment et puis, avec toute sa grande force de volonté et sa résolution de femme amoureuse disposée à tout pour conquérir l'homme aimé, elle sauta sur ses pieds et avançant d'un pas, s'exclama : « Mama Maru, je suis disposée à affronter n'importe quel obstacle ! ».

La voix de la femme serpent, alors, raisonna dans ses oreilles : « Tu seras suffisamment forte et maîtresse de toi-même pour pouvoir affronter n'importe quelle épreuve ? »

Elle acquiesça de la tête. « Alors, allons-y. Tu es arrivée à un point de non-retour. Demain nous commencerons les épreuves pour faire de toi une vraie femme » dit la curandera. Ce fut ainsi que Kantu s'offrit corps et âme à l'inconnu ; elle savait qu'elle ne pourrait pas revenir en arrière même si elle le désirait, mais elle était décidée à aller jusqu'au bout, au prix même de la mort.

Si quelqu'un avait pu voir les yeux de Kantu en cet instant, il aurait vu toute la lumière qui irradiait, signe que son énergie intérieure se mouvait, se développait. Sur la jeune fille soumise, peureuse, indécise et chaotique d'autrefois commencer à apparaître la femme forte, décidée, courageuse, qu'elle serait bientôt devenue. La vie est dure et elle se préparait à l'affronter. Grâce aux paroles et à l'enseignement de cette ancienne curandera, la jeune disciple redécouvrait les pouvoirs que la nature offre à chaque femme mais que peu sont conscientes de posséder.

Après le repas, les deux femmes préparèrent leurs modestes lits et se couchèrent. Kantu ne réussit pas à s'endormir tout de suite. Les yeux ouverts, dans l'obscurité de sa chambre, elle se mit à penser à ce qu'elle ferait à l'avenir si tout allait bien, si elle allait vraiment réussir à surmonter les épreuves sûrement encore plus ardues que celles affrontées jusqu'ici, elle devait avoir confiance.

A travers la fenêtre de sa chambre, elle regarda le firmament. A un point de cet immense ciel, il devait bien y avoir l'étoile qui guidait ses pas. L'encadrement de cette petite fenêtre en isolait une qui brillait d'une lumière spéciale. Elle la contempla longtemps et puis lui dit : « Si tu es l'étoile chargée de me dire que je réussirai l'épreuve, continue de briller, sinon éteins-toi ».

Durant un instant, la lumière de cette étoile se fit encore plus lumineuse comme si elle voulait lui annoncer qu'elle aurait parcouru avec succès son chemin. Kantu la contempla jusqu'à ce que ses beaux yeux se ferment et elle s'endormit avec un sourire béat peint sur les lèvres.

---

33. Pont cosmique, pont de l'éternité.
34. Ainsi se définit l'Etre humain qui vit en harmonie avec la nature.

12.
LA VOLONTÉ PEUT VAINCRE LA PEUR

Noyée dans le silence des hautes montagnes, loin du bruit du monde civilisé, Kantu continuait à s'exercer pour apprivoiser le serpent d'énergie qui vivait en elle ; Mama Maru la mettait continuellement face à de nouvelles difficultés. Un jour, la curandera la conduisit en un lieu secret qu'elle n'avait jamais remarqué. Le lieu se trouvait à une cinquantaine de mètres au-dessus de la maison de Mama Maru. « Pour continuer ton apprentissage », lui expliqua la curandera « il te faudra entrer en contact avec les éléments qui correspondent à la femme : la terre et l'eau. Tu devras penser qu'une femme est en mesure de faire tout ce qu'elle veut mais que, pour y parvenir, elle doit d'abord vaincre la peur en ayant recours à sa propre volonté ». La jeune disciple écoutait avec attention et respect les paroles de la maîtresse alors que celle-ci lui montrait une porte occultée par la végétation. Derrière les arbustes se cachait un ensemble de pierres complètement recouverte par une roche énorme. Mama Maru exerça une pression sur une aspérité jusqu'à ce qu'elle bouge, actionnant ainsi l'ouverture d'une grotte.

« Ce lieu est une *Paqarina*[35], l'utérus de la terre dans lequel la femme doit s'enfoncer pour pouvoir renaître. Anciennement, les femmes serpents étaient initiées ici même et, à la place de la maison où nous vivons s'élevait le temple secret d'Amaru.

Dans ce lieu étaient aussi initiées les femmes du Tawantinsuyo, le *Qoyakuna*[36] détentrices des connaissances sacrées. Qoya signifiait « celle qui connait la science sacrée, celle qui a vu le Grand Esprit en face ». A l'arrivée des espagnols, des hommes violents et ignorants, nos ancêtres effacèrent toute trace de cet endroit. Ces destructeurs d'idoles passèrent ici sans rien trouver car les temples furent recouverts ou déplacés et les seuls éléments subsistants sont précisément nos sanctuaires souterrains. Nombreuses furent les curanderas qui fortifièrent leur caractère dans ces galeries ; ces terres et les temples sacrés de notre peuple sont imprégnés du passage ou de l'esprit de ces femmes. »

Les deux femmes entrèrent dans cette profonde cavité avec les peaux et les couvertures dont elles s'étaient munies. Le long de la grotte serpentait une série de galeries arrondies à la structure bizarre, toutes en andésite, une roche courante en cet endroit.

« Cette galerie a la forme d'un serpent qui rampe de manière sinueuse formant une espèce de vague. La lumière arrive seulement jusqu'à un certain point puis disparaît, plongeant la grotte dans la plus profonde obscurité. Les roches, en outre, absorbent chaque bruit, donc tes yeux ne verront pas et tes oreilles n'entendront absolument rien » lui expliqua Mama Maru et, ayant parlé ainsi, elle entra encore plus profondément dans la grotte pour revenir peu après ajoutant : « La galerie a une seule entrée, donc, quoi qu'il arrive, tu ne pourras pas te perdre. Mais souviens-toi, l'épreuve consiste à rester dans cet endroit sans sortir jusqu'à ce que je te le dise. Suis-moi ! » ordonna-t-elle à Kantu, après avoir allumé la lanterne dont elle s'était munie.

Les deux femmes entrèrent plus avant dans la grotte. Mama Maru avançait en éclairant le passage avec la lanterne et Kantu la suivait en silence, pensive, jusqu'à ce que, poussée par la curiosité, elle demanda : « Mama Maru, tu veux dire que je devrai rester ici seule ? »

« Exact » répondit l'ancienne. « Ici, tu devras apprendre à endurcir ta volonté. Place ici les peaux et les couvertures avec lesquelles tu te protégeras du froid et les aliments dont tu te nourriras. Observe attentivement cette galerie car, lorsque que je serai partie, tu pourras uniquement avancer à tâtons. Et souviens-toi que, si à un certain moment, tu décidais de sortir d'ici ne parvenant plus à supporter le silence ou l'obscurité, tu pourras le faire, mais tu seras une femme en situation d'échec ».

« Non, non » dit Kantu « Je t'ai déjà dit que je suis prête à tout ». Et ravalant le nœud qu'elle sentait dans la gorge, elle décida d'affronter l'épreuve. « Mama Maru, quand viendras-tu me voir ? » lui demanda-t-elle sur un ton affectueux. « Tu sortiras quand je te le dirai. Tu as suffisamment de nourriture et d'eau pour plusieurs jours. A bientôt, petite colombe » lui dit-elle en lui donnant une tape sur l'épaule. Puis, elle disparut, engloutie par le noir, emportant avec elle la lanterne.

Sitôt la curandera partie, Kantu ressentit une sensation jamais éprouvée jusqu'ici. Ce silence n'était troublé d'aucun bruit, pas même le plus léger murmure, dans cet endroit, les ténèbres régnaient souveraines. Quelque chose lui fit penser d'avoir traversé la dimension de la vie et d'être entrée dans le règne de la mort. Elle était l'unique être vivant de ce lieu. Ses cinq sens étaient tous en éveil, mais elle ne pouvait se servir ni de la vue, ni de l'ouïe ; à la merci des trois autres sens, elle fut contrainte d'affiner sa capacité ultra sensorielle pour rester alerte, calme, vivante. Elle chercha à s'installer dans un coin où, à tâtons, elle mit en place les peaux de manière à être confortable. Elle s'agenouilla et s'enroula dans les couvertures pour se protéger de l'humidité du lieu qui la pénétrait déjà jusqu'aux os.

Elle respirait de façon régulière, écoutant le son produit par l'air qui entrait et sortait de ses poumons. Tant qu'elle réussissait à se concentrer sur la respiration, elle fut tranquille, mais quand elle était distraite, elle sentait le poids de toute cette obscurité, inconnue pour elle, qui l'entourait. Soudain ses narines se dilatèrent et mille pensées traversèrent son esprit. Il lui sembla qu'un groupe d'entités néfastes et malignes l'entourait tentant de l'emmener : un frisson lui parcourut tout le corps et elle se sentait envahie d'une peur toujours plus intense. Elle aurait voulu fuir de là, fuir de cette obscurité absolue, menaçante, mortelle et accepter la défaite. Des pensées de peur, de danger, de douleur et de mort se pressaient dans sa tête et elle eut la sensation de se retrouver dans un milieu chargé de pouvoir psychique. Elle ressentit une étrange atmosphère dans ce sombre corridor : il lui semblait que la roche respirait. Sans aucun doute, il y avait de la vie en cet endroit, il devait certainement être peuplé d'êtres invisibles, peut-être même d'êtres malins. D'un instant à l'autre, elle s'attendait à entendre une voix sépulcrale briser ce silence.

La solitude de ce lieu, jointe à ces ténèbres obscures qui l'opprimaient, qui l'asphyxiaient, était terrifiante. Une peur mesquine de plus en plus palpable, montait en elle. Il y avait quelque chose de malsain, de dangereux dans cet endroit, comme des ombres malignes qui voletaient d'un endroit à l'autre ou une sorte d'images sinistres, de visages sataniques prêts à se jeter sur elle. Elle reprit courage en pensant que, dans le passé, beaucoup de femmes hardies et décidées à tout, jusqu'à défier la mort, étaient passées par là. Les poings serrés, prête à se défendre de n'importe quel agresseur, elle se prépara à affronter la lutte pour la survie et, pour se donner plus de courage, elle se dit : « Calme-toi, Kantu. Sois forte et accepte l'inévitable. Tôt ou tard, tu aurais dû traverser une expérience difficile, ceci n'est rien qu'un pas vers ton objectif. Personne ne t'a obligé à le faire ; c'est toi qui l'a voulu ». Son cœur battait la chamade. Une sueur froide lui parcourait le corps provoquant la chair de poule. Une suprême menace planait sur elle en ce lieu. Le silence était implacable et elle s'attendait à ce que, d'un moment à l'autre, un coup, une morsure ou bien des griffes s'attaquent à son corps. Pour se donner du courage elle se dit : « Quand nous sommes entrées à la lumière de la lanterne, je n'ai vu ni couleuvres, ni araignées ou chauve-souris, ni traces d'animaux féroces ; s'ils étaient présents ils pousseraient des cris et des grognements. »

Elle se calma un instant, puis elle fut de nouveau assaillie par d'autres sombres pensées. Il n'y aurait pas, par hasard, des présences d'outre-tombe comme les esprits des femmes qui triomphèrent dans ce lieu ou celles qui furent vaincues justement par des forces invisibles ? se demanda-t-elle. Elle avait la gorge sèche, une peur indéfinissable lui faisait se dresser les cheveux sur la tête et une sensation négative se mit à croître à nouveau en elle. Elle aurait voulu se sauver, tout laisser derrière elle et se précipiter dehors, mais sa volonté de fer réussit à s'imposer face à cet instinct et finalement elle décida de rester, même si elle se sentait complètement anéantie par toute cette tension. Parfois il lui semblait vraiment qu'apparaissaient, sans pouvoir définir l'endroit, des cris, des hurlements atroces, des visions terribles. Encore une fois, pour se tranquilliser et se donner du courage, elle appuya de toutes ses forces le pouce contre le majeur des deux mains, technique qui, selon Mama Maru, apportait sérénité et protégeait de tout danger.

Le tourment du doute s'infiltra toujours plus en elle et, peu à peu, commencèrent à lui apparaître mentalement des images aux formes définies : êtres monstrueux, déformés, sinistres qui allaient et venaient dans la grotte imprégnant en elle une indéfinissable sensation d'inquiétude qui lui faisait perdre la maîtrise de soi.

Son cœur semblait être le roulement d'un tambour, mais elle était décidée à avancer et, même si ces images réussirent à l'intimider et à lui faire peur, elle retrouva ses forces et reprit à nouveau courage. Elle décida de rester, pensant que beaucoup de femmes avant elle, avaient réussi cette terrible épreuve ; elle savait que même la plus petite hésitation l'empêcherait d'atteindre son but. Cette épreuve imposée par Mama Maru était une forme de torture mais, au fond de son cœur, quelque chose la poussait à aller de l'avant jusqu'à triompher. Pensant ainsi, elle retrouva un peu de sérénité durant un instant, mais ensuite le point le plus difficile de ce défi arriva. Mentalement, elle vit de nouveau un groupe de personnes grotesques et fantasmagoriques, de monstres issus des enfers qui lui provoquaient une répulsion jamais imaginée jusque-là, l'enserrant en une peur mortelle qui la poussait à hurler. Mais, une fois encore, en faisant appel à sa volonté de fer et à son self-control, elle resta là, immobile, silencieuse, les dents serrées et les muscles tendus, prêts à combattre. Elle avança d'un pas comme pour attaquer, décida de lutter contre tous et, pour se donner de la force, elle poussa le cri de guerre des femmes incas accompagné de paroles d'encouragement. L'écho de sa voix retentit si fort qu'il lui réchauffa le sang dans les veines, lui instillant davantage de confiance en elle. Et ce fut ainsi que disparurent ces terribles visions, comme dissoutes dans le néant, en lui permettant d'acquérir à nouveau un peu de calme et de sérénité. Ses nerfs tendus, pratiquement en lambeaux, se relâchèrent complètement ; maintenant Kantu savait qu'elle pouvait vaincre la peur.

Mais cette sensation changea encore quand elle ressentit une nouvelle présence qui, plutôt que de lui faire peur, lui donnait force et courage : un être lumineux la regardait avec des yeux emplis d'amour lui transmettant une sensation de sécurité et de paix.

Aux côtés de cet être, très proche, un autre visage lumineux ; tous les deux s'arrêtèrent à ses côtés. C'étaient deux femmes vêtues comme les Vierges du Soleil, entourées d'un halo de lumière qui exaltait leur brillante présence : il devait s'agir de deux prêtresses de l'antique Empire Inca. Les deux visions restèrent immobiles et, avec les mains jointes sur la poitrine, la contemplèrent en silence. Puis leurs lèvres s'entrouvrirent : « Pourquoi es-tu venue dans cet endroit, ma fille ? » lui demanda la plus ancienne des deux. « Ta beauté ne te suffit pas ? Tu passes cette épreuve pour conquérir un homme ? Des hommes il y en a beaucoup » dit-elle. « Va-t'en d'ici ! Retourne chez tes parents et chez tes amis et tu verras que bientôt tu l'oublieras ».

Elle n'entendait probablement qu'avec les oreilles de l'âme, car dans la grotte le silence régnait toujours souverain, et pourtant elle répondit : « Non, non. Je resterai ici jusqu'à la fin. Si je ne peux conquérir cet homme, pour moi ça n'a aucun sens d'être femme ».

L'écho de ses paroles se répandit dans toute la galerie pour ensuite se dissiper dans le silence le plus absolu. Les deux êtres se regardèrent et ce fut de nouveau la plus ancienne qui parla : « Tu es en train de poursuivre une illusion qui t'éloigne des limites de la raison ; tu pourrais aussi te perdre pour toujours. Va-t'en, il est encore temps, et vis comme tous les autres ».

Kantu murmurait les dents serrées : « J'ai déjà parcouru un bon bout de chemin. Je suis décidée à arriver jusqu'au bout, je n'ai pas d'autre choix. Mon chemin est celui-ci ; il n'y a pas de voie de retour pour moi ».

Alors la prêtresse fit un pas en avant et dit : « Tu possèdes suffisamment de force et de courage pour devenir l'une des nôtres. Mais souviens-toi : maintenant tu n'es plus une femme comme les autres. Tu pourrais aussi devenir une femme solitaire.

Serais-tu disposée à vivre de cette manière ? ». « Et pourquoi pas ? Si je peux conquérir l'homme que j'aime, je saurai continuer seule » répondit-elle convaincue. A ce moment-là, la deuxième prêtresse prit la parole : « Ta volonté est forte et ta détermination l'est encore plus ; c'est pour cela que nous serons toujours à tes côtés et nous saurons te conseiller. Tu resteras toujours sous notre aile protectrice… Couche-toi sur le lit que tu t'es préparé ! »

Kantu s'étendit sur le dos en relaxant son corps, ses muscles. Quelques instants après son corps commença à perdre de l'énergie, à se faire lourd. Elle se trouvait dans un état de demi-sommeil et, subitement, elle eut l'étrange sensation que sa fin était proche. Elle sentit que tout son être se repliait vers l'intérieur, vers le plus profond de son être. Sa respiration s'affaiblit de plus en plus et elle se sentit à tomber dans une sorte de léthargie. Stoïquement, elle se prépara à accepter l'inévitable : sa propre mort. Le froid augmenta progressivement, l'envahissant, la paralysant complètement jusqu'à ce qu'elle fut atteinte d'une crise cardiaque. Soudain, elle sentit qu'un tourbillon d'énergie la lançait vers le haut, vers l'espace infini, vers l'inconnu et puis… elle fut de nouveau libre. Elle expérimenta des sensations complètement nouvelles, de nombreuses pensées apparurent et, tout à coup, il se produisit une sorte d'explosion, un feu d'artifices, et son être s'éparpilla dans l'univers. Peut-être avait-elle abandonné son enveloppe terrestre et maintenant se trouvait-elle dans une dimension différente, privée de poids et de forme. Elle se vit attachée à un très léger et très long fil de lumière. Elle planait dans l'espace au milieu des corps célestes qui pouvaient la traverser : elle était devenue un être éthéré. Mais, soudain, une main invisible la contraignit à retourner sur la terre et la voix de l'une des prêtresses la reconduisit à la réalité.

« Tu dois savoir, ma fille, qu'anciennement les *Akllakuna* suivaient ces rites et que, à travers cette expérience, elles pouvaient entrer dans une dimension autre, qui leur permettait de comprendre leur véritable essence de femmes, de connaître leur pouvoir inné qu'elles devaient maintenir secrètement vivant. Elles le transmettaient uniquement aux femmes en mesure de dépasser n'importe quelle difficulté. Porte en toi cet enseignement.

En la femme est enfermé le destin de l'humanité ; c'est elle qui façonne la race humaine, c'est elle la créatrice. La femme incarne l'amour et est la messagère de la *Pachamama*, notre mère divine qui aime chaque chose. La femme est le canal de la vie régi par les lois imperceptibles mues par l'amour, auxquelles ensuite accèdent aussi les hommes ». La prêtresse continua : « Ma fille, à part savoir que tu es une femme très puissante, tu devras aussi te consacrer à chercher dans ton cœur le chemin qui te conduira à la *Pachamama*. Le mystère de l'existence est le mystère de ton âme ; c'est pour cela que pour te connaître tu devras t'aventurer dans ton monde intérieur, pénétrer dans cette zone inconnue de ton être dans laquelle tu retrouveras ton âme. Uniquement ainsi, dans la partie la plus profonde de ton être, tu rencontreras ton temple. Uniquement ainsi tu pourras apporter ta contribution à la réalisation de la prophétie selon laquelle en ce cycle cosmique le réveil du féminin permettra de guérir les blessures faites à Mère Nature. Maintenant, nous allons nous saluer mais, souviens-toi, nous serons toujours avec toi. Adieu ». Et ce disant, les êtres lumineux s'évanouirent.

Kantu voulu parler mais n'y parvint pas ; ignorant où elle se trouvait et comment elle se sentait, elle percevait seulement une rigidité mortelle, l'inertie de toutes ses facultés. Poussée par le désir de bouger, de revenir à la vie, faisant un effort immense, elle réussit à bouger d'abord une main, puis un bras jusqu'à ce que progressivement, petit à petit, tous ses muscles rigides et ankylosés commencent à se réveiller. Son corps récupéra flexibilité et mouvement : la vie revenait en elle et Kantu ouvrit les yeux sur cette impénétrable obscurité. Son corps frissonna et, en proie à l'agitation, elle cria : « Attendez. Ne partez pas ! ». Le silence fut la réponse à ce cri.

A partir de ce moment l'obscurité qui régnait dans la grotte ne semblait plus l'inquiéter. Son esprit s'emplit d'harmonie et de sérénité et son corps réclamait un sommeil profond et réparateur. Elle se couvrit avec les couvertures et se coucha à nouveau, fermant les yeux, s'enfonça dans le règne de l'inconscience. Quand elle se réveilla, elle ne sut pas combien de temps elle avait dormi ; elle ne savait pas si c'était le jour ou la nuit mais elle se sentait plus tranquille. Elle avait faim et donc elle mangea et but un peu. La grotte avait cessé de lui sembler un lieu menaçant, elle était donc disposée à faire ce que Mama Maru lui avait dit : méditer, se retrouver, analyser minutieusement sa vie en cherchant à trouver sa route. Aidée des ténèbres, de la solitude et du silence, Kantu parcourut lentement, pas après pas, son histoire personnelle, en analysant tout ce qu'elle avait fait, ce qu'elle aurait pu faire, ou bien ce qu'elle ferait si elle en avait la possibilité. Et elle passa ainsi de nombreuses heures alternant méditation et réflexion au silence et au sommeil. Elle dormait autant qu'elle voulait, mangeait uniquement quand elle avait faim et buvait quand elle avait soif. Elle ignorait si un jour était passé ou bien l'éternité. Elle n'avait pas conscience de la durée du temps : elle savait seulement qu'elle ne pouvait sortir de là jusqu'à ce que Mama Maru ne le lui ordonne. Alors elle commença à confronter son existence avec celle des autres : celle de sa mère, de son frère, de son père, de ses amis, ou bien celle de Juan.

La dernière étape de sa préparation consistait à regarder avec les yeux de son âme. Mama Maru lui avait dit que pour voir avec ces yeux-là, elle devrait fermer les paupières. Elle procéda ainsi, cherchant durant de nombreuses heures à obtenir une quelconque sensation visuelle, sans y parvenir. Elle se banda les yeux avec un foulard pour ne pas être tentée de les ouvrir. Soudain, elle vit une certaine clarté, au début flou puis toujours plus visible et, après quelques heures, elle réussit à définir les contours de la grotte. Surprise, elle se trouvait dans une gigantesque grotte arrondie.

Elle se sentait comme un ver de terre qui avait creusé une galerie circulaire plus grande que lui. Elle avança de quelques pas et, étonnée, se rendit compte qu'elle pouvait voir dans le noir, elle pouvait percevoir les roches en bougeant sans courir le risque de se blesser ou de trébucher : la grotte semblait éclairée.

Elle comprit finalement ce que Condori et Mama Maru avaient tenté de lui expliquer concernant les yeux de l'âme : notre lumière intérieure peut nous guider à travers les ténèbres. « J'ai appris à voir dans le noir ! J'espère que ma lumière intérieure ne s'éteindra jamais» pensa-t-elle, puis elle s'exclama à voix haute : « Merci *Pachamama*, tendre et amoureuse mère ! Tu as donné aux femmes de nombreux dons et pouvoirs et je suis une des rares chanceuses à être parvenue jusqu'à ton ventre et qui maintenant peut voir le monde extérieur à partir de ton nombril. » L'expérience à peine vécue fut suivie d'une douce détente. Elle regarda son lit improvisé, l'arrangea et s'allongea pour se reposer un peu, et tomba dans un sommeil profond. Plusieurs heures passèrent et, quand elle se réveilla, Mama Maru était à côté d'elle.

« Bien » dit-elle, « ton séjour dans ce lieu est arrivé à son terme. Tu peux sortir ».

Elle bougea les yeux d'un côté et de l'autre et, seulement à ce moment-là, elle se rendit compte qu'elle regardait Mama Maru à travers le foulard. Le visage de la curandera était net et une lumière bleutée semblait entourer tout son corps.

« Mama Maru », dit Kantu affolée « Je peux voir dans le noir ! Je te vois ! ». « C'est vraiment ainsi» dit la curandera. « A partir de maintenant, les yeux de l'âme te guideront à travers l'obscurité, tu pourras marcher dans la nuit la plus noire et voir ce que les autres femmes ne voient pas. Ton regard intérieur te permettra de voir l'inconnu mais, souviens-toi, dès que tu ouvriras les yeux physiques, la fenêtre de ton âme se fermera. Quand tu voudras regarder avec les yeux de l'âme, tu devras fermer les paupières, seulement de cette manière apparaîtra ce genre de vision ». Puis, changeant de sujet, elle ajouta : « Bien, le moment de sortir d'ici est arrivé. Ramasse tes affaires et suis-moi en gardant encore un moment les yeux bandés. Tu dois t'habituer progressivement à la lumière du soleil. Je te dirai quand tu pourras enlever le foulard ».

Elles se dirigèrent lentement vers la sortie de la grotte. Quand Mama Maru dit : « Arrête-toi. A partir d'ici nous utiliserons nos yeux physiques » alors Kantu enleva le foulard et, plus loin, là où l'obscurité se faisait moins dense, elle vit un minuscule point lumineux qui, à chaque pas, se faisait toujours plus clair et visible. Au fur et à mesure qu'elles avançaient, la lumière était toujours plus forte jusqu'à devenir un éclat intense. Elle attendit que ses yeux s'habituent à la lumière du jour et se dirigea vers la sortie. Cet océan de lumière l'enveloppait complètement, pendant qu'un petit vent frais jouait avec sa chevelure. Quand elle demanda à Mama Maru depuis combien de temps elle était restée dans la grotte, celle-ci lui répondit : « Tu es restée le temps nécessaire aux femmes pour se connaître. Je t'ai veillée et suivie de l'extérieur, au cas où tu aurais eu besoin que je vienne à ton aide. Mais ça n'a pas été nécessaire : tu as réussi sans moi ».

« Merci, Mama Maru, pour ton dévouement et tes attentions » dit la jeune fille.

L'ancienne curandera la regarda et Kantu se rendit compte que son regard était doux, tendre mais, en même temps, déterminé. Elle ne dit rien ; elle se contenta de sourire se chargeant des couvertures et des peaux. Elles se dirigèrent vers la maison de Mama Maru ; Kantu la suivait de loin, d'un pas décidé. Elle venait à peine de vivre une expérience pour laquelle il lui avait fallu des nerfs d'acier. Les deux femmes poursuivaient en silence et, dès qu'elles arrivèrent à la maison, après avoir rangé les couvertures à leur place, les peaux et tout le reste, Kantu se mit en face de l'ancienne qui lui dit : « L'épreuve que tu viens de surmonter et qui a duré plusieurs jours a démontré la grande confiance que tu as en toi, confiance qui t'a permis d'exercer un contrôle sur ton corps et sur ton esprit. Si ça ne c'était pas passé ainsi, tu serais sortie de là en prenant les jambes à ton cou ou bien tu serais devenue folle. Mais ton apprentissage ne finit pas ici. Il y a encore des épreuves plutôt difficiles à affronter, mais maintenant repose toi et reprends des forces. Et souviens-toi : la femme qui a confiance en elle, celle qui a confiance en ses propres forces et en son énergie intérieure, est celle qui ressort gagnante de toutes situations ».

Après quelques jours de repos, les deux femmes marchèrent vers la montagne en portant de lourdes charges sur les épaules, à la façon andine. Mama Maru lui avait dit : « Pour entrer définitivement en syntonie avec toi, tu devras encore affronter une autre épreuve, et dans ce but, nous irons à l'embouchure du fleuve, à la *Mamaqocha*[37], où tu entreras en contact avec l'élément eau ». D'après ce que disait Mama Maru, il devait y avoir une cascade en cet endroit, dont l'eau, qui tombait avec force, était parvenue à creuser à ses pieds une profonde grotte.

Elles marchaient déjà depuis plusieurs heures en direction du fleuve Vilcanota et Kantu se sentait fatiguée. Les eaux du fleuve en provenance des neiges de l'Ausangate, selon les dires traditionnels, étaient source de vie. Mama Maru et Kantu avaient parcouru bon nombre de kilomètres, traversant ces montagnes arides, montant et descendant le long de sentiers étroits qui longeaient les côtés ou les gorges et avaient même passé à gué quelques ruisseaux. Maintenant, elles parcouraient un sentier pour animaux s'ouvrant à leur passage. De temps en temps, elles croisaient des terrains cultivés qui offraient un vrai spectacle de couleurs : du vert foncé des eucalyptus au vert clair des céréales, à la couleur dorée des champs de blé commençant à fleurir et à la couleur café des champs semés de quinoa.

Les paysans ont fait de ces terres leur maison. La vie de campagne était rude, mais ces gens-là travaillaient avec enthousiasme utilisant des outils assez rudimentaires. Sur une parcelle proche du sentier emprunté, elles virent quatre femmes et un homme courbés vers la terre : les femmes dans leurs vêtements multicolores en majorité rouge et un chapeau qui les protégeaient du soleil, l'homme vêtu de gris et de bleu, lui aussi avec un chapeau. Ignorant leur présence, ils continuèrent à travailler : ils ramassaient des *isaños*, tubercules andins, amers s'ils sont consommés crus, mais sucrés lorsque cuits. La curandera dit en se tournant vers Kantu : « Bientôt nous arriverons à l'endroit où tu resteras quelques jours. Demain, nuit de la pleine lune, l'eau sera encore plus chargée d'énergie et c'est alors que tu devras entrer en contact avec cet élément ».

Kantu ne dit rien ; elle continua à marcher de façon machinale, occupée à observer les personnes qui travaillaient ces terres. A sa gauche, elle vit un homme et un enfant et, à leurs côtés, une couverture blanche, déjà souillée de terre ; sur la couverture, quelques pommes de terre probablement à peine ramassées avec la *raukuna*, la traditionnelle pioche à main. Ils étaient tellement concentrés sur ce qu'ils faisaient qu'ils ne remarquèrent pas les deux passantes. Un peu plus loin, un homme et trois femmes ramassaient le quinoa en coupant les tiges une à une qu'ensuite ils plaçaient sur une couverture multicolore. Une brise légère venant des montagnes les accompagnait durant leur travail.

Arrivées sur place, Mama Maru dit à sa disciple : « L'étape suivante, pour démontrer que tu es une vraie femme, sera de passer trois nuits ici. Prépare-toi un lit dans cette grotte pour te réchauffer quand tu auras froid mais, souviens-toi que tu ne devras jamais t'y endormir. Sois forte quoiqu'il arrive ». Aussitôt dit, elle s'en alla sans rien ajouter. Peu à peu la silhouette de la curandera diminua jusqu'à disparaître du chemin par lequel elles étaient arrivées.

Dès qu'elle fut seule dans la grotte, Kantu s'enroula dans la couverture pour se protéger du froid et de l'humidité de la cascade. Elle se prépara à passer sa première nuit dans le fracas de l'eau qui tombait des hauteurs cassant l'immobilité du petit lac du dessous. Bientôt la nuit arriverait et, regardant le soleil se coucher derrière les montagnes, Kantu se souvint des paroles de Mama Maru : « A cet endroit, tu découvriras un autre aspect de la femme. Nous sommes intimement liées à la terre et, d'une manière encore plus spéciale à l'eau. L'eau est notre élément et c'est avec lui que tu devras te familiariser maintenant ».

Avant d'être conduite à la grotte, elle avait jeûné durant deux jours ; après ces deux jours Mama Maru et Kantu avaient suivi un rituel de fertilité en honneur à la *Qocha Mama*[38] à une source voisine. Elles avaient utilisé beaucoup de fleurs et de baume qu'elles avaient ensuite jeté dans les eaux de la source qui jaillissaient de l'intérieur de la montagne. Elle repensa longuement à ce que lui avait dit Mama Maru. Elle ferma les yeux et se mit à méditer. Le bruit de l'eau, en une cantilène monotone, tenait lieu de fond musical infini. Elle réfléchit sur son savoir être femme et elle découvrit qu'il n'existait pas de réponse directe, précise à une question aussi vaste. Elle avait appris qu'elle était physiquement le fruit d'une base organique complexe donnant origine à une circonstance génétique déterminée qui aurait, finalement, défini sa personnalité sexuelle et génitale. Elle avait beaucoup réfléchi au fait qu'être femme était complètement différent qu'être homme. Et c'était précisément pour cette raison qu'en ce moment, elle se trouvait en ce lieu ; durant ces trois jours, elle allait peut-être apprendre quelle était la véritable essence féminine. En plus des cuisses fermes, des hanches généreuses, des fesses rondes et d'une poitrine débordante, il devait quand même exister quelque chose d'autre chez la femme.

C'était tellement difficile de définir la femme. Elle avait connu des mères, des sœurs, des petites filles et des amies et peut-être, consciemment ou inconsciemment, elle s'était même identifiée à certaines d'entre elles, probablement à la mère ou la tante. Elle était convaincue que la femme était un être humain complet et que son séjour sur terre était guidée par des désirs, des sensations, des sentiments et des idées qui lui faisaient assumer un comportement, une conduite déterminés par rapport à la vie.

Elle avait découvert qu'une partie très puissante d'elle était située entre le cœur et la zone pelvienne : son sexe. La découverte de sa sexualité avait été conditionnée par des facteurs environnementaux. Comme toutes les femmes du monde, elle aussi avait été dotée d'un nom spécial : Kantu. Elle pensa au surnom dont on l'avait affublée depuis son enfance : petit haricot, car elle était agitée et gaie. C'était un surnom qu'elle avait gardé longtemps et qu'il avait été difficile d'oublier pour ceux qui l'avaient connue. Kantu signifiait « belle fleur » et était considéré comme le symbole de la vie et de l'amour. Maintenant elle était consciente de son nom et de ce qu'il signifiait pour elle.

Puis, elle se souvint des jeux, des jouets, des vêtements et des ornements qu'elle utilisait depuis sa plus tendre enfance. Elle repensa à tout ce qu'elle avait fait avant de se transformer en une personne adulte. Maintenant elle comprenait les jeux auxquels elle avait dû prendre part simplement parce qu'elle était une femme. Dans cette société, pensait-elle, la femme est vue comme un objet de décor, une possession, une marchandise à la merci des hommes, qu'ils soient maris ou amants. Par le biais des médias, les vendeurs d'illusions attribuent à la femme une simple valeur décorative : acheter une voiture, un pot, un paquet de cigarettes implique l'excitation conditionnée qui passe par la femme. La publicité de nombreux produits, constatait-elle, se sert souvent de l'image d'une femme provocante et passablement dévêtue. Le but en était toujours et uniquement celui de générer une nécessité d'achat des lecteurs et des spectateurs.

Dans cette grotte, à l'abri des contacts humains, sous le grondement de la cascade, Kantu continuait à méditer. Dans sa vie, jusqu'ici, son image avait subi une lente détérioration et elle avait souvent adopté une conduite autre que celle qui lui correspondait. Deux personnes différentes avaient vécu en elle : la vraie Kantu et l'autre, fausse, se montrant aux autres. Ce dédoublement l'avait éloignée des buts essentiels de la vie et, surtout, lui avait enlevé sa personnalité au point de l'empêcher de réussir à valoriser pleinement son être de femme, avec la conséquence de créer en elle un grand trouble. Cette façon d'agir ne lui permettait pas de se réaliser pleinement en tant que femme. Pour s'adapter au modèle que la société lui imposait, elle avait dû renoncer à l'honnêteté envers elle-même et son intimité, causant des dommages qui semblaient irréparables.

Avec les années, en son for intérieur, s'insinuait cette peur de vieillir propre aux femmes, qui n'était que le fruit de la vision puérile d'elle-même. Mais maintenant, elle connaissait le secret pour pouvoir vivre une existence riche et garder sa vitalité, même lorsqu'elle ne serait plus très jeune. La vitalité est la jeunesse de l'âme, l'acceptation de soi, l'harmonie retrouvée.

Alors qu'elle méditait ainsi, le murmure des eaux changea. Il lui semblait maintenant qu'il se mélangeait entre elles, émettant un son quasi imperceptible, comme s'il voulait communiquer quelque chose. Peu à peu, elle commença à entrer en communication avec le murmure des eaux : au début elle perçut une musique réconfortante et successivement, elle entendit clairement que la cascade lui parlait. Elle entendait des récits, des légendes, des histoires fantastiques de lieux proches ou lointains ; elle entendait parler des mondes divins, des vies passées ou futures. Mais elle entendit aussi des sons ineffables, des chants et des mélodies jamais entendues, qui l'envoyaient dans un monde magique et enchanteur.

De temps en temps, elle ouvrait les yeux, elle interrompait sa méditation et sortait contempler le paysage, le ciel bleu, les nuages qui allaient vers l'est, les montagnes argentées ou bien voilées du manteau nuageux.

Cette nuit-là, elle vit la lune se lever derrière l'une des montagnes immaculées : ce fut un spectacle impressionnant. Une pâle lumière semblait envelopper le paysage tout entier et, comme si c'était une nuit magique, une nuit imaginaire, il lui semblait voir des êtres éthérés prenant vie. Les paysans avaient l'habitude de dire que durant les nuits de pleine lune les *Ñaupakuna*[39] ou les anciens, se réveillaient à la vie. Et vraiment là, juste à côté d'elle, des personnes vêtus à l'ancienne, trainant leurs propres outils de travail commençaient à défiler. Les uns superbes et énergiques, les autres joyeux ou bien réfléchis ; ils passèrent tous devant elle. La clarté de la lune laissait entrevoir leurs formes légères et transparentes et peut-être, sûrement pour cette raison, cette première nuit, Kantu se sentit envahir par une certaine crainte.

Le lendemain vers dix heures du matin, Mama Maru vint à la cascade en apportant avec elle une pâte visqueuse inconnue qu'elle n'avait jamais goûté avant ; affamée, Kantu la dévora mais, peu après, elle fut prise de violents vomissements et d'une forte diarrhée. « Ces plantes vont te purifier. Tu dois ouvrir la perception de ton être de manière à pouvoir entrer en contact avec les esprits de l'eau » lui avait dit Mama Maru avant de s'en aller.

Seule à nouveau, Kantu se promena un peu aux alentours et enfin se prépara à passer là sa seconde nuit de veille. L'ordre était celui-là : elle ne devait pas dormir. Pour vaincre le sommeil, elle pensa à des personnes qu'elle connaissait, comme Mama Santusa et Tata Facundo. Que faisaient-ils maintenant ? Habitaient-ils encore leur maison de Coporaque ? A cette heure-là, les deux anciens, mari et femme, étaient en train de bavarder ou peut-être dormaient-ils déjà. Elle pensa aussi à Julicha, un enfant vif et joueur, fils d'une de ses voisines, qui ne se lassait jamais de danser. Avec son chapeau couleur crème aux franges multicolores, la casaque rouge, le pantalon beige usé et les sandales de cuir, il parcourait de grandes distances le long du sentier inca pour garder le bétail laissé sur les montagnes pour paître.

Il lui revint en mémoire les récits entendus dans son enfance sur la cascade enchantée où les musiciens les plus célèbres de la région avaient laissé tambours, flûtes, mandolines, guitares avec quelques pièces de monnaie. On disait alors que les nuits de pleine lune des êtres fantastiques sortaient des eaux de la cascade, de très belles sirènes sortant pour coiffer leurs cheveux dorés avec des peignes d'argent.

Elle s'est souvenue également de ce que son père lui avait raconté à propos d'un berger, venant d'une des maisons de campagne proches qui, d'après les dires, avait rencontré une sirène. Cet homme n'avait jamais vu une femme de sa vie et, quand il rencontra la sirène, il devint éperdument amoureux. Il avait raconté que la femme ne mesurait pas plus de trente centimètres, mais qu'elle était d'une beauté extraordinaire. Son père lui dit que suite à cette rencontre, le berger perdit complètement la raison et qu'il en mourut.

Les cascades, dangereuses pour les uns, magiques pour les autres, étaient vraiment l'endroit dans lequel elle devrait entrer en contact avec son élément : l'eau.

Soudain, elle se souvint de Juan. Que faisait-il en ce moment ? Etait-il à la montagne ou dans un village ? Peut-être dormait-il avec une femme. Penser à lui ne lui causait plus la même inquiétude qu'auparavant mais un sentiment de tristesse ou de douleur l'envahit instantanément et elle sentit le besoin de pleurer. C'était comme si le bruit de l'eau lui disait : « Laisse-toi aller, verse tes larmes. Ceci est ton élément ».

Et, comme un nuage chargé de pluie, Kantu pleura inconsolable. Elle évacua toute sa colère, son impuissance, son amertume, sa tristesse, sa douleur. Ses larmes s'unirent à l'eau de la cascade, emportant avec elle tout le poids accumulé durant ces années de solitude. Une fois soulagée et calmée, elle tomba de sommeil. Elle commença à somnoler, mais elle se souvint instantanément de l'ordre reçu : elle devait rester attentive et vigilante toute la nuit.

Elle passa plusieurs heures à réfléchir, cherchant à comprendre comment devait être une femme. Voilà qu'à nouveau elle sentit venir le sommeil, mais elle réussit à se tenir éveillée quand soudain, elle entendit une musique qui peu à peu envahit la grotte jusqu'à la remplir totalement. Cette mélodie harmonieuse sortait de l'eau avec un rythme et une cadence imprégnée d'amour, de tendresse, de tristesse et de douleur. Au même instant elle entendit une voix douce qui disait : « Le jour où tu t'aimeras, tu te connaîtras et tu te respecteras, tu découvriras que la Terre communique avec toi, que la *Pachamama* possède un langage par lequel les montagnes te parlent, les fleuves te murmurent, et les sources te conseillent. Alors tu sauras que tu es un tout avec l'univers, que tu es comme l'eau qui se répand. Le jour où tu t'accepteras vraiment, des horizons inconnus s'ouvriront à toi et une musique inconnue arrivera à tes oreilles ». Kantu se sentit être comme une mélodie qui, peu à peu, coulait le long des eaux de la cascade, cette eau qui était elle-même. La musique de cette eau avait tout balayé, l'ouvrant à une nouvelle vie, à un nouveau chemin.

« La femme est une immense variété d'enchantements » lui murmura une autre voix. « Son pouvoir d'ensorceler les hommes est énorme. Ses yeux brillent d'une mystérieuse et envoûtante lueur ; son haleine a l'arôme des fleurs et sa beauté fascinante est une invitation à la vie, à l'amour. Etre femme veut dire incarner un être d'exception qui est, en même temps, montagne, bois, lac. Un être au sein duquel s'engendre la vie. Dans son corps se trouvent des cimes enneigées, des crevasses et des vallées à travers lesquelles l'eau coule entonnant une infinité de chants. Même les moineaux volent entre les fleurs et les plantes colorées ; l'ours se désaltère avec l'eau et flaire les fleurs et les colibris au bec pointu vont de fleurs en fleurs, suçant le nectar de la vie.

Si tu es femme, tu es la compagne de la nature et ton chemin est un pèlerinage. Tu es née femme pour enseigner au monde à être plus proche de la *Pachamama* parce que tu es l'expression plus profonde de l'amour. Mais souviens-toi, que toi aussi, comme tous les autres éléments de la nature, tu peux être porteuse d'amour ou de haine, de discorde. De même que tu peux accueillir en toi une belle et luxuriante végétation aux montagnes majestueuses et aux paysages enchanteurs, tu peux également porter en toi le désert, terrain stérile, privé de vie ».

L'incessant grondement des jets d'eau qui tombaient l'enivrait. Peu à peu, Kantu se sentait fondre en d'innombrables petites gouttes… et voyagea ! Glissant lentement le long des roches et des pierres du fleuve, elle arriva jusqu'à la mer aux fortes vagues et là tout son être s'étendit dans l'immensité de l'océan. Le va-et-vient des vagues et la mélodie de l'eau l'envahirent complètement. Elle vit son image danser un ballet de rêve et de fantaisie aux côtés de sirènes et de tritons souriants à l'intérieur d'un magnifique palais. Musique et chants, porteurs d'une immense allégresse, l'enveloppaient dans un tourbillon d'énergie. La lune brillante de lumière, en mille couleurs subtilement mélangées et diluées entre elles, illuminait tout ce paysage.

Ce spectacle magique s'évanouit au cocorico d'un coq dans le lointain. Qui sait d'où venait ce chant ! La lumière de l'aurore entrait lentement dans son refuge. De l'intérieur de la grotte Kantu regarda les montagnes et vit que petit à petit la clarté de l'aube s'imposait aux ténèbres. Quelques instants plus tard, elle sortit. Ces mêmes masses sombres qui bougeaient entre la cordillère et le ciel se teintèrent d'une couleur dorée au lever du roi de tous les astres. Le majestueux vol d'un condor anima ce scénario. Qui sait quel message il apportait aux grands esprits protecteurs des plantes et des êtres humains !

Quand les rayons du soleil se posèrent sur la cascade, il se forma un arc-en-ciel : devant ce spectacle de lumière et de couleurs, Kantu comprit pourquoi les indiens adoraient l'eau et l'arc-en-ciel.

La troisième nuit, la jeune fille entendit encore une musique s'échapper de l'eau. Les notes animèrent un scénario fantastique sur lequel les images acquéraient vie et couleur : la nature se révélait en une symphonie de couleurs et de sons. Au rythme de ce merveilleux fond musical, et gardant les yeux fermés, Kantu pouvait se projeter où elle le souhaitait : à Cuzco ou dans la communauté où elle avait grandi. Elle pouvait aussi revoir des paysages déjà contemplés : un coucher de soleil vu d'une montagne, l'aube à la campagne, les oiseaux voletant. Elle évoqua un colibri de la cordillère, le dos vert, la poitrine jaune paille, les ailes noires ; le colibri à longue queue, de couleur verte ou bien le géant ; les couples d'oies silvestres des Andes, les moineaux, les colombes et les perroquets de petites tailles.

Puis elle repensa à certaines personnes, à Tiburcio, avec son poncho rouge orné de dessins géométriques pendant qu'il jouait habilement de la flûte. Tiburcio était un garçon agité, à la langue bien pendue qui s'amusait à jouer des tours à tout le monde. Elle entendit les notes de son instrument comme s'il jouait là, à côté d'elle. Avec nostalgie, elle repensa à ses parents, à ses frères, à ses amis ; à un moment il lui sembla les avoir tout près, entendant leurs voix, leurs rires, leurs plaisanteries. Enfin, elle sentit que même Juan était près d'elle, corps et âme, avec sa façon de faire, ses gestes ; il lui sembla l'entendre parler d'amour. Croyant pouvoir le voir vraiment, elle ouvrit les yeux mais il n'était pas là, et pourtant, si elle refermait les yeux et écoutait le bruit de l'eau, elle pouvait l'avoir là, près d'elle. Maintenant elle savait qu'elle n'était plus seule, qu'elle ne le serait plus jamais. Lorsqu'elle repensait à

Juan surgissaient simultanément en elle amour et douleur. Par amour et seulement par amour, elle avait affronté tout cela. Une sensation de sécurité et de plaisir envahirent tout son être pendant qu'elle écoutait le son de l'eau qui pénétrait son âme. Maintenant, elle savait combien devait se sacrifier une femme pour conquérir l'homme qu'elle aimait.

Dès qu'elle comprit le message des eaux, elle sut qu'elle avait fusionné en elles et que femme et eau, ensemble, formaient un tout. A partir de ce moment, son âme serait comme l'eau, symphonique et libre de s'étendre pour toujours dans l'océan de la vie.

---

35. Lieu de naissance, lieu de renaissance.
36. Gardiennes des connaissances sacrées.
37. La Source Mère.
38. Déesse représentant la source de la vie, la lagune dans laquelle la vie, la mer a son origine.
39. Une humanité antérieure à la nôtre. Les légendes racontent qu'ils furent anéantis par le feu à cause de leur arrogance et de leur orgueil.

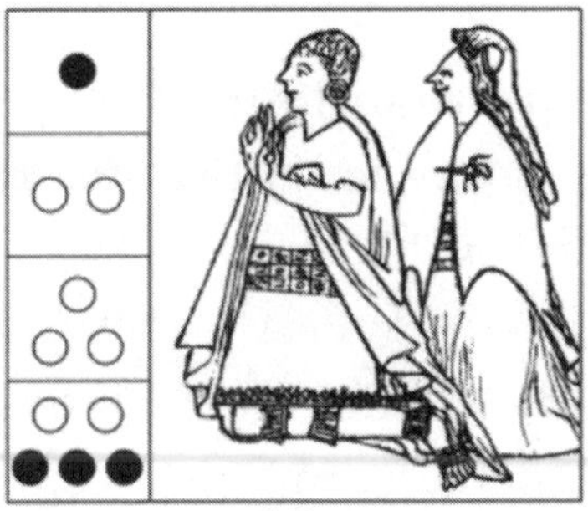

13.
CONNAÎTRE L'HOMME ET LA FEMME

Il restait peu de jours avant l'arrivée de Condori. Entre le travail, les leçons de Mama Maru et les moments de méditation et de réflexion, le temps passait vite. Comme dans un film, les actions et les choix de sa vie passée, des plus insignifiants aux plus importants, défilaient dans l'esprit de Kantu.

Elle repensait à sa première rencontre avec Juan et à combien elle avait changé depuis. Elle commençait à comprendre que cette relation amoureuse avait donné une tournure radicale à sa vie et l'avait rendue dépendante d'un homme. Souvent, se rappelant ses rencontres avec lui, elle éprouvait une colère profonde envers elle-même : quand elle était devant lui toutes ses certitudes s'écroulaient comme un château de cartes alors que ce n'était pas le cas pour lui. Qu'est-ce que cela signifiait ? Pourquoi l'homme et la femme réagissent-ils de manière si différente ? Pourquoi aimait-elle Juan de toutes ses forces alors que lui se contentait de la désirer ? Il disait l'aimer, mais il ne donnait signe de vie que lorsqu'il avait envie d'elle, pour ensuite disparaître à nouveau. Quand ils étaient ensemble, la voix de Juan savait se faire plaintive comme un murmure, l'envoûtant, son regard se faisait tendre et prévenant. Comment croire que ses mots n'étaient pas dictés par son cœur ? Il la suppliait de rester avec lui, de faire l'amour, de ne pas le laisser, puis, une fois son besoin d'affection et son désir sexuel assouvis, il se transformait ; l'homme tendre et affectueux qui l'avait, quelques minutes avant, adulée et câlinée, devenait soudainement froid, lointain, la laissant seule avec ses doutes.

Mama Maru l'aida à trouver la réponse aux nombreuses questions qui l'assaillaient. Comme si elle lisait ses pensées elle lui dit : « L'homme et la femme ne sont pas semblables, mais complémentaires. Dans la nature, ce qui est absent chez l'un est présent chez l'autre et vice-versa. Hommes et femmes sont profondément différents dans le corps, dans le mental et dans l'esprit. Ils perçoivent la réalité à travers les sens qui sont toutefois syntonisés à des fréquences différentes selon leur nature. En conséquence, ils voient le monde en des perspectives différentes. L'homme s'intéresse plus à la forme des choses, à leurs aspects extérieurs alors que la femme en voit la profondeur, s'intéresse à leurs beautés, à toutes leurs nuances ».

Kantu soupira ; elle ne comprenait pas la façon de penser des hommes et cela l'inquiétait. Elle aimait passionnément Juan ; s'il le lui avait permis, elle se serait consacrée à lui avec dévotion afin de rester à ses côtés, mais il était parti. Il ne comprenait pas l'essence même de l'amour.

D'une voix calme et sereine, Mama Maru continua : « Avec le temps, je suis parvenue à comprendre cette vérité : l'homme est différent de nous. Pendant un moment, je pensais que nous étions similaires, que nous pensions de la même façon, que nous voulions les mêmes choses. Mais la vie enseigne et, parfois de manière assez cruelle ». « Et maintenant, tu sais comment sont les hommes ? » demanda Kantu en la regardant attentivement.

Le visage de Mama Maru était serein, libéré de toute trace de tristesse ou de douleur, il n'était que compréhension. Malgré ses soixante-dix ans, elle semblait beaucoup plus jeune, sa beauté était encore intacte et, en la regardant, il était facile de deviner qu'elle avait beaucoup aimé et beaucoup appris de chaque rencontre avec l'amour. Seulement une fois, alors qu'elle parlait, Kantu avait vu se dessiner une petite ride sur son front. Le regard fixé au sol, l'ancienne répondit : « A force de les regarder et de les observer j'ai appris à bien les connaître et, maintenant ma connaissance des hommes me sert uniquement pour conseiller et enseigner aux plus jeunes. Je ne peux pas y recourir pour reconstruire ma vie : les années passent et la nature suit son cours. Si, avec mon expérience actuelle, je recommençais à aimer, je ne commettrais certainement pas toutes les erreurs commises lorsque j'étais jeune. Je suis une femme âgée assagie par la dure école de la vie. Nous devons unir mon expérience, mes connaissances et ta jeunesse, ton enthousiasme pour faire de toi une femme spéciale, une vraie femme, en mesure de bouger les colonnes d'énergies présentes en chacune de nous ».

« Et à quoi me servira d'étudier les différences entre homme et femme ? Pourrais-je utiliser ces connaissances pour faire en sorte que mon homme reste à mes côtés ? » demanda-t-elle presque embarrassée d'admettre un intérêt personnel.

Mama Maru l'observa attentivement, cherchant à lire sur ce jeune visage, ses pensées, ses craintes, ses désirs. Elle s'était mise à l'aimer, à l'apprécier. Elle voyait en elle une femme de pouvoir, décidée, généreuse, pleine d'idéaux et, en même temps, une jeune fille qui savait peu de choses de l'amour, qui commençait à s'ouvrir à la vie et qui souffrait pour son premier amour. Puis elle reprit : « En connaître les différences t'aidera à comprendre les hommes, à savoir ce qu'ils pensent, ce qu'ils veulent, ce qu'ils désirent. En conséquence, tu sauras à qui consacrer ta vie. Ton corps, ton âme, ton être ne doivent pas être donnés à qui ne les méritent pas. Quand tu te donneras à un homme ce sera pour l'aider à grandir, pour le guider le long du chemin de l'amour. Tu lui enseigneras à aimer et, grâce à la force de cet amour, votre union pourra être lumineuse ; si tu ne le fais pas, ta vie sera stérile. Tu devras apprendre à aider les hommes à retrouver leur essence spirituelle. Uniquement ainsi, tu t'élèveras et tu deviendras un être de lumière ».

Un instant, Kantu demeura silencieuse, réfléchissant à ce que Mama Maru avait dit. L'ancienne, entretemps, continua à filer sur son petit fuseau, en le faisant tourner rapidement comme une toupie. Puis, brisant le silence, Kantu trouva le courage de demander : « Mama Maru, pourrais-tu me dire à quoi t'a servi de connaître ces différences ? »

La femme se retourna, regardant la jeune fille dans les yeux ; elle interrompit son travail et, comme si elle se souvenait du temps passé, lui répondit avec un sourire : « Ma fille, quand je les ai compris, j'ai connu l'essence de l'être féminin, un être privilégié, doté d'un pouvoir extraordinaire… et j'ai compris l'essence de ma propre vie. Grâce aux connaissances acquises, j'aurais pu mettre à mes pieds n'importe quel homme, mais, désormais, c'est une chose que je ne désire plus et j'ai choisi d'aider les autres à grandir. J'ai aimé intensément chaque homme avec lequel j'ai partagé des moments de mon existence. Puis est arrivé le moment où j'ai compris que mon amour ne se serait jamais éteint. J'ai vécu ma vie intensément, j'en ai compris les secrets, je me suis donnée entièrement et j'ai reçu en échange expérience et sagesse. C'est alors que j'ai décidé de me retirer du monde. Maintenant, dans ce lieu si retiré, je complète la trame du tissu de ma vie et je me prépare à entrer, un jour, dans la dimension existant au-delà de la vie. » « Mama Maru, excuse-moi si je te semble impertinente, mais je n'arrive pas à comprendre pourquoi ton histoire avec Ronald est finie ».

Mama Maru devint d'abord sérieuse puis, souriante, elle lui répondit : « Mon apprentissage pour devenir curandera terminé, j'ai accepté de rester avec Ronald parce que je l'aimais. Mais je commençais à le voir avec d'autres yeux. Je l'étudiais même quand nous faisions l'amour. J'avais beaucoup changé et j'avais compris que pour conquérir un homme, il fallait se donner complètement à lui. Quand je commençais à le connaître vraiment, je fis de mon mieux pour l'aider à devenir un homme véritable. J'ai vécu avec lui plusieurs années m'efforçant de le faire changer, mais ce ne fut possible qu'en partie, parce que ce n'était pas facile de modifier une personnalité et d'effacer les nombreux conditionnements sociaux. Sa famille ne m'accepta jamais complètement, mon fils non plus et il ne reconnaissait sa mère qu'en l'unique femme avec laquelle il avait toujours vécu : la grand-mère. Et Ronald, de son côté, qui avait peur de sa mère, ne me rendit jamais mon fils, qui a grandi sans avoir à ses côtés un père prévenant et sa vraie mère. Mon mari avait un caractère fragile, refusant de grandir et vivait dans un monde hypocrite et immoral. Il passait pratiquement toute la journée au Palais de Justice qui pour moi, au contraire, représentait le « Palais de l'Injustice ». Grâce à mes enseignements il a appris à aimer, à respecter les sentiments des autres, à être juste. Peu à peu, sa façon de voir les choses et sa façon d'être changea, du moins en partie, mais, comme le dit le proverbe : « Chassez le naturel, il revient au galop ». Quand je vis que j'avais parcouru avec lui tout le chemin nécessaire, je considérais mon devoir accompli et je le quittais. Il est inutile de dédier sa propre vie à une personne qui ne le mérite pas ou qui n'a pas le courage de grandir. C'est ainsi qu'un jour je décidais de m'en aller, mais je restais son amie et sa conseillère. J'ai alors entamé une activité dans le commerce. En ce temps-là, les moyens de transport et les routes d'aujourd'hui n'existaient pas encore ; la marchandise était transportée à dos d'animal. Traversant les vallées et les hauts plateaux, l'on troquait des fruits secs, des feuilles de coca et du maïs contre de la viande séchée, du *chuño*, de la *qañiwa*, du sel et d'autres produits. Durant un de ces voyages, je connus Julián Maywa, un homme qui vivait au pied de la montagne Ausangate. J'ai passé avec lui dix années intenses riches d'amour et de bonheur jusqu'à ce qu'un jour, il fut foudroyé par une pneumonie et mourut.

J'ai cessé de voyager et me suis établie à Calca. Là, je connus Isidoro Tejsi, un jeune homme qui tomba éperdument amoureux de moi. Je suis parvenue à rassembler les bribes de sa vie détruite par une relation précédente. Il s'était marié avec une métisse qui, pour la simple raison qu'il était pauvre et indien, le traitait comme un esclave. Ils survivaient difficilement. Quand sa femme le quitta pour un autre homme qui lui offrait davantage de sécurité pécuniaire, il s'écroula dans un abîme de désespoir. J'ai réussi à lui redonner confiance en lui, en lui donnant toute mon affection et en me dédiant complètement à lui. Je l'encourageais à changer de vie et à penser de manière positive, à étudier, à devenir économiquement indépendant. J'ai fait de lui un homme véritable et je l'ai encouragé à se chercher une femme jeune avec laquelle former une famille. Je voulais continuer à voyager et faire de nouvelles expériences. Il était pauvre, mais il avait un travail qui lui plaisait et il avait acquis une grande confiance en lui. Maintenant, il possède une petite entreprise de transport, il est heureux dans son mariage et je suis contente pour lui. Chaque fois que je vais à Calca je le vois : il m'aime toujours, du moins c'est ce qu'il dit, et me considère comme son professeur ; de temps en temps, il me confie ses problèmes et me demande conseil.

Puis j'ai connu un jeune homme, il avait vingt-cinq ans, moi, quarante-cinq. Malgré la différence d'âge il tomba amoureux de moi, disant m'aimer, me parlant de sa vie, de ce qu'il avait fait et de ce qu'on lui avait fait. Quand j'eus connaissance de ses précédentes relations amoureuses catastrophiques, j'ai éprouvé de la compassion et j'ai décidé de rester avec lui. Il me plaisait, je ne me suis jamais donnée à un homme que je n'aimais pas, ou du moins, qui ne me plaisait pas. Nous avons passé ensemble huit années, heureux. Il m'adorait et me désirait ardemment. Il voulait un enfant de moi mais moi, qui désormais ne pouvait plus en avoir ni n'en aurais voulu, je le poussais à se trouver une autre compagne. Je lui ai enseigné tout ce qu'un homme doit savoir pour rendre une femme heureuse. Je fus son professeur ; avec patience je lui ai enseigné à avoir confiance en lui, à aimer en allant plus loin que la simple attirance sexuelle, à avoir du respect pour lui et pour les autres. Je l'ai laissé avec une femme plus jeune avec laquelle il pourrait avoir les enfants qu'il désirait tant. Notre séparation le fit beaucoup souffrir mais il comprit que c'était la meilleure solution pour lui. Aujourd'hui nous sommes encore amis et il a une belle famille. Tous les hommes avec lesquels j'ai vécu m'ont aimée et je les ai aimés. Quand tu sauras comprendre leur pluralité, alors tu commenceras à les connaître ; en les connaissant tu commenceras à les comprendre et, une fois que tu les comprendras, tu commenceras à les aimer de manière à aller au-delà de la possession de leur corps et de leur vie » conclut l'ancienne d'une manière résolue.

Kantu n'avait jamais analysé quelles pouvaient être les différences entre elle et Juan et, désireuse d'apprendre, elle demanda : « Mama Maru, qu'est-ce qui nous rend si différentes des hommes ? ».

Mama Maru ne répondit pas immédiatement. Son regard et son attention étaient concentrés sur ses mains qui manipulaient avec harmonie la quenouille et la laine qui, lentement, se transformait en fil. C'était une femme extraordinaire, pleine de vie. Elle se tenait là, assise par terre, avec sa jupe vert foncé qui lui couvrait les jambes et un ceinturon multicolore qui lui serrait la taille. Les épaules étaient couvertes par une veste sur laquelle elle avait mis une petite couverture noire et au-dessus encore un vieux châle couleur noisette. Comme si en tournant la quenouille elle avait déroulé ses pensées, elle répondit : « L'homme en général est plus objectif, il pense tout de suite en termes individualistes, tandis que la femme a le sens profond de la communauté, le sens par lequel s'exprime l'amour, la loi. Le terme « nous » est plus utilisé par les femmes que par les hommes. Pour s'imposer, l'homme a recours à ses muscles tandis que la femme, qui pour des raisons évidentes ne peut faire la même chose, utilise la patience, la douceur, la persuasion. L'homme analyse, transforme, divise, détruit, la femme unifie, donne la vie, justifie, guérit et créée. Sexuellement, l'homme est plus superficiel : il recherche le plaisir, la procréation. La femme, en revanche, est profonde, intérieure : elle cherche l'amour, se donner et recevoir, jusqu'à elle-même. Le premier sème, la deuxième recueille et fait germer la vie. L'homme construit la maison, la femme donne la chaleur au foyer. Devant les autres, l'homme cherche la reconnaissance ; si c'est un militaire, il cherchera à être un héros ; si c'est un intellectuel, il cherchera à être un génie. L'homme cherche toujours la notoriété en tout ce qu'il fait ; il veut un trône duquel les autres le glorifient et lui rendent hommage. La femme ne veut pas de trône ; elle aspire de tout son cœur à être le temple de l'amour et pour y parvenir, elle se servira de tout son charme, de toute sa grâce et de toute sa beauté intérieure ».

Les paroles de Mama Maru impressionnèrent profondément Kantu. « Mama Maru, comment dois-je faire pour commencer à connaître un homme ? » demanda-t-elle.

« Observe attentivement son aspect, ses gestes, son comportement. Puis ferme les yeux et écoute attentivement le ton, le rythme de sa voix. Agissant ainsi, tu réussiras à savoir beaucoup de choses de lui : ce qu'il pense, comment il réagit, ce qu'il veut, quels sont ses buts, si c'est un homme sincère ou non. Ensuite tu lui demanderas ce qu'il pense de la famille, du travail, des amis, de la vie, de la religion, de l'amour, des sentiments, tu lui demanderas quels sont ses intérêts, ses aspirations. Observe-le en pleine action, faisant attention à la façon dont il travaille, comment il exprime ou réprime ses émotions, comment il affronte les difficultés et tu découvriras son potentiel de manière à pouvoir l'aider à l'exprimer. Seulement en sachant si c'est une personne qui te convient, tu pourras te consacrer à lui avec amour, dévouement et joie ».

Kantu doutait. Est-ce que cela valait la peine de se vouer complètement à un homme ? Elle avait été témoin de nombreux mariages ratés et elle avait entendu parler de beaucoup de femmes abandonnées, de familles détruites, de couples qui finissaient par se détester. Son amie Edith, par exemple, s'était mariée et avait vécu dix ans avec son mari, puis ils s'étaient séparés. Il soutenait qu'il l'avait quittée parce qu'il avait découvert qu'elle ne l'aimait plus, qu'elle avait tout simplement profité de lui. Elle disait qu'elle s'était lassée de lui consacrer sa vie, qu'elle avait tenté, durant des années, de faire de lui un bon mari, un bon compagnon, un homme reconnu, mais cela n'avait servi à rien parce qu'il ne voulait pas changer.

« Quel est l'élément fondamental de la relation ? » demanda Kantu à Mama Maru.

« L'amour » répondit sans hésitation la curandera. « L'amour unit, renforce, transforme, fait grandir, élève. Nous les femmes, nous vivons pour aimer, sans amour notre âme devient aride, et notre vie n'est pas digne d'être appelée vie. On vit vraiment lorsque l'on aime. Mais l'amour n'est pas éternel, il ne dure pas. Quand quelqu'un aime, il doit vivre intensément le présent de cet amour parce qu'il est possible que ce sentiment périsse dans le futur, qu'il s'éteigne. Il faut élever la vie sur l'autel de l'amour parce que c'est seulement en se donnant complètement par amour, que l'on reçoit de l'amour ».

« Mais j'ai vu des mariages dont les couples restent ensemble même lorsqu'ils ne s'aiment plus » répondit Kantu. « Le mariage est une institution créée par la société. L'idéal serait un mariage d'amour mais nous connaissons tous l'existence de mariages de convenance. Le mariage enchaîne, lie. C'est comme une cage solide : ceux qui sont à l'extérieur veulent y entrer et ceux qui sont à l'intérieur veulent en sortir. Le mariage n'est pas synonyme d'amour ». « Mais alors, est-ce juste de se marier ou non ? »

« Tu t'inquiètes trop du mariage, ma chérie. Il s'agit d'une institution créée uniquement pour protéger le couple, les enfants, mais qui n'a pas nécessairement à voir avec l'amour. Quand deux personnes s'aiment, elles unissent leur vie avec ou sans lui. Et quand l'amour meurt, il vaut mieux se séparer : on ne peut pas adorer un défunt ».

« Comment pourrais-je savoir si un homme m'aime ou si moi je l'aime vraiment ? Et comment devrais-je me comporter ? »

« Aimer et affectionner font partie tous les deux de la relation, mais sont deux choses différentes. Quand une femme suit son intuition, elle peut savoir si un homme l'aime, ou non ; l'homme non. Lui, il a tendance à faire valoir la raison sur les sentiments, mais il ne parvient pas toujours à discerner ce qu'il désire et ce qu'il aime vraiment. N'importe quel individu est capable d'éprouver une attirance réelle ou maladive pour l'autre sexe, même sans amour » dit Mama Maru faisant une pause. Et puis elle reprit : « Dans ton cas, tu as aimé et tu continues d'aimer passionnément. En revanche, lui, il te veut simplement parce que tu l'attires sexuellement , c'est évident qu'il ne t'aime pas sinon il t'aurait déjà demandé de vivre avec lui. Pour parvenir à te faire aimer tu devras te servir de cette attirance sexuelle pour le rapprocher de toi, et aussi de ton énergie positive intérieure. Ton sentiment lui parviendra avec l'intensité de ton énergie qui lui révélera ta sagesse. Fais jaillir ton énergie de la partie la plus profonde de ton être et il verra en toi la lumière qui éclairera et le guidera sur son chemin. Deux vies fusionneront en une seule ; le ciel et la terre s'uniront et de cette union jaillira la source de l'amour. Etudie bien ton homme, pas pour le critiquer, mais pour faire converger vos projets. Pourtant, pour le comprendre et le connaître, tu devras d'abord te connaître toi-même et t'accepter en tant que femme. Si tu continues à croire que le sexe te diminue ou te dégrade, tu seras une femme incomplète. La sexualité ne doit pas être évitée ou réprimée, mais respectée comme un moyen qui te permet de mieux connaître ton bien-aimé. L'unique espérance de salut pour l'humanité réside dans la libération de la sexualité, sur laquelle il faudrait imprimer le sceau de la sacralisation.

L'hypocrisie, la conviction que le sexe est une chose sale, immoral et dégradant, ont été source de malheur pour des milliers d'êtres humains, un élément de haine, de rancœur, de violence, de douleur. Il est nécessaire de supplanter cette idée imposée par une civilisation qui ne veut pas atteindre le bonheur, la joie, le plaisir, mais la guerre, la répression sexuelle, la pornographie. Pour triompher, tu devras être sincère avec toi-même, tu devras te libérer de tous tes préjugés et acquérir de l'expérience dans l'art de connaître ta nature et celle de ton homme ». « Je n'ai pas su le comprendre » se reprocha Kantu. « Parfois il me semblait qu'il m'aimait, mais ensuite il se comportait d'une manière si froide... ». « Il y a différentes façons de s'approcher de la nature humaine en partant de la supposition d'être un homme ou une femme » dit l'ancienne curandera. « Les deux n'ont pas les mêmes réactions dans l'intimité. C'est pour cela qu'il faut expérimenter ou essayer jusqu'à ce que l'on connaisse les mécanismes qui régissent la sexualité masculine. Et tu ne devrais pas te limiter à connaître la sexualité de l'homme que tu aimes mais celle des hommes en général ». « Mais comment puis-je mieux le connaître s'il vient chez moi uniquement pour satisfaire son appétit sexuel et puis s'en va ».

« Pour te réaliser pleinement, tu auras besoin de l'amour total d'un homme et, pour l'obtenir, tu devras d'abord le conquérir en douceur avec l'arme de ta féminité, sans qu'il le remarque car l'homme aime à se croire un conquérant même si en réalité il ne l'est pas ». Mama Maru fit une brève pause et puis continua : « L'homme est heureux quand il partage sa vie avec une femme pleine de vitalité et très féminine, disposée à jouir de la vie intime autant que lui. Tu es une femme très attirante et désirable et tu devras te maintenir comme telle le plus longtemps possible ou, au moins, jusqu'à ce que la beauté de ton âme gagne l'estime de ton compagnon ».

Changeant légèrement de sujet, Mama Maru ajouta : « Tu devras aussi développer ton intuition et la capacité d'anticiper les événements. Pour la réveiller, essaie de suivre cet exercice : va dans une pièce où personne ne peut te déranger avec sept crayons de couleur, mélange-les et puis, les yeux fermés, choisis-en un et essaie d'en deviner la couleur. Répète cet exercice de nombreuses fois. Cette épreuve réussie, tu peux essayer un autre exercice.

Demande à une amie de cacher une bague dans une boîte carrée de un mètre de côté et de dix centimètres de hauteur pleine de sable. Divise la surface du sable en quatre portions et devine dans laquelle se trouve la bague. Lorsque que tu auras deviné, répète l'exercice mais, cette fois, en divisant la surface en seize, puis soixante-quatre et ainsi de suite ; et tu comprendras comment l'on peut réveiller son intuition. Essaie de deviner ce que les personnes veulent te dire avant qu'elles ne commencent à te parler, en les regardant dans les yeux. De cette manière, tu pourras savoir si un homme t'aime ou non, s'il te ment ou s'il te dit la vérité, ce qu'il veut vraiment quand il s'approche de toi ».

« Comment dois-je me comporter avec un homme pour le garder à mes côtés, longtemps ? » demanda-t-elle intéressée.

« Tu devras lui faire comprendre, sans parler, que tu désires sa présence ; avec tact et délicatesse, tu devras le pousser à agir. N'ordonne jamais si tu veux diriger les pas d'un homme : limite-toi à suggérer. Montre-lui que tu es une femme pleine de vie ! Tu devras augmenter ta force physique, mentale et spirituelle. Il sera convaincu que tu es son soutien et non un poids à porter. Souviens-toi : la sexualité est une partie de l'art d'aimer basée sur la connaissance physique et mentale de l'autre qui ne peut être expliquée par les mots. Il faut l'expérimenter ».

« Tout ce qui concerne le sexe je l'ai appris avec Juan. Et il m'a dit m'avoir tout enseigné » déclara Kantu.

« L'idée que c'est l'homme qui doit instruire sexuellement une femme est bien loin de la vérité. La connaissance que vante ton amoureux est seulement une petite partie, qui s'arrête aux premiers niveaux : à la procréation et au plaisir. Le sexe est aussi santé et spiritualité, mais il ne peut pas le comprendre parce qu'il n'existe aucun lieu où l'on enseigne une matière aussi importante, celle de vivre avec un autre être humain en s'échangeant plaisir et amour. L'homme est aussi ignorant que la femme dans l'art du plaisir et de l'amour puisqu'ils leur manquent l'habileté et l'expérience dans l'art de la cohabitation ».

Surprise par ces paroles Kantu demanda : « Grand-mère, comment une femme doit-elle se préparer sexuellement ? »

« Elle doit d'abord commencer à considérer son propre corps comme quelque chose de sacré. La partie intime est la partie la plus sacrée car c'est vraiment là qu'ont lieu la reproduction, la création, la régénération et l'alchimie spirituelle. C'est de là que se répandront toutes les énergies qui font bouger l'être vivant. Nos ancêtres l'appelaient *chaka*, point de rencontre du monde visible et invisible. Il faut pratiquer un type de sexualité unitaire, dite aussi sexualité sacrée. Le but de cette pratique est celui d'apprendre à faire bouger l'énergie située dans la partie plus basse de l'être vers le haut, de façon à entrer dans l'infini, dans le domaine du temps et de l'espace : le règne de l'amour. La femme, par sa nature particulière, parvient à se pousser jusqu'à cet enclos et c'est pour cette raison qu'elle sait ce qu'est l'amour. L'homme a du mal à atteindre cette dimension, il sait que l'amour existe mais il ne le connaît pas. Et c'est cela notre mission : faire en sorte que l'homme connaisse l'amour. Mais pour y parvenir, une femme doit se préparer, perfectionnant en premier lieu, le sens du toucher. L'acte sexuel est une sensation tactile et l'érotisme est le jeu qui permet de la perfectionner. Uniquement avec intuition, douceur et tendresse, une femme peut réussir à mener l'homme à travers la dimension de l'amour. Mais le chemin qui conduit à cette connaissance est long et fatigant, il faut se libérer de tous les tabous imposés par la société et être disposé à risquer.

« Je suis disposée à risquer et à aller jusqu'au bout » dit Kantu avec conviction.

« Si tu es vraiment décidée, tu as déjà gagné la première bataille ».

Mama Maru s'interrompit et se remit au travail. Tout ce qu'elle apprendrait des *Amaru runakuna* lui permettrait d'utiliser son pouvoir et d'accroître son charme féminin afin de faire en sorte que Juan reste à ses côtés. Et, du plus profond de son cœur, elle désirait ardemment que cela arrive.

Devant le silence de la jeune fille, la curandera reprit le discours : « Pour être heureux, un couple doit savoir utiliser ses propres différences dans le but de créer une unité et non pour scinder plus tard leur union ou pour s'établir dans la rivalité. Si la femme sait comment créer cette unité, elle pourra utiliser sa propre énergie intérieure pour induire des changements chez l'homme. »

Kantu pensa à différents couples qu'elle connaissait, que ce soit dans sa communauté ou à la ville, aux centaines de couples qui cohabitaient ou qui se mariaient, chacun d'entre eux avec leur propre histoire. Elle se souvenait que la curandera lui disait qu'homme et femme devaient se compléter mutuellement ; et elle demanda : « Si l'homme et la femme ne sont pas semblables, lequel des deux est le plus fort ? ».

« Tu continues à penser comme un homme. Quand tu parles de supériorité, tu prétends opposer un être vivant à un autre. L'idéal est de ne pas séparer l'homme de la femme, mais plutôt de découvrir comment ils peuvent se compléter mutuellement. La complémentarité ne cherche pas des opposants. Il existe des peuples pour qui le respect envers la femme est réel, des peuples où les femmes sont traitées à l'instar des déesses, alors qu'il en existe d'autres où entre les représentants des deux sexes s'est créé un statut de supériorité confronté à l'infériorité » répondit Mama Maru.

« Comment était la femme andine avant l'arrivée des espagnols ? » demanda Kantu.

« Il y a des siècles, la femme andine participait activement par son travail à la formation et à l'organisation de la société. Outre l'accès aux autres activités, son rôle fondamental était celui d'éduquer et de former les générations futures. Elle pouvait s'occuper également de bien d'autres choses, mais sa vraie réalisation était d'être une mère et une épouse. La femme andine vivait avec un homme en tant que compagne, amie et professeur. Son univers n'était pas limité à la maison, elle contemplait aussi le monde extérieur : non seulement elle participait aux festivités et au travail mais aussi aux élections des représentants de la communauté. Elle menait une vie active, conforme à son talent et à sa finesse et exprimait son opinion sur n'importe quel sujet. Cette femme, hostile au concept du moi, s'exprimait en termes d'intégrité de l'être, et utilisait le « nous ».

Elle était elle-même et non ce que ses parents auraient voulu qu'elle soit. La femme indienne était libre, travaillait comme n'importe quel autre membre de la société et ses opinions et idées étaient respectées. Dans certaines régions, les femmes pouvaient même parvenir à être des chefs résolvant les problèmes quotidiens, régissant la distribution du travail.

Leur unique guide était l'amour. Avant d'accepter un homme en tant que compagnon de vie, elles devaient le connaître durant une période de cohabitation, uniquement ainsi, elles savaient ensuite accepter la personne telle qu'elle était, avec toutes ses qualités et ses défauts, consciente du fait qu'ils se seraient enrichis réciproquement. Dans les Andes, une mère biologique n'était pas maître de ses propres enfants ; elle partageait le fait d'être mère avec toutes les femmes de la communauté, toutes lui servaient de mère, même les femmes stériles avaient le droit de les cajoler, de les caresser. Il n'existait pas de mot définissant la possession maternelle, l'enfant était considéré comme un être qui donnait du prestige au principe de la maternité et de la croissance humaine. Aussi l'éducation des enfants était un devoir commun ; la nouvelle créature avait des nécessités biologiques et psychologiques que seule la mère naturelle pouvait satisfaire, mais l'éducation en soi, l'instruction en général, lui était donnée aussi bien par la maman que par les autres femmes du groupe. Toutes ensemble, elles enseignaient à l'enfant les valeurs fondamentales : en premier lieu, à être soi-même, à se respecter et à s'aimer parce que, pour aimer les autres, il faut d'abord s'aimer soi-même. Si nous n'apprenons pas à nous aimer nous-mêmes, nous ne pouvons pas enseigner aux autres à aimer. Nous ne pouvons pas donner ce que nous ne possédons pas et nous ne pouvons pas non plus enseigner ce que nous n'avons ni appris ni expérimenté. Puis, elles lui enseignaient que le premier devoir d'un indien était celui d'aimer tous ses semblables, sinon il risquait de vivre condamné à la solitude, au désespoir, à la destruction. C'était un temps de progrès et de développement car les différences entre l'homme et la femme étaient respectées et que l'on cultivait une façon de penser et d'agir de type collectif ».

Quand elle eut fini de parler, la curandera se tut et retourna à ses occupations quotidiennes. Kantu, en revanche, se mit à réfléchir à ces paroles. Involontairement elle ferma les yeux et, regardant avec les yeux de l'âme, elle vit Mama Maru resplendir de la lumière de l'Amour.

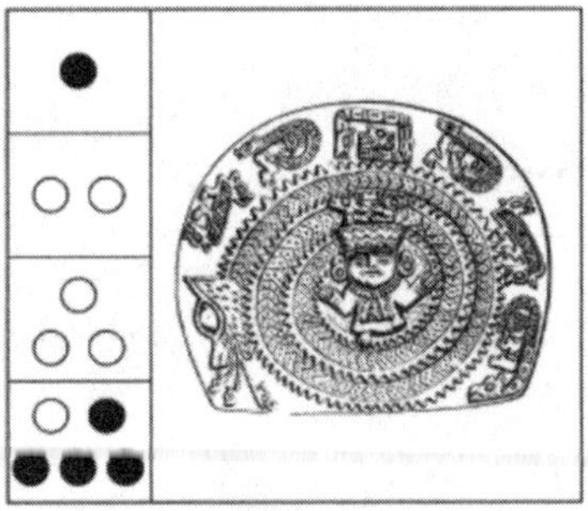

14.
SAVOIR DOMINER L'ÉNERGIE INTÉRIEURE

Comme s'il avait su que la préparation de Kantu était désormais terminée, Condori arriva. Il portait un chargement de tiges d'orge encore vertes qu'il posa contre une palissade. Puis, d'un pas décidé et silencieux, il s'approcha de l'endroit où se trouvaient Mama Maru et Kantu et, comme un petit garçon, il passa sa tête par la porte, en souriant.

« Grand-mère, j'ai apporté de l'avoine pour tes animaux et ceci pour toi » dit-il sortant de son sac volumineux, qu'il portait sur l'épaule, une série de cadeaux qu'il posa l'un après l'autre. « Voyons un peu comment va la jeune fille que je t'ai confiée ». « Au début j'ai douté qu'elle puisse arriver jusqu'où une femme peut aller, mais maintenant je dois admettre que nous nous trouvons devant une femme déterminée et, comme tu me l'avais demandé, je te la rends complètement transformée » répondit Mama Maru en souriant. Dès qu'elle vit Condori, Kantu vint s'approcher de lui, l'observa longuement et enfin lui sourit. « Ça me fait vraiment plaisir de te revoir » dit-elle émue et heureuse. « J'ai beaucoup pensé à toi ». Condori la regarda dans les yeux et se rendit compte immédiatement qu'elle avait beaucoup changé. Dans son regard il n'y avait plus de peur, mais de l'acceptation et de la sérénité. Même son visage avait changé : ses lèvres n'étaient plus pincées et toute sa musculature était plus détendue. Une harmonie intérieure et une beauté particulière émanait d'elle : elle semblait entourée d'une pâle aura.

« Maintenant oui ! Le feu et la chaleur sont présents dans ta voix. Tu es prête à affronter les grands risques de la vie » affirma-t-il en la saluant.

« Pas encore » l'interrompit Mama Maru. « Pour compléter son apprentissage, il lui manque encore la pratique et l'expérience qui lui permettront d'atteindre la sexualité sacrée. C'est toi qui dois compléter l'œuvre commencée. Nous devons faire d'elle une colonne d'énergie, un temple vivant, une *Qoya*. Tu dois lui enseigner et lui expliquer ce qui transforme les êtres humains en êtres de lumière. Et afin qu'elle puisse continuer sa voie, il est nécessaire qu'elle connaisse le *Pachachaka*, le pont d'énergie de lumière qui s'étend entre un homme et une femme quand ils s'unissent. »

Kantu écouta en silence ce que Mama Maru disait. L'ancienne femme l'avait avisée que le *Pachachaka* était lié à l'énergie vitale et à la sexualité et que cette énergie ne résidait pas exclusivement dans les organes génitaux, mais qu'elle était diffusée dans tout le corps. Il s'agissait d'une énergie extrêmement puissante qu'elle pourrait utiliser en différentes situations, même étrangères au contact physique avec un homme. Condori aussi lui avait parlé de l'expérience sexuelle comme d'une sensation tactile interne liée à la sensation tactile externe. Grâce à celle externe, elle avait déjà expérimenté des sentiments et des sensations jamais éprouvées jusqu'ici : plaisir, douleur, tristesse, peur, confiance, affection, tendresse, passion.

Quant à la sensation interne, elle se souvenait que lorsqu'elle était adolescente, elle s'était amusée quelquefois en se caressant, mais n'avait plus jamais recommencé car on lui avait dit que c'était une chose immonde. Depuis, de temps en temps, elle avait fait glissé le majeur entre les plis de son vagin en éprouvant une sensation assez agréable, mais elle se sentait chaque fois prise de remord, d'un sens de culpabilité, de honte d'avoir fait quelque chose de sale et d'immoral.

Les deux curanderos s'écartèrent un peu d'elle en parlant entre eux alors que Kantu pensait aux épreuves qu'elle devrait affronter à l'avenir. Ils parlèrent à voix basse, s'échangeant des cadeaux ; l'ancienne curandera parlait et Condori l'écoutait attentivement. Peu après, se tournant vers elle, Mama Maru lui ordonna : « Rassemble tes affaires, il est temps que tu retournes chez Condori ». Et, à l'attention de Condori elle ajouta : « Termine ce que tu as commencé afin qu'elle puisse devenir une vraie femme ». Kantu se mit à ranger ses affaires et, pendant qu'elle se coiffait, elle pensa à comment faire pour tout mettre dans un seul sac. Elle étendit son *Llijlla*[42] multicolore par terre et y mit toutes ses affaires. Elle le noua aux deux extrémités et le mit sur son dos en y attachant deux autres sacs, plus petits, devant elle. « Celui-ci est pour le voyage » dit la curandera en leur donnant un sac de vivres. « Et ça c'est un cadeau pour toi » ajouta-t-elle, en lui tendant un petit sac multicolore. « Merci Mama Maru » répondit-elle émue, ouvrant son cadeau : un serpent d'argent. Elle le mit tout de suite à son cou.

Condori prit le poncho, l'enroula en l'attachant avec la corde qu'il portait à la ceinture et se le mit autour du cou comme une écharpe. « Grand-mère, je reviendrai te rendre visite. Maintenant, nous devons partir car il fera bientôt noir et froid. Au revoir… » dit-il, se dirigeant vers la sortie.

L'adieu entre Mama Maru et Kantu fut sans paroles : elles se regardèrent longtemps et puis s'étreignirent fortement. Durant tout ce temps, elles avaient eu l'occasion de bien se connaître et entre elles était née une profonde affection. Mama Maru avait été capable de balayer sa peur de l'inconnu et de la mort et elle avait su la transformer en une femme sûre d'elle. « Bonne chance, jeune fille » lui dit-elle. « Tu es sur le point d'entreprendre un chemin que j'ai, en grande partie, déjà parcouru. Tu auras besoin de beaucoup de patience et d'intuition ». « Merci, Mama Maru. Tu as été une grande maîtresse, tu seras toujours dans mon cœur. J'espère te revoir un jour » répondit Kantu, la voix brisée par l'émotion, avant de sortir en suivant Condori. Mama Maru les suivit du regard jusqu'à ce qu'ils disparaissent derrière les montagnes, puis elle ferma un instant les yeux, fit demi-tour et rentra à la maison. Durant de nombreuses semaines, elle avait eu une fille et elle avait été une maman exigeante parce qu'elle voulait le meilleur pour elle. La vie est trop compliquée, trop belle pour la laisser à l'improvisation ; c'est pour cela qu'elle avait été si dure, suivant attentivement le moindre pas de son enseignement.

Kantu avançait en silence, noyée dans ses pensées, un peu triste d'avoir dû laisser cette grande femme. Avec gratitude, elle se remémora les difficiles épreuves auxquelles elle avait été soumise. Quand ils atteignirent la fente entre les deux roches, elle sauta sûre d'elle, sans commettre d'erreur. Durant le chemin son pas était plus décidé, preuve évidente que dans la difficile école des curanderas son caractère s'était endurci : elle avait connu une curandera de l'eau, une *Amaru*, une femme serpent.

Elle pensa que sa préparation n'était pas encore terminée et qu'elle se poursuivrait avec Condori. Elle observa l'homme qui marchait devant elle. Elle le connaissait, elle avait touché son corps, exploré la forme de ses muscles, senti la consistance de sa peau, perçu sa chaleur, senti son odeur. Au début, il lui avait semblé être un sacrilège, un péché de toucher ce corps, de même qu'il lui avait paru être un viol de son intimité d'être explorée et touchée par les mains de Condori. Au fur et à mesure qu'elle avançait dans les exercices afin de développer et de réveiller les sensations tactiles, elle avait commencé à le connaître et à l'apprécier. Maintenant il lui était familier et elle éprouvait de l'affection pour lui. Devant elle, le curandero avançait, agile : le dos musclé, droit, les épaules puissantes, les bras forts, le cou massif. Condori marchait à pas cadencés, en bougeant les bras. Sous ces vêtements simples, son corps était celui d'un guerrier. En cet instant, elle éprouva le désir d'être dans ses bras, de se sentir transporter par ses bras puissants, de se serrer sur son torse. Que lui arrivait-il ? Elle ne réussissait pas à s'expliquer d'où naissait ce désir de l'avoir à ses côtés. Elle l'avait cherché et consulté afin qu'il l'aide à épouser Juan, mais elle était en train de tomber amoureuse de lui, même si elle l'avait entendu lui dire plus d'une fois qu'elle ne devait pas dépendre de lui émotivement. Presque comme si elle lui avait transmis ses pensées par télépathie, Condori s'arrêta, se tourna et s'approcha avec le visage et les yeux souriants : « Laisse-moi t'aider à porter tout ce poids. Nous avons encore pas mal d'heures de route devant nous et nous devons arriver avant que le soleil ne se couche ». « Ce n'est pas nécessaire. J'y arrive » lui répondit-elle.

« Portons le chacun à notre tour » dit-il en détachant le sac et en le jetant derrière ses épaules.

Libérée de ce poids, Kantu soupira de soulagement, debout, face à ce torse musclé. S'il avait décidé de la serrer dans ses bras, elle n'aurait opposé aucune résistance, elle s'y serait réfugiée. Mais il ne se passa rien, il se tourna, lui disant : « Mama Maru a fait un beau et grand travail avec toi, elle t'a transformée en une véritable femme. Le chemin qu'il reste à parcourir pour compléter ton apprentissage sera plus facile et plus rapide ».

Kantu se contenta d'acquiescer. Ils reprirent le voyage le long de l'étroit sentier de la montagne. Kantu contemplait le paysage qui l'entourait, formé de rochers, roches, terrains stériles, petits arbustes, plantes épineuses et pâturages arides. De temps en temps de petites langues vertes sur les rives des minuscules torrents interrompaient le paysage désertique. Dans les hauteurs du ciel bleu, derrière les hauteurs grises des Andes, les nuages paraissaient se poursuivre.

Le jour suivant, après avoir suivi les exercices et s'être réconfortée avec un bon bain dans les chaudes eaux thermales, Kantu repensa aux raisons qui l'avaient poussée jusque-là. Anselmo lui avait dit qu'elle était une femme dotée d'un grand pouvoir qu'elle devait apprendre à utiliser. Elle savait qu'à un moment ou à un autre commencerait une autre partie importante de sa préparation, celle qui lui enseignerait à guider sa propre énergie pour conquérir un homme. Et elle décida d'affronter directement le problème. « Condori, dis-moi, quand m'enseigneras-tu à utiliser mon énergie ? Je pense être prête » lui dit-elle en le regardant dans les yeux, sans aucune crainte. Alors qu'elle parlait, Condori la regardait en silence, en étudiant chacune de ses réactions.

« Nous commencerons l'apprentissage d'ici quelques jours ; pour le moment nous continuerons l'exploration tactile. Voyons un peu combien tu as progressé en restant avec Mama Maru. » Kantu reprit les exercices qu'elle avait déjà suivi plusieurs fois. Dans l'obscurité de sa chambre, elle se déshabilla. Ses doigts parcouraient tout son corps répétant un à un tous les différents exercices dans le but de se souvenir de toutes les sensations expérimentées auparavant.

Elle travailla durant plusieurs jours et, chaque fois, il lui semblait qu'un feu s'allumait en elle. En touchant son propre corps, elle éprouvait des sensations seulement éprouvées le jour où elle avait connu Juan.

Le jour où elle et Condori commencèrent à suivre les mêmes exercices sur le corps l'un de l'autre, en touchant le corps musclé de l'homme elle ressentit le désir de s'unir au sien, de se sentir sienne. Condori perçut son désir, mais ne réagit pas. Ce fut Kantu qui prit l'initiative. Elle se mit à masser lentement, avec douceur son corps, cherchant à faire naître le même plaisir, la même excitation qu'elle éprouvait quand Condori lui parcourait le sien, du bout de ses doigts. Le contact des doigts de Kantu paraissait ne susciter aucune réaction chez lui. Elle éloigna alors ses mains des parties les plus intimes et, sans changer ses mouvements, continua à masser les autres parties du corps. L'exercice terminé, alors qu'elle se rhabillait, Condori dit : « Kantu, j'ai senti que ton massage m'invitait à un contact intime avec toi, même si tu as immédiatement compris que je n'étais pas disposé. Je contrôlais mon corps. Le contrôle physique et le contrôle mental sont une partie essentielle de ces exercices. Seulement quand tu seras prête et quand tu comprendras que nous pratiquons non pas le simple acte en soi comme le font des milliers de personnes, mais quelque chose destiné à bouger ta colonne d'énergie, alors tu pourras tendre le pont vers l'éternité. Alors seulement nous commencerons à manier le *Pachachaka*. Aujourd'hui l'énergie vitale, la sexualité, le sexe s'entendent comme un acte purement génital.

Tout le monde croit que c'est un acte qui est uniquement associé au plaisir et à la procréation, ils ne comprennent pas qu'en revanche, il s'agit du flux d'énergie vitale qui rejoint même les côtés les plus cachés de notre être. C'est l'énergie qui favorise l'union du monde visible au monde invisible et qui ne considère pas uniquement l'acte de reproduction en lui-même. C'est un acte qui donne santé, créativité, inspiration. Le sexe, en tant qu'énergie, modèle notre comportement social, psychologique, moral dans les rapports à l'autre et nous-même, il établit les limites de la conscience et de la responsabilité ». Elle écoutait avec attention, puis se décida à demander une chose qu'elle n'avait jamais osé demander à un homme : « Mais, qu'est le sexe en lui-même ? »

« Le sexe est la manière dont l'énergie vitale se manifeste chez les êtres vivants » lui répondit Condori. « Tous les êtres vivants répondent à des lois déterminées qui trouvent leurs origines précisément dans le sexe. La différence entre homme et femme, entre mâle et femelle, semble nous conduire vers des extrêmes opposés ; en réalité, ces extrêmes incarnent des différences qui servent seulement à nous rappeler qu'il existe une unité supérieure basée sur la bisexualité, qui peut aller vers une des deux extrémités selon le penchant : plus vers le masculin, ou plus vers le féminin. A l'origine, la manifestation de cette énergie est fondamentalement féminine. Tout ce qui existe à partir de la création, de la reproduction, de la gestation du nouvel être est féminin. L'homme féconde, mais c'est la femme qui crée et qui développe la vie. C'est pour cette raison que la part féminine est la colonne, le point initial de la vie. »

« Je ne comprends pas » dit Kantu un peu désorientée par les concepts que Condori exprimait.

« C'est très simple. Dans cette partie définie *chaka,* » dit-il en indiquant la zone comprise entre le sacrum et le mont de Vénus, « réside l'énergie vitale qui, chez la femme, est une énergie créative très puissante. C'est pour cela que la femme possède une sexualité et une énergie beaucoup plus forte que celle de l'homme, mais dont elle n'est pas consciente parce qu'elle porte en elle toute une série de conditionnements et de tabous culturels, qui, à leur tour, masquent des intérêts économiques, politiques, sociaux et religieux. Quelques hommes ont tenté, de toute façon, de dégrader la condition de la femme, de la dominer, de l'influencer. Le sexe féminin est craint et envié, seuls les hommes vrais apprennent à respecter et à valoriser cette partie intime de la femme ». Les paroles de Condori étaient à la fois directes et choquantes. Kantu, consciente du fait qu'à un moment ou à un autre elle devrait apprendre à mouvoir sa propre énergie intérieure, demanda : « Je sais que d'ici quelques jours nous entreprendrons le chemin du *Pachachaka*, pourquoi ne pas commencer tout de suite ? »

« Puisque tu es si décidée à commencer cette nouvelle étape de ton apprentissage, nous le ferons, mais d'abord je t'expliquerai quelque chose sur les organes génitaux parce que c'est avec eux que nous travaillerons. Nous, curanderos, nous appelons l'organe génital féminin *Paqarina*, qui signifie « lieu de naissance » ou Pakarina « lieu où l'on garde le destin de l'humanité ». Un autre nom est *Ullana*, à savoir « lieu de la connaissance » et c'est pour cela que nous le considérons comme étant sacré. Là, l'homme pourra comprendre les lois universelles, immuables et souveraines, qui vont au-delà du temps et de l'espace terrestre ou humain et qui dépendent de la divine conscience qui existe en chacun de nous ».

Kantu avait entendu parler d'un langage secret utilisé par un groupe élu de curanderas, curanderos et hommes de connaissance, qui le transmettaient à leur tour à des disciples. Les mots que Condori utilisait en ce moment appartenaient probablement à cet ancien langage secret. Mama Maru lui en avait parlé, lui disant qu'il s'agissait d'un moyen de transmission qui remontait à des temps immémoriaux et que c'était le patrimoine des *Qhapaqkuna*[40], une ancienne fraternité spirituelle andine dont les adeptes opéraient en secret pour maintenir en vie la lumière de la spiritualité sur les Andes.

Après lui avoir parlé de la *Paqarina*, Condori observa la réaction de Kantu et, voyant qu'elle restait calme avec le regard fixé sur lui, il continua : « L'homme qui s'approche d'une femme doit le faire presqu'avec un comportement d'adoration, de contemplation, car c'est uniquement à travers la porte féminine, qu'il pourra tendre à l'infini. Et la femme, de son côté, devra étendre le pont d'énergie existant entre son sexe et son cœur. *Pacha* est le terme que notre peuple utilise pour désigner le temps et l'espace, en plus de désigner la terre comme un être spirituel. *Chaka* signifie pont, quelque chose construit entre deux points d'appui, et c'est le mot utilisé pour indiquer le point de rencontre entre la ligne verticale et horizontale, alors que *Chacana*[41] est le sacrum. Dans cette cavité se trouve enroulé sur lui-même *Amaru*, le serpent d'énergie qui se lève ou descend le long de la colonne vertébrale mettant en contact et en fonction certains centres de pouvoir de notre corps… »

Et ce fut ainsi qu'ils commencèrent ces leçons qui allaient permettre à Kantu de bouger de manière consciente sa propre énergie. Le premier pas fut d'apprendre à respirer. Condori lui expliqua que ceux qui vivent loin de la nature perdent souvent le rythme naturel de la respiration, comme ce fut le cas aussi pour elle. « Tu devras retrouver le rythme de ta respiration », lui dit-il « c'est ainsi que tu pourras opérer ces changements à l'intérieur de ton corps qui faciliteront la réalisation de tes objectifs.

Pour normaliser la respiration suis cet exercice : ferme les yeux et inspire profondément en cherchant à concentrer ton attention sur ce qui se passe en toi. Dès que tu sentiras la nécessité d'expulser l'air, fais-le lentement, jusqu'à ce que tu aies expiré la plus grande quantité possible. A partir du moment où tu sentiras que ton organisme a à nouveau besoin d'air, inspire encore, puis fais une pause jusqu'à ce que tu ne ressentes le besoin d'expirer. La chose la plus importante, dans cet exercice, est que tu prennes conscience de ta respiration. Par la suite, tu pourras varier le rythme de la respiration, si tu le veux.

Condori s'interrompit avant de poursuivre son explication : « Avant de commencer à mouvoir ton énergie, tu devras suivre aussi quelques exercices pour les poumons. Debout, le corps droit et les poings fermés posés à hauteur des seins, inspire lentement et à fond jusqu'à remplir complètement tes poumons. Ensuite, pousse lentement les coudes en arrière jusqu'à ce que les pouces ne touchent les aisselles. A ce moment-là, expire en remettant les mains en position initiale et toujours en prenant garde que l'expiration maximale coïncide avec le retour des mains sur le sternum. Suis le même exercice dix fois en faisant une pause entre inspiration et expiration.

En revanche, cet autre exercice te servira pour libérer les voies respiratoires : debout, les mains appuyées sur l'abdomen, inspire lentement et profondément. Quand tu auras rempli d'air complètement l'abdomen et le thorax, fléchis lentement le corps en avant et expire en exerçant une légère pression sur l'abdomen avec les mains pour faciliter l'expulsion de l'air.

Dès que tu auras tout expulsé, et ceci arrivera seulement lorsque tu seras bien pliée en avant, reviens à ta position de départ sans respirer jusqu'à ce que le corps soit parfaitement droit. Suis cet exercice dix fois, entrecoupé de pauses de trente secondes entre chacun.

Puis, pour habituer ton corps à respirer de façon naturelle et complète, debout, inspire lentement en levant les bras de façon à former un angle droit avec ton corps. Retiens ta respiration puis, allonge les bras en te penchant en avant jusqu'à toucher les pieds avec tes mains, expire. Pousse ensuite ton corps avec force en arrière et reviens à la position de départ. Répète cet exercice dix fois, et souviens-toi d'inspirer quand tu lèves les bras et d'expirer quand tu les baisses.

Il y a enfin un autre exercice que je voudrais t'enseigner : debout, le corps droit, les bras le long du corps et la tête légèrement en arrière, inspire lentement au maximum de ta capacité thoracique et puis, sans retenir ta respiration, expire lentement jusqu'au bout. Répète cet exercice jusqu'à ce qu'à ce que ta respiration se soit synchronisée au rythme de ton cœur ».

Les jours suivants, Condori lui enseigna d'autres techniques pour l'aider à retrouver le rythme naturel de sa respiration. Kantu comprit que la respiration est la vie et que c'est une partie fondamentale dans le contrôle de notre énergie sexuelle.

Chaque fois que Condori l'instruisait dans la pratique de la sexualité sacrée, il la traitait comme une déesse, avec une gentillesse et une douceur exquises. Ce fut lui qui lui fit connaître progressivement les différentes sensations qui irradient deux corps quand ils entrent en contact, ce qui lui permit de comprendre les différences sexuelles entre homme et femme. Le comportement et les contacts intimes qu'elle avait eus avec Juan n'avaient pas été les mêmes qu'avec Condori. Les pratiques sexuelles sacrées lui permirent d'expérimenter différentes formes de perception. Elle apprit à jouer avec l'énergie sexuelle comme jouent les vagues de la mer qui se poursuivent sur le sable de la plage et d'une plus petite naît une plus grande et, de celle-ci, d'autres encore plus grandes. C'était une expérience inconnue pour elle et elle ne put s'empêcher de demander un jour à Condori : « Pourquoi les sensations que j'éprouve maintenant sont différentes de celles que j'ai vécues avec Juan ? ».

« Parce que ce que tu as vécu avec Juan se limite à la recherche du plaisir » lui répond-il. « Nous n'allons pas dans cette voie, nous travaillons à la contemplation et à la perception de ce même plaisir. Sois toujours une observatrice de ton corps et tu découvriras qu'il est comme un instrument de musique sophistiqué avec lequel le musicien, selon son talent, pourra en tirer de vraies symphonies, de simples accords ou de simples sons. L'art véritable dans le déplacement de l'énergie est celui de parvenir à obtenir une symphonie capable de t'unir à l'univers : une symphonie d'amour, d'expansion vers le haut ». « Mais maintenant tu devras apprendre quelques exercices pour renforcer ta musculature interne et externe » lui dit Condori alors qu'il lui montrait comment faire. « Celui-ci sert à renforcer le bassin : avec le corps droit et les mains sur les hanches, inspire profondément et puis retiens ton souffle. Eloigne la jambe droite le plus loin possible puis fais la revenir en expirant lentement. Fais la même chose avec la jambe gauche. Répète l'exercice dix fois pour chaque jambe. Cet autre sert à renforcer la zone du sacrum : couchée sur le dos, inspire longuement et profondément, en soulevant tes jambes. Ecarte-les le plus possible vers l'extérieur et ramène-les à leur position initiale. Tu devras faire en sorte que le mouvement complet dessine un cercle de l'extérieur vers l'intérieur et puis de l'intérieur vers l'extérieur. Avec un peu d'entraînement, tu parviendras à obtenir de bons résultats tant sur les muscles du bassin que sur la région du sacrum.

Puis il y a aussi quelques exercices qui donneront une meilleure flexibilité à ton corps. Debout, droite, les pieds joints et les bras le long du corps, plie ton buste vers l'avant sans plier les genoux et laisse tes bras tomber avec leur poids jusqu'à toucher le sol avec les mains. Reviens ensuite à la position initiale et cambre toi jusqu'à ce que tes bras tombent en arrière. Les mains doivent rester tendues. Répète ce mouvement cinq fois en essayant de te pencher toujours plus en avant et en arrière ; repose-toi un peu et répète le encore cinq fois.

Il y en a un autre qui aide à rendre le buste souple : agenouillée sur le sol, penche le buste en avant, en l'étirant le plus possible. Pose le dos de tes mains près de tes pieds et appuie ta tête par terre. Relève-toi et reviens à la position initiale. Répète-le dix fois, en faisant toujours une brève pause après chaque étirement.

Cet autre exercice, en revanche, t'aidera à fléchir le buste vers l'arrière : toujours à genoux, les mains sur les hanches, penche légèrement le buste en arrière puis redresse-le, répète le même mouvement en essayant d'aller toujours plus en arrière. Si tu te sens fatiguée, repose-toi un peu et répète l'exercice encore trois fois.

Et enfin ce dernier, toujours pour le buste : à genoux, penche toi en avant, allonge les avant-bras à terre, devant toi. Dans cette position, tu fais osciller le corps en avant et en arrière, en allant le plus loin possible. Répète trois fois l'exercice, repose-toi un peu et refais le encore trois fois. »

Kantu commença à suivre les exercices en essayant de les mémoriser. Elle en connaissait déjà certains et elle se concentra sur les nouveaux, car Condori ne répétait jamais ses enseignements. Passées ces minutes accordées, l'homme poursuivit : « Maintenant je t'expliquerai quelques exercices qui te permettront d'obtenir un contrôle maximal de la région pelvienne. Tu devras exécuter ces mouvements jusqu'à ce que tu obtiennes la coordination nécessaire pour bouger toute la région relative aux organes sexuels ; en avant, en arrière, de côté, en oblique vers la droite et la gauche. Si tu les fais correctement, en peu de temps tu seras en mesure de réaliser plus de combinaisons de mouvements en quelques minutes et selon le rythme que tu voudras, en passant du plus lent au plus rapide, du plus délicat ou plus fort.

Ce sont des exercices qui servent aussi à faciliter le mouvement de ton énergie intérieure. Debout, appuie le dos au mur en gardant les pieds et les talons joints, la nuque appuyée au mur. Contracte le ventre en poussant l'intestin vers le haut et en bougeant légèrement les fesses vers le bas, en cherchant à adhérer le plus possible la région lombaire et sacrale au mur. C'est la position correcte pour parvenir à bouger le bassin en avant et en arrière. En revanche, pour obtenir le mouvement du pubis vers le bas, cambre les reins en poussant le plus possible les fesses vers le haut. En alternant ces deux mouvements et en les forçant au maximum, peu à peu tu réussiras à bouger le bassin. Suis une série de cinq exercices, fais une brève pause et ensuite une autre série de cinq.

Pour l'exercice suivant, allonge-toi sur le dos, les jambes et les genoux allongés, les bras le long du corps avec les paumes des mains tournées vers le sol ; soulève le bassin d'abord vers le haut, puis vers le bas, comme si tu étais appuyée au mur. Répète le mouvement dix fois.

Puis, toujours sur le dos, les genoux pliés et les pieds appuyés par terre, soulève les fesses et maintiens-les en cette position durant tout l'exercice. Les bras devront rester tendus le long du corps avec les paumes des mains vers le bas, à la hauteur des fesses. Bouge le bassin vers le haut puis vers le bas, en soulevant et en abaissant toute la région pelvienne, t'appuyant seulement sur les pieds et les épaules. Une variante pourrait être celle d'arquer le plus possible tout le corps en maintenant dos, bras et mains appuyés par terre. Si tu restes dans cette position en bougeant le bassin, tu sentiras tes muscles internes se renforcer en peu de temps. Il y a encore d'autres exercices importants que tu devras apprendre et qui t'aideront à faire circuler et à diriger ton énergie intérieure » dit Condori terminant sa longue explication.

Kantu suivit les différents mouvements durant plusieurs jours. Peu à peu, elle sentit sa musculature se renforcer, acquérant une plus grande élasticité et un plus grand contrôle de ses mouvements. Chaque fois qu'elle répétait les exercices, elle sentait sa propre énergie tout le long de sa peau, elle sentait que sensations et sentiments s'accordaient avec les mouvements de son corps. Certains mouvements étaient sensuels, d'autres volontairement érotiques ; quand elle en faisait certains, elle avait le désir profond de faire circuler toute l'énergie qu'elle sentait en elle. Elle percevait une sorte de chaleur qui se propageait dans tout le corps, lui provoquant une sensation de plaisir et de bien-être. D'autres exercices, en revanche, l'aidaient à bouger des muscles restés immobiles depuis des années. Elle commença à pouvoir bouger les muscles internes, que rarement hommes et femmes apprennent à contrôler. Parfois, il lui semblait marcher sur les nuages, d'autres fois les sensations qu'elle éprouvait étaient tellement intenses qu'elle en avait le souffle coupé.

Son corps apprenait à répéter le mouvement doux des ondes de la mer ou celui sinueux des serpents. Condori lui enseigna en outre à stimuler volontairement certains muscles qu'elle n'avait même jamais imaginé de pouvoir bouger et, étant consciente que les muscles répondaient à ses sensations et à ses pensées lui donnait vraiment confiance en elle.

Elle devait suivre des exercices fatigants, qui l'occupaient de nombreuses heures ; mais Kantu ne capitula pas et continua à travailler durant des semaines cherchant au contraire à les perfectionner davantage. Les exercices terminés, le corps moite de sueur, elle allait travailler un peu dans les champs. Elle profitait des moments de repos pour réfléchir au sens de la vie, cherchant à comprendre pourquoi une femme amoureuse est prête à faire de grands sacrifices, à payer un prix très élevé pour rester avec l'homme qu'elle aimait. Et désormais, chaque fois qu'elle repensait à Juan et à sa façon de se comporter avec elle, elle n'éprouvait plus de colère mais de la compréhension.

Condori suivait l'apprentissage de Kantu en la soumettant à des épreuves continues pour s'assurer de ses progrès. Dès qu'il fut sûr des résultats et qu'il se rendit compte de sa capacité à suivre les exercices de façon presque automatique, il lui dit : « Nous y sommes ! Tu as appris à créer et à mouvoir les vagues d'énergie. Maintenant nous travaillerons ensemble de manière à ce que le serpent d'énergie qui est en toi, commence à monter ». Puis il continua : « Le moment est arrivé d'obliger *Amaru* à se lever. Ce serpent se réveille et bouge en fonction de nos pensées, de nos sentiments et de nos actions, se soulevant jusqu'à la tête. *Amaru* est en mouvement constant : il monte et descend selon les impulsions qu'on lui donne. Avec certaines pratiques physiques, mentales et spirituelles, nous sommes en mesure d'élever cette énergie mais, de la même manière nous pouvons également l'enfouir jusqu'au niveau le plus bas. *Amaru* est une énergie de feu dont nous nous servons pour brûler tous les défauts physiques, mentaux et spirituels de notre corps et pour nous convertir en êtres d'énergie propre et pure, la seule qui nous permettra de nous approcher du Divin. Plus tu réussiras à élever cette énergie, plus la sensation que tu ressentiras te rapprochera du Divin. ».

« J'ai du mal à comprendre tes paroles » confessa la jeune fille. « Il est difficile d'expliquer tout ceci avec des mots ; pour le comprendre il est nécessaire de le vivre, être conscient des sensations que l'on éprouve lorsque l'énergie commence à bouger. Celui qui parvient à utiliser cette énergie selon sa propre volonté acquiert la capacité d'utiliser tout le pouvoir dont l'a doté la nature. Grâce à elle, tu pourras accomplir des miracles, faire des choses qui te semblent impossibles. Chaque personne possède cette énergie, en quantité différente. Toi, par exemple, tu en as une bonne quantité, mais tu ne sais pas encore l'utiliser. Je t'apprendrai et tu pourras atteindre l'objectif que tu t'es fixé ». Condori fit une brève pause et puis ajouta : « Maintenant ferme les yeux. Agenouille-toi, relâche les fesses et appuie-les sur tes pieds et bouge-les à un rythme régulier. Contracte la partie inférieure du périnée, puis inspire profondément et expire lentement. Répète cet exercice de nombreuses fois ».

Kantu se mit dans la position indiquée, ferma les yeux et fit une longue série d'inspiration et d'expirations jusqu'à ce qu'elle sentit que quelque chose bougeait en elle : c'était une vibration qui se répercutait sur la paume des mains, se transformant ensuite, en un léger fourmillement. Cette même sensation se déplaça successivement vers la colonne vertébrale et aux épaules.

C'était une sensation inconnue, elle n'avait jamais rien expérimenté de semblable. Elle sentit quelque chose se soulever en elle. C'était comme un thermomètre sur lequel, selon la respiration et la concentration mentale, l'énergie montait s'accrochant sur l'échelle de ses vertèbres. Au début, elle parvint à faire monter l'énergie jusqu'au sacrum, puis, continuant à s'exercer sérieusement, elle parvint à la faire monter le long de toute la colonne vertébrale. Il lui fallut beaucoup de temps avant de parvenir à la contrôler complètement.

Dès que Condori fut certain que Kantu contrôlait désormais tous ces exercices, il décida que le moment de passer à une nouvelle phase de son apprentissage était arrivé. Ce fut ainsi qu'ils commencèrent une série d'exercices et de pratiques sexuelles durant lesquels Kantu, avec l'aide du compagnon, sentait pouvoir pousser sa propre énergie encore plus haut. Elle sentait toute l'intensité de ce thermomètre d'énergie augmenter ou baisser le long de sa colonne vertébrale. Durant les jours suivants, Kantu éprouva des sensations jamais vécues, c'était comme si sa peau était infiniment plus sensible et pouvait percevoir chaque sensation tactile d'une plus grande intensité et clarté. Quand ils s'exerçaient ensemble et qu'elle suivait certains des mouvements appris, elle sentait son énergie glisser le long de toute sa colonne vertébrale, pour ensuite se diffuser dans toutes les différentes parties du corps. Chaque fois que cela arrivait, un étrange fourmillement la parcourait de la pointe des pieds à celle des cheveux, une sensation de chaleur courait le long de tout son corps et tout son être vibrait comme si elle entrait en contact avec un océan d'énergie.

La jeune fille passait une bonne partie de son temps à répéter les exercices et, quand elle se reposait, elle pensait au maître. Intriguée, elle cherchait à le comprendre. Parfois il lui semblait un être mystérieux : il parlait peu, observait beaucoup, analysait chaque chose. Par moments, son visage d'indien semblait rajeunir, à d'autres, vieillir. D'après ce que Mama Maru et lui racontaient, Kantu arriva à la conclusion qu'il devait avoir vécu avec une femme de Calca ; il avait élevé ses enfants leur donnant tout ce qu'un père responsable peut donner et, d'après ce qu'elle savait, il avait dû beaucoup travailler.

Pour certains de ceux qui allaient occasionnellement se faire soigner chez lui, Condori était comme un père, un homme qui avait renoncé à sa propre famille pour suivre son chemin de curandero. Il avait trimé pendant de nombreuses années pour pouvoir ensuite laisser à sa compagne et aux enfants tout ce qu'il leur fallait, puis il s'était retiré sur les montagnes. Il aimait répéter qu'il faut donner le maximum de soi-même et que ce qui compte ce n'est pas obtenir, mais donner, que l'important ce n'est pas se servir des autres, mais de les servir.

40. Confrérie ésotérique des Andes qui opérait pour réveiller le soleil intérieur qui existe en chacun de nous.
41. Point de rencontre, centre de la création divine, sacrum.
42. Châle en alpaca utilisé pour envelopper les objets servant aux rituels.

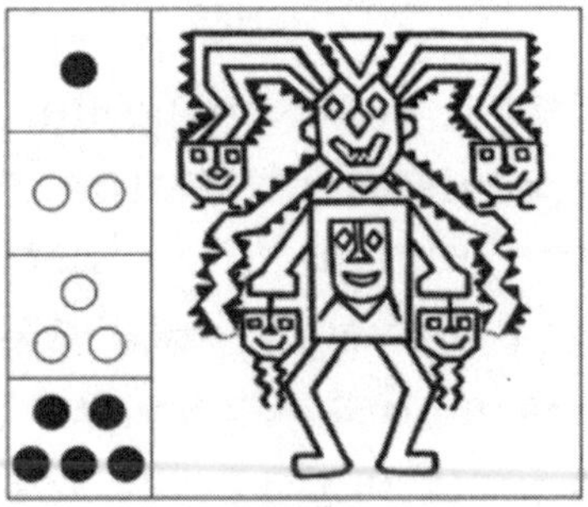

15.
NOUS SOMMES DES ÊTRES DE LUMIÈRE

Durant tout le temps où elle resta avec lui, Kantu put observer chez son maître des changements physiques qui la déconcertaient. C'était un *Amaru Runa* et, peut-être justement pour cela, il avait acquis les aptitudes typiques des serpents. Il était difficile de savoir quel âge il avait. Il ne le lui avait jamais dit et Kantu ne le lui avait jamais demandé. Parfois il semblait qu'il vibrait quand elle touchait son corps, d'autres fois il semblait absolument ne rien éprouver.

D'après son observation, il avait un énorme contrôle de son propre corps et de son esprit ; une fois, il lui dit qu'un bon système pour épargner de l'énergie était celui de maintenir son corps et son esprit sous contrôle. Il ne s'agissait pas d'exercer une retenue, mais d'avoir recours à un système qui permettait de faire circuler la quantité maximum d'énergie avec le moins de mouvements possibles. Kantu l'avait vu se soumettre à des exercices physiques exténuants, continuer durant des heures les travaux les plus fatigants, et pourtant il semblait toujours frais et dispos. Il n'était jamais fatigué ; il lui suffisait d'à peine dix minutes de repos pour être à nouveau en pleine forme.

Condori lui avait longuement parlé de l'existence de sept points de pouvoir et de huit points de contrôle dans le corps, comme il lui avait aussi parlé des points forts et des points faibles. Ces points n'étaient pas répartis de façon uniforme et égale chez chaque être humain, leur répartition dépendait des mouvements réalisés par chaque individu, de l'activité, de ce qu'ils pensaient et, surtout des buts qu'ils se fixaient. « Il est important que tu saches localiser ces points » lui avait-il dit un jour. « Quand tu touches le corps d'un homme tu devras savoir les reconnaître au toucher parce que, grâce à eux, tu sauras comment se meut l'énergie à l'intérieur de son corps ». « Comment pourrais-je trouver les points faibles, comment ferais-je pour les chercher ? » lui avait-elle demandé.

« Tu devras sensibiliser le bout de tes doigts et les faire parcourir le corps de l'homme plusieurs fois. Quand tu sentiras des points pleins, ceux-là seront les points de pouvoir, alors que s'ils sont vides, tu auras trouvé les faibles. Tu devras beaucoup t'exercer. Nous continuerons avec l'exploration tactile » lui avait-il répondu. Et en effet, grâce à un exercice constant, Kantu avait appris à trouver les points forts et les points faibles de Condori.

Parfois elle s'arrêtait pour observer la démarche compassée, agile, presque féline de Condori. Ses mouvements étaient délicats et décidés en même temps, vrais révélateurs de toute la beauté du corps humain. Si elle fermait les yeux elle pouvait projeter son esprit sur ce corps ; elle pouvait voir les points de force, qui ressortaient comme des lumières colorées, signe de la fluidité de son énergie. Elle avait essayé de trouver ces points les yeux ouverts et elle avait découvert une sorte de sympathie entre les yeux et ces zones et avait appris qu'un être humain n'est pas pure physique mais que, tout autour de la masse corporelle, il y a une région énergétique, une sorte d'émanation. Elle comprit la nécessité d'étudier la relation entre le corps physique et la manifestation de l'énergie.

Même le comportement sexuel de Condori l'avait beaucoup surprise ; même si elle n'avait pas beaucoup d'expériences et que jusqu'alors son unique homme eut été Juan, ses expériences sexuelles avec Condori avaient été profondément différentes.

Avec Juan le plaisir éprouvé était très intense, mais de courte durée, pas plus d'une dizaine de minutes. Avec Condori, en revanche, les sensations se prolongeaient durant beaucoup plus de temps, jusqu'à une, deux ou trois heures. Elle ressentait la quiétude, la paix, la tranquillité et un flux continuel d'énergie. *Amaru* montait, vertèbre après vertèbre, toujours plus haut. Avec Juan les rapports étaient comme les vagues de l'océan qui se rapprochent de la plage en avançant rapidement, l'une derrière l'autre jusqu'à ce qu'il en arrive une énorme qui balaye tout et, après la bourrasque, la mer se calmait. Avec Condori, en revanche, les vagues avançaient continuellement apportant avec elles un message qui l'enrichissait. Et, uniquement quand tous les deux voulaient atteindre le grand orgasme, ils pouvaient élever ces vagues jusqu'à leur plaisir. Ainsi lui avait appris Condori : ils devaient chercher la contemplation du plaisir, et non le plaisir en soi. Souvent elle s'interrogeait sur la nature humaine, sur la sexualité, sur les relations entre homme et femme, se demandant si Condori avait été aimé par de nombreuses femmes ou s'il avait eu beaucoup d'expériences. Il avait probablement été initié par une curandera. « Une femme, pour savoir si c'est une véritable femme, a deux chemins devant elle : celui individuel, de la solitude et de l'étude de soi ou bien celui de la coopération, qui passe par le partage de ses expériences avec l'autre sexe. L'homme a besoin de la femme et la femme de l'homme : c'est la loi de la nature » lui avait déjà expliqué Mama Maru. Condori était un homme taciturne ; il ne parlait que lorsqu'il estimait que c'était nécessaire et dans ces cas-là il pouvait même parler longtemps, mais il pouvait rester en silence durant des heures, sans sentir le besoin d'émettre un seul son. Alors que Kantu était plongée dans ses pensées sur le maître, sa voix la ramena à la réalité. « J'estime que tu as fait beaucoup de progrès et que le moment de travailler ensemble est arrivé. Le moment est arrivé de t'enseigner comment une énergie peut chevaucher l'une sur l'autre ».

Heureuse d'avoir fait un autre pas en avant vers la reconquête de son propre pouvoir, Kantu se souvint des paroles de Condori : « La nature, parfois, se sert des trucs et des petits pièges pour contraindre une femme à connaître et à utiliser son propre pouvoir ». Avec elle, elle avait utilisé une stratégie particulière : elle l'avait fait tomber follement amoureuse d'un homme pour qu'elle soit disposée à suivre son chemin. Consciente de ce mécanisme, elle se libérait progressivement de la chaîne qui lui avait été imposée. Au fur et à mesure qu'elle avançait dans son apprentissage, elle devenait davantage maîtresse de son destin. C'est pour cela qu'en le regardant droit dans les yeux et en inclinant la tête elle dit : « J'écoute et j'obéis. Quand tu veux, je suis prête ». Condori sourit. La discipline de fer à laquelle il l'avait soumise était en train de porter ses fruits. Un arbre qui pousse de travers a besoin d'un soutien, d'un tuteur qui le redresse ; à une femme amoureuse, il est nécessaire de fournir les instruments de connaissance qui lui permettent de retrouver sa pleine liberté.

Ils commencèrent ainsi leurs exercices afin de réunir leur énergie : ils bougèrent ensemble à un rythme et une intensité précédemment établie. Si, avant, Kantu avait l'entière responsabilité des exercices, maintenant la coordination du rythme et du mouvement était de leur responsabilité à tous deux. Les exercices qu'ils réalisèrent ensemble donnaient à Kantu la sensation que son énergie augmentait. C'était comme si deux fleuves se mettaient à couler et jouer en elle. Leurs mouvements rappelaient la danse d'accouplement que les serpents exécutent avant de s'unir. Celle qui montait n'était plus une seule énergie mais elles étaient deux, l'une qui poussait l'autre et toutes les deux s'aidaient à monter à descendre. Les sensations qu'elle éprouvait dans ces moments étaient incroyables : elle voyait des couleurs, elle entendait des sons sans savoir d'où ils venaient, elle sentait un fourmillement diffus dans tout le corps. Certains mouvements, de légères pressions que Condori exerçait sur des parties précises de son corps faisaient en sorte que son énergie se projetait instantanément vers le haut.

« Tous les exercices suivis jusqu'ici ont un objectif : te faire entrer en contact avec toi-même, te faire voyager à travers le temps et l'espace vers la *Paquarina*, la vraie dimension de l'amour. Seulement au moment où tu réussiras à aller en ce lieu pour te recharger d'amour, tu pourras commencer les exercices pour guider un homme dans son voyage vers l'infini et tu seras en mesure de le faire atteindre la *Paqarina*, où demeure la *Pachamama*, la déesse de l'amour » lui expliqua Condori. Kantu se tut, le regardant dans les yeux, elle opina de la tête.

« La prochaine étape sera de comprendre que tu es un être de lumière qui a besoin de se purifier dans l'océan d'énergie. Je t'ai déjà expliqué que tous les êtres vivants sont entourés d'une aura d'énergie prisonnière du corps. Ce corps d'énergie et de lumière est en connexion avec l'océan d'énergie présent dans la nature et peut être mise en mouvement au moyen de certains exercices de respiration, exercices physiques, mentaux et spirituels. Pour apprendre à mouvoir ton énergie et à la distribuer de manière équilibrée dans tout le corps, tu devras d'abord réussir à contrôler la respiration ».

Les jours suivants, Condori lui enseigna plusieurs techniques pour améliorer la respiration. Le curandero contrôlait attentivement la façon dont elle les suivait et il ne se lassait jamais de répéter : « Maintenir une respiration correcte est fondamental parce que, avec ces exercices, tu n'inspires pas seulement de l'air mais aussi de l'énergie cosmique. Ce sont fondamentalement les deux types d'énergie qui entrent dans ton corps pour équilibrer et purifier ton énergie personnelle : par la narine droite entre l'énergie lunaire, par la gauche l'énergie solaire. » Puis il resta quelques instants silencieux semblant choisir les mots adaptés pour rendre ces concepts plus compréhensibles et, finalement, il reprit : « Si tu veux obtenir le meilleur bénéfice possible de l'énergie solaire, tu devras te lever tôt et attendre le lever du soleil. Dès que le roi de tous les astres aura atteint l'horizon tu devras ouvrir les yeux, inspirer en regardant vers le soleil et puis les fermer pendant que tu expires. Tu devras répéter cet exercice dix fois. Tu pourras le faire assise ou debout, comme tu voudras, même si c'est préférable debout. Tu devras apprendre à regarder progressivement le soleil de telle manière que sa lumière ne blesse pas tes pupilles. Souviens-toi entrouvre légèrement les yeux lorsque tu inspires et fermes les lorsque tu expires.

Quand tu regardes la lumière du soleil, tu ne vois pas seulement sa splendeur, mais tu en distingues aussi la forme, le fond, la couleur. Savoir absorber chacun de ces éléments à travers les yeux fait en sorte que ton énergie se met à couler en toi et que tu puisses te percevoir toi-même comme un être de lumière » ajouta Condori. « Avant tout, tu devras apprendre à extraire de la lumière du soleil les couleurs qui te sont nécessaires ; tu devras apprendre à les sélectionner au moment où tu inspires l'air, en fermant les yeux et en pensant à la couleur que tu désires le plus ».

Kantu obéit. Les yeux fermés, tournés vers le soleil, elle put distinguer différentes couleurs qui se superposaient l'une sur l'autre et, à sa grande surprise, elle se rendit compte, qu'une couleur dominait toutes les autres. Comme si Condori pouvait voir avec ses yeux, il lui dit : « Tu es en train de percevoir une série de couleurs mais il y en a une qui ressort. Dis moi de quelle couleur il s'agit ».

« Le vert. »

« Ce que tu vois est ta couleur cyclique de lumière » lui expliqua-t-il. « En ce moment, tu joues avec ce cycle. Une fois que tu en auras absorbé une quantité suffisante, tu verras que la couleur dominante ne sera plus le vert, mais une autre. L'homme absorbe constamment différentes couleurs qui facilitent le flux de certains de ses canaux d'énergie et qui donnent de la force à certains organes en mettant en fusion les mécanismes dont l'esprit a besoin. C'est pour cela qu'il est important que la personne vive en contact avec le soleil, les plantes, les corps animés et inanimés qui existent dans la nature. Tu te seras peut-être demandé pourquoi les arbres et les prés sont verts, pourquoi certains fruits sont oranges ou verts et d'autres couleur café, pourquoi les océans sont bleus. Tout, dans la nature, est imprégné et irradie de couleurs, les couleurs ne sont que des vibrations perçues par les sens de l'homme. Grave dans ton esprit les couleurs et tu deviendras encore plus puissante. Les couleurs t'aideront à te recharger en énergie ». Le regard de Kantu changea de direction se perdant à l'horizon. Il semblait que les couleurs qu'elle avait isolées à l'intérieur du soleil avaient explosé dans le ciel, offrant à toute la nature la paix de leurs vibrations. La voix de Condori la captura à nouveau : « Au contraire, pour réussir à absorber la lumière lunaire, plus conforme à ta nature, tu devras utiliser la lune comme élément de lumière. Le soleil est une constante source de vie et son énergie est très importante pour l'existence matérielle alors que pour l'immatérielle et magique, la lune est l'élément indispensable. L'énergie lunaire est puissance même si elle est imperceptible. C'est une énergie féminine et c'est justement pour cela qu'elle a plus d'affinités avec la femme qu'avec l'homme. Cela te semblera étrange mais cette énergie est plus puissante que celle du soleil. Je m'explique : la lune est comme le miroir qui réfléchit toutes les forces du Cosmos et, tout comme celui-ci, elle peut amener sur la terre une énergie subtile mais très puissante. Nos pères savaient comment l'utiliser dans la vie quotidienne ». Il s'interrompit un moment afin de mettre de l'ordre dans ses idées et continua : « Ce que je vais te dire est très important. Quand tu sentiras la nécessité de posséder une plus grande énergie lunaire, ce devra être la lune, la source de lumière. Tu devras savoir reconnaître dans quelle phase elle se trouve parce que chacun de ses cycles a une relation précise avec ton cycle biologique. Tu devras toujours tenir compte des cycles des marées et, surtout, vérifier dans quelle position se trouve la lune par rapport au soleil et au reste des corps célestes de notre système solaire. Ce sont toutes des données importantes quand tu as l'intention de te recharger à travers la respiration, surtout si, pour atteindre ton objectif tu as besoin de davantage de capacité intuitive, de recourir à ton intelligence plus qu'à ta force. En une nuit de pleine lune regarde-la, et en gardant les yeux bien ouverts, bouche-toi la narine gauche et inspire par la droite ; puis ferme les yeux et expire en te bouchant la narine droite. Suis ce type de respiration longtemps et tu verras ce qui se passera en toi. Pour en augmenter l'effet, cette même nuit laisse un récipient non métallique rempli d'eau à la belle étoile et le lendemain matin tu te laveras avec cette même eau avant que le soleil ne se lève. Quand tu auras faim, tu mangeras des « aliments lunaires » ou de la nourriture laissée dehors la nuit précédente.

Si tu veux augmenter ta beauté, améliorer le magnétisme de ta peau, durant plusieurs jours, à l'aube, lave-toi le visage avec l'eau de la pleine lune du mois de novembre et tu verras combien ton visage sera plus attractif que les autres jours. Les rides ne se formeront plus et ta peau restera nette et fraiche ». Il fit quelques pas en avant, quelques mouvements en émettant des sons puis il continua : « D'autres éléments te permettront de t'emplir d'énergie pour faire de toi un être de lumière, ce sont les sons. La nature est une symphonie de sons. Chaque corps présent dans l'univers émet des vibrations qui produisent, à leur tour, des sons. Le vent qui souffle au milieu des rochers et qui secoue les arbres, les vagues qui se brisent contre les écueils, les oiseaux et tous les autres animaux émettant des sons. Ils ne sont pas simplement un moyen de communication mais ils servent à absorber l'énergie dont le corps a besoin ou pour éliminer celle en excès. Pour absorber les sons tu te serviras de tes oreilles, un instrument délicat, à travers lequel tu pourras en capter une grande gamme. Mais attention : de tous les sons existants dans la nature, certains sont constructifs et donnent de l'énergie, alors que d'autres sont négatifs et affaiblissent. De nombreuses compositions musicales conçues par l'homme peuvent recharger, mais beaucoup d'autres, au lieu d'apporter la paix, la quiétude, la force et l'énergie, te plongent dans le chaos et dans la confusion. Il y a des sons qui soignent et d'autres qui rendent malades : ces derniers sont des créations artificielles, simples imitations des symphonies naturelles. En réalité, seulement les sons naturels remplissent d'énergie et c'est pour cela qu'il faut savoir lesquels écouter pour choisir ensuite ceux qui peuvent nous aider ».

Kantu demanda : « Et comment puis-je choisir les sons ? ». « Tu devras apprendre à être, parfois, très réceptive, parfois sourde car, comme je te l'ai déjà dit, il y a des sons qui peuvent créer le chaos et la confusion, quand ce que tu poursuis est l'unité de ton être. Plus tu seras proche de la nature et de ses sons, plus tu seras proche de ta destination. Plus tu écouteras les sons artificiels, plus tu t'éloigneras de ton unité. »

« Ce qui signifie que les sons que l'on entend en ville ne sont pas positifs » observa Kantu.

« La majorité des sons urbains sont néfastes pour l'être humain : ils blessent l'esprit et affaiblissent le corps. Si tu touches un homme qui vit en ville et un homme qui vit au contact de la nature, tu pourras te rendre compte que leur énergie est qualitativement différente : le deuxième possède certainement plus d'énergie par rapport au premier ». Kantu repensa au son du klaxon, au bruit des voitures, au vacarme des motocyclettes, au son strident de certains appareils musicaux, à la musique assourdissante des discothèques. Elle repensa au regard et à l'expression des personnes qui écoutaient cette musique et elle comprit pourquoi il était vraiment indispensable de sélectionner les sons. Condori lui enseigna aussi à imiter le hurlement de certains animaux ou le gazouillement de certains oiseaux. »

Kantu essaya avec constance et ténacité et après quelques jours elle comprit qu'elle était en mesure non seulement de reproduire simplement des sons mais aussi de reproduire la musique, les rythmes, la cadence et l'intensité. Maintenant elle se rendait compte que la voix de Condori avait des modulations très différentes, il savait utiliser les sons de la nature et le mot en tant qu'élément pour augmenter l'énergie. Durant la conversation normale, il utilisait un langage commun à tous mais, durant les expériences de la sexualité sacrée, il était en mesure de moduler des sons capables de créer une série d'impulsions qui augmentaient l'énergie de la compagne. Kantu ne comprenait pas encore quel était le mécanisme qui permettait d'augmenter sa propre énergie à travers le murmure, le soupir ou le roucoulement ; pour le moment elle était seulement consciente du fait que l'énergie circulait. Le travail de purification dans l'océan d'énergie continuait durant des heures et des heures, des jours et des jours infusant en Kantu une sensation de plénitude, de force et d'énergie qui semblait irradier par tous les pores de sa peau. Elle se sentait régénérée, puissante, capable de déplacer les montagnes. Quand elle descendait au pays, elle remarquait que les humbles paysans pouvaient percevoir cette énergie dans ses yeux, à sa façon de parler.

Brígida, la maman d'Inès, s'en aperçut immédiatement. C'était une femme d'un âge moyen, plutôt forte et avec un défaut osseux qui la contraignait à boiter, ses yeux noirs étaient toujours occupés à scruter tout le monde. Quand elle rencontra Kantu, elle lui dit : « Tu as beaucoup changé. Condori est en train de te transformer en une femme décidée, tu es en voie d'apprendre tout ce qu'il sait. Ses connaissances te donneront un grand pouvoir. Tu n'es plus la petite jeune fille que j'ai connu la première fois, maintenant tu es une femme forte, au pas sûr, qui sait s'imposer avec douceur avec les autres ». Kantu ne répondit pas ; elle se contenta d'écouter en souriant. Pour sortir ce jour-là, Brígida avait revêtu un manteau soutenant qu'elle avait froid et souffrait de rhumatismes. Elle avait superposé plusieurs jupes et avait enfilé de grosses chaussettes de laine. Kantu savait qu'elle se considérait comme une victime de la vie, des circonstances, de son mari. Elle se plaignait constamment des autres, il n'y avait jamais rien qui était bien à ses yeux. Son comportement était décidément pessimiste, mais elle avait développé une grande capacité : celle de comprendre les gens. Condori avait prévenu Kantu de ne pas se laisser trop influencer par les commentaires de cette femme, elle préféra donc interrompre leur rencontre, lui disant : « Merci, Brígida, tu as toujours une explication pour tout et ça me fait plaisir de t'écouter, mais je dois vraiment m'en aller ». Elle reprit son chemin, semant la sympathie et l'admiration des hommes et femmes témoins des changements évidents effectués en elle.

Dès que Condori fut certain que Kantu contrôlait les exercices aptes à démontrer que l'être humain est un être de lumière, il commença la pratique de la *Pachachaka*. Une nuit, il chauffa avec soin la chambre dans laquelle ils s'exerçaient et il ferma hermétiquement les petites fenêtres et toutes les fissures par lesquelles pouvait pénétrer ne serait-ce qu'un rai de lumière, la plongeant ainsi dans les ténèbres totales. Puis ils s'assirent sur l'habituel, tapis moelleux.

« Maintenant nous ferons des exercices qui nous permettrons de faire tourbillonner l'énergie en nous. Plus elle circulera et plus elle nous lavera des impuretés physiques, mentales et spirituelles... » Après avoir suivi les mouvements rituels préliminaires, ils commencèrent à travailler avec l'énergie. Cette fois Kantu expérimenta une sensation grandiose, magnifique : elle ressentit une expansion et une contraction qui libérait une infinité de lumières scintillantes qui finissaient par s'éteindre. Ce fut comme un impressionnant spectacle, de feux d'artifices, suivi ensuite de sérénité, de paix, du calme le plus absolu...

Kantu resta là, les yeux ouverts et, quand elle porta la main droite à sa tête pour remettre en ordre ses cheveux, elle se rendit compte, très surprise, qu'elle pouvait la voir quand bien même la chambre était complètement envahie par les ténèbres. Elle regarda son bras, ses épaules, son corps qui semblait illuminé par une lumière bleuâtre se dégageant de l'intérieur : une sorte d'aura entourait tout son corps. Elle vit aussi que le corps de Condori, étendu près d'elle, semblait entouré d'un halo de lumière blanche qui prit immédiatement une coloration argentée, puis dorée. Quelques instants plus tard la lumière qui émanait de leurs corps s'évanouit, lentement, les noyant dans une profonde obscurité. Avant de se retirer Kantu dit : « J'ai vu ton corps entouré d'un halo de lumière et le mien aussi ». « Ceci est notre corps de lumière » lui répondit Condori avec naturel. « Maintenant tu connais le grand secret : nous sommes des êtres de lumière sauf que, très souvent, nous ne parvenons pas à la voir parce que nous ne savons pas ouvrir notre œil intérieur et voir l'énergie. C'est une lumière que chacun d'entre nous possède. Au-delà de notre corps, il y a une lumière qui naît en nous et qui nous rend divins parce que nous aussi nous faisons partie de la *Pachamama* et des *Wiracocha*, nos pères divins ».

Les jours suivants Condori continua à l'instruire sur le mystère de la *Pachamama* en lui enseignant quelques exercices psychophysiques. A chaque session, Kantu sentait que l'intensité de la détente et du plaisir qu'elle éprouvait augmentait de plus en plus. Elle sentait ces sensations se transformer en vagues qui jouaient avec les eaux de l'océan baignant la plage, avançant et reculant en rythme, avec douceur. Quand ils le désiraient, ils pouvaient faire en sorte que ces vagues s'élèvent jusqu'à atteindre une hauteur et des dimensions inattendues. Dès que Kantu commença à contrôler cette pratique, Condori lui ordonna avec délicatesse : « C'est le moment. Concentre toutes tes forces et pousse ton énergie vers le haut et puis, laisse-toi aller… ».

Kantu se concentra, en respirant de manière rythmée et contractant les muscles internes, elle poussa de toutes ses forces vers le haut. Soudain, elle sentit que tout en elle tournait comme dans un tourbillon : il se produisit une sorte d'explosion de mille soleils différents, elle vit des lumières et des étoiles de toutes les couleurs qui s'entrechoquaient pour ensuite s'éparpiller, plus grandes ; elle se vit projetée vers l'espace interstellaire, vers l'infini. Il lui semblait qu'un genre d'énorme utérus s'ouvrait pour l'accueillir en son sein : une ineffable sensation d'amour et de bonheur l'envahit. Elle sut immédiatement qu'elle entrait en contact avec l'amour divin et suprême. Elle s'imaginait Dieu comme un calice dans lequel affluaient tous les fluides de l'univers. Petit à petit, cette sensation s'évanouit et Kantu rentra à nouveau dans son corps et dans sa conscience. « Tu as bien exécuté ton voyage vers l'infini » lui dit Condori. « Tu es parvenue à tendre le pont d'énergie et à rejoindre le Grand Esprit, la *Gran Paqarina*. Maintenant tu devras apprendre à jouer avec cette énergie de manière à toujours réussir à atteindre la *Paqarina*. Sur ce pont, que tu es parvenue à tendre entre ton sexe et ton cœur, réside le pouvoir que tu pourras toujours utiliser pour donner de l'amour ».

A partir de ce jour-là, à la fin de chacune de ces sessions, Kantu jouissait d'une sensation d'amour infini et sentait son expérience spirituelle augmenter de plus en plus. Elle avait atteint une expansion de sa propre conscience et chaque chose lui semblait belle : les moineaux, les fleurs, les êtres vivants. Son amour ne connaissait ni limites ni frontières ; elle se sentait libre, exempte des caprices du temps et de l'espace. Sa façon de percevoir le monde changeait. Elle comprit qu'aimer était la chose la plus importante et que l'amour était un état de transcendance qui conduisait à la spiritualité. Elle comprit qu'elle aurait dû construire le chemin qui l'emmènerait à être libérée de l'homme qui l'avait dominée.

Elle continua à s'exercer jusqu'à ce qu'un jour Condori lui dise : « Désormais tu possèdes un grand contrôle sur toi-même et tu as appris à te servir de ton corps et ton esprit en utilisant ton énergie. Jusqu'ici nous avons poussé l'énergie ensemble, mais maintenant tu devras apprendre à le faire seule car tu ne rencontreras pas toujours un compagnon avec lequel tu pourras suivre ces mêmes pratiques ou quelqu'un capable de donner une impulsion à ton énergie. Jusqu'à présent, nous avons ramé ensemble sur une embarcation qui nous conduisait au même port ; maintenant je me ferai transporter et tu devras ramer toute seule, en ayant recours à tes seules forces ! » lui dit-il souriant pendant qu'il lui caressait le dos.

Lentement, Kantu apprit à pousser les vagues d'énergie seule et se rendit compte qu'elle pouvait mettre en mouvement l'énergie et la diriger dans n'importe quelle direction, atteignant ainsi de nouveaux degrés de connaissance.

Travaillant tous les jours avec constance, elle apprit en peu de temps à stimuler l'énergie de l'homme même quand il ne le voulait pas. Au cours de leur rencontre décisive, elle démontra à Condori qu'elle était désormais capable de tendre ce pont d'énergie et de le conduire dans une dimension inconnue, au centre de l'univers. Elle eut recours à toutes ses forces pour lui prouver qu'elle avait parfaitement assimilé tous les enseignements relatifs à la *Pachachaka* et, devant le résultat, Condori ne put que s'exclamer satisfait : « Parfait, tu as été splendide ! A partir de maintenant, tu pourras te servir de ton énergie même sans l'aide d'un homme. Maintenant tu es digne de posséder tout ce que, seules les femmes courageuses et décidées, imprégnées d'amour infini, reçoivent en don ».

Il se dirigea vers une armoire et un mur, prit un petit emballage de cuir duquel il a extrait un cristal avec beaucoup de pointes et dit : « C'est la *Hanan Khuya*[43], le grand pont stellaire. Celui qui parvient à atteindre le centre de la création mérite ce cadeau. Avec toi j'ai pu voyager vers des mondes lointains, voir des soleils distants, explorer le centre de l'univers, entrer en contact avec la Divine Mère. J'ai vu la grande lumière, le principe de la vie. Il n'y a plus rien que je puisse t'enseigner. Tu peux te considérer prête pour vaincre. Tu es préparée pour la guerre parce que tu veux la paix, seul un vainqueur est conscient de ce terrible pouvoir, et peut vivre dans la vraie paix. Tu pourras utiliser le pouvoir que tu as pour donner la vie, pour amener des enfants sur la terre qui ne seront pas de simples enfants, mais des êtres dans lesquels se réincarneront les esprits élus ; et tu seras une mère aimée et vénérée. Mais si tu ne veux pas avoir d'enfants, tu pourras utiliser cette même énergie pour soigner celui qui a besoin de toi, parce que tu seras une curandera. Tes mains seront un baume pour les blessures et un remède contre les maux ; tu seras la voix et l'énergie de beaucoup de peuples et ta parole sera un ordre. Le jour où tu diras pluie, il pleuvra parce que ta voix est création et accomplissement ; donc fais attention à ce que tu diras, fais en sorte que de ta bouche ne sortent que des paroles d'espérance, d'affection, d'amour et non de haine, de rancœur ou de pessimisme. Ton verbe est la création et la force de cette même création. Et quand tu utiliseras ton corps pour diriger l'homme vers sa réalisation, utilise-le avec prudence, en te souvenant que désormais tu fais partie du groupe des *Mamakuna* vivantes, les colonnes d'énergie du grand temple de la *Pachamama. Punchau e Pajsi*, nos pères célestes, vivent en toi parce que tu es maintenant une *Qoya*. Je te nomme ainsi parce que tu seras la mère d'une nouvelle humanité » et, en lui disant ainsi, Condori s'inclina en signe de respect. « Maintenant tu entreprendras le chemin des pèlerins célestes, avec les pieds sur terre et les yeux tournés vers le ciel. Car, désormais, tu es un être de lumière, une femme spéciale, une curandera, une maîtresse qui utilisera avec sagesse ses connaissances ».

« Kantu, maintenant tu es la maîtresse et nous sommes les disciples » lui dit Condori. « Je suis simplement un instructeur. Souviens-toi : nous les hommes, nous pouvons être des instructeurs mais nous ne pourrons jamais être des maîtres de l'amour. Les mentors, les vrais maîtres de la vie et de l'amour, ont toujours été des femmes comme toi, des femmes qui se poussées jusqu'aux confins de l'univers, qui ont vu en face le visage de Dieu, qui sont entrées en contact avec le Divin en en devenant une partie. Tu es une créature divine parce que tu es parvenue à reconquérir le pouvoir que les hommes lui avait pris, qui a su dompter le serpent et qui est parvenue à recréer le pont d'énergie entre le Ciel et la terre ».

En entendant ces paroles, Kantu s'émut tant qu'elle éclata en sanglot. C'étaient des larmes de grandes joies, les siennes. Avec détermination et courage, elle avait atteint le but qu'elle s'était fixé. Elle avait réussi à reconquérir le pouvoir, à réveiller et à dominer cette force intérieure que possède chaque femme. Sa vision du monde s'était amplifiée. Elle revit en pensée comment ses sens s'étaient développés, maintenant si réceptifs qu'ils lui permettaient de comprendre bien des aspects du caractère, de la personnalité, des idées, des passions et des vices d'une personne en lui touchant tout simplement la main. Elle voyait les personnes comme un livre ouvert pour elle. Ses sens, maintenant plus exacerbés, lui permettaient de mieux connaître la nature, d'entrer dans l'inconnu, de naviguer dans l'infini et ainsi de découvrir, de nouveaux univers, de nouveaux mondes. Maître et disciple avaient été plus loin que la théorie : ils avaient dépassé le monde de la parole et du geste et étaient entrés dans le monde du silence et de la contemplation. Ils avaient eu accès au secret de la *Pachachaka*, dont la maîtrise accordait des pouvoirs infinis à la femme qui l'exerçait, lui permettant de retrouver sa propre divinité, sa propre créativité.

Elle se souvint des paroles de Condori : « Chez la femme, l'énergie sexuelle est un terrible pouvoir que la nature lui a donné pour vaincre sans combattre, pour obtenir ce qu'elle désire uniquement avec amour et tendresse, avec force et courage. C'est une énergie qui permet de modeler et de créer son propre corps afin qu'il puisse héberger l'esprit qui désire visiter la terre ; c'est une énergie qui permet d'être l'artisan de sa propre vie, de prendre soin de soi et des autres en rétablissant l'équilibre naturel. C'est une énergie qui permet d'atteindre l'immortalité non seulement sur terre mais dans tout l'univers. Mais elle est une énergie fondamentale qui te permettra d'acquérir des connaissances déterminées, de visiter des univers lointains, des mondes inconnus, des paysages inexistants sur terre. Mais je t'avertis, cette même énergie mal employée peut apporter la mort, le chaos, la douleur, la souffrance, l'ignorance, les maladies, des malheurs ! ».

Elle évoqua aussi les enseignements du *Khuyay*[44], du *Muchay*[45] et du *Cheqay*[46], les piliers de la spiritualité andine. Elle avait trimé pour réussir à dominer sa propre énergie, cette énergie qui, dans les livres sacrés, était représentée par un serpent, le serpent d'énergie des écoles ésotériques. Elle avait fait les premiers vers le sentier spirituel du *Qhapaqriy*, le sentier aux trente-trois marches de lumière, la voie des éclairés et des amoureux. L'utilisation erronée de la sensualité appartenait au passé, elle avait appris à distinguer l'amour de la passion, l'ordre du chaos, la paix de la violence, la santé de la maladie et, surtout, la connaissance du mensonge. Condori l'avait obligée à aller au-delà des limites humaines, à se donner complètement quand elle faisait circuler sa propre énergie. Des semaines entières d'exercices seule ou avec

Condori lui avaient donné la juste mesure de son propre pouvoir. Une sensation de bonheur profond l'envahit quand Amauta Condori lui annonça que ses enseignements étaient terminés.

« Désormais tu es prête. Tu es une vraie femme ayant un absolu contrôle d'elle-même, une guerrière de l'amour, une demi-déesse. Maintenant tu pourras affronter n'importe quel homme, le vaincre avec douceur pour ensuite lui enseigner l'amour, la paix, la fraternité et l'ordre. Tu pourras faire de lui ce que tu voudras » avait conclu Condori.

Le jour de son départ, c'était une journée magnifique : le ciel limpide se découpait sur les montagnes argentées ou encore recouvertes de neige, seul, au loin, un pâle voile blanc s'étendait sur le bleu. Kantu et Condori se regardèrent longtemps, en silence. Le visage énigmatique et presque toujours gai de Condori s'attrista un instant, semblable au visage de celui qui voit partir la femme qu'il a aimée. Kantu s'approcha et le serra dans ses bras à la manière inca, une accolade longue, en inclinant la tête en signe de respect. Elle éprouva une grande tristesse de le laisser. Elle ne bougea plus et resta silencieuse pendant un instant, comme pour s'opposer à la séparation. Ses habits de ville avaient remplacés les typiques vêtements andins. Après tant de temps, elle mettait à nouveau ses jeans et ses chaussures. Elle se sentit bizarre avec ces vêtements-là. Elle devait partir et le faire tout de suite. Pour cacher toute la tristesse qu'elle avait, elle étreignit très fort son maître en lui disant : « Merci pour tout ce que tu m'as enseigné, avec toi j'ai compris le vrai sens de la vie ».

Condori percevait le profond chagrin de Kantu et il savait qu'elle serait restée s'il le lui avait demandé ; mais il savait également que sa place était en ville, là où elle avait grandi, où elle avait une famille, des amis, un homme, donc il lui dit : « Kantu, tu pourras revenir chaque fois que tu le voudras et, si un jour tu décidais de venir vivre ici, ta chambre sera toujours là ».

Pour ne pas croiser le regard de son maître, Kantu tourna la tête et, au loin, elle vit quatre femmes qui marchaient lentement, sans se presser. L'une d'entre elles portait un enfant sur le dos et, à faible distance, une adolescente les suivait. Plus loin, vers l'horizon, on apercevait des masures fondues dans le vert des terres cultivées d'orge, de fèves et de navets ; cette scène la tranquillisa. Alors Condori regarda son visage serein sur lequel il lisait détermination, fermeté et confiance en elle. Elle était passée par la difficile école de *Warmikay* et en était sortie femme, une vraie femme. Il lui sourit comme pour lui faire comprendre que la vie doit suivre son cours et qu'on ne peut pas arrêter le chemin des personnes. « Un jour je vais devoir me retirer et alors toi, si tu le veux, tu pourras venir prendre ma place et aider les gens de cette région qui a tellement besoin de nous » lui dit-il.

Kantu ne lui répondit pas, elle se contenta de le regarder dans les yeux en s'éloignant de lui. La journée était belle ; une légère brise jouait avec ses cheveux alors qu'elle contemplait le panorama. La nature lui paraissait plus belle que jamais : le vert des champs, le gris des montagnes, le rougeâtre des roches, l'ocre des terres arides à la végétation parsemée. Elle regarda vers le soleil et le roi de tous les astres exhiba son auréole de lumière, la plus belle qu'elle n'avait jamais vue. L'illuminant de toute sa splendeur, il semblait lui dire : « Kantu, tu as réussi, tu es parvenue à allumer le soleil que tu as en toi. Je serai la lumière qui t'éclairera de l'extérieur mais, à partir de ce moment, tu auras ta lumière intérieure ».

---

43. Cristal de nombreuses couleurs. Selon la tradition, celui qui entre en sa possession pourra exploiter des possibilités illimitées de croissance.
44. Amour, compassion
45. Respect, reconnaissance
46. Vérité, certitude, sagesse

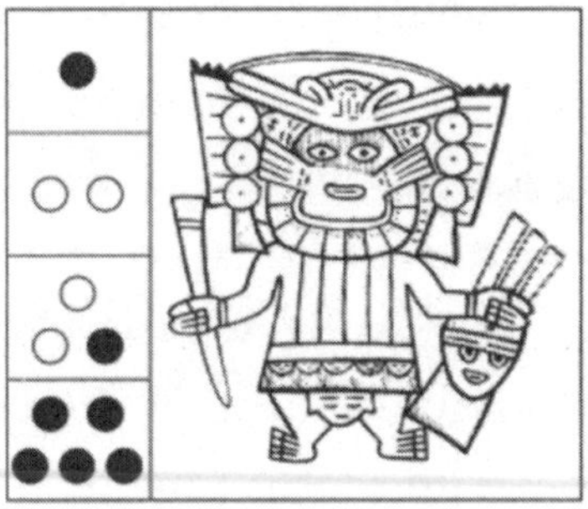

16. JE SUIS LIBRE

Au retour de son expérience vécue aux côtés de Condori et Mama Maru, Kantu avait beaucoup changé : maintenant elle savait exactement ce qu'elle voulait et ce qu'elle était en mesure de faire. Physiquement, elle ne semblait pas très différente d'avant : maintenant elle coiffait ses cheveux noirs, la raie au milieu et son visage était légèrement plus bronzé. Ce qui avait vraiment changé était ses yeux : même si ses sourcils avaient la même épaisseur, ses cils s'étaient allongés et ses yeux, maintenant, avaient un regard plus intense. Il y avait quelque chose dans ce regard qui subjuguait, qui pénétrait, qui scrutait. Ses lèvres charnues, encore sèches et gercées par l'air des montagnes, conservaient intacte toute leur beauté. Elle avait pris quelques kilos, mais ce poids était plus que compensé par les magnifiques proportions que son corps avait acquis. L'expérience partagée avec les curanderos avait modifié sa façon de penser, d'agir, sa vision de la vie. Maintenant son plus grand souci était de se réhabituer au rythme de la ville.

Un jour, le téléphone de la maison sonna ; sa sœur cadette lui tendit le combiné en lui disant : « C'est pour toi ». « Devine qui je suis ? » lui dit une voix à l'autre bout du fil. « Juan le vagabond » dit-elle avec ironie en reconnaissant sa voix de séducteur endurci. « Un qui s'en va, revient et ne s'arrête jamais ». « Trésor », lui dit-il en se montrant affectueux mais explicite en même temps « Je viens à peine d'arriver en ville. J'aimerais bien te revoir. Pourrions-nous nous retrouver quelque part ? »

« Quel toupet ! » pensa Kantu. "Comme toujours il m'appelle, on se voit, on reste ensemble et puis il disparaît. Mais il ne sait pas quelle surprise l'attend, cette fois-ci. Il pensera encore de pouvoir agir à sa guise ».

Ils s'étaient donné rendez-vous dans le petit restaurant où ils étaient habitués à se rencontrer. Comme toujours, Juan se présenta habillé de pied en cap, exhibant ce sourire de conquérant et se montrant extrêmement sûr de lui. Kantu était arrivée un peu avant pour se familiariser à nouveau avec l'endroit. Avec ses yeux noirs pointés sur la porte d'entrée, elle attendit patiemment d'apercevoir la silhouette de Juan au milieu des autres clients qui entraient, et s'attablaient conduits par les serveurs. Son entrée avait suscité un certain murmure entre les jeunes clientes du local ; il fut un temps où elle aurait rougi de timidité alors que maintenant elle se sentait parfaitement maîtresse d'elle-même. Elle attendait avec le menton appuyé sur ses mains jointes, continuant de regarder vers la porte : elle ressemblait à un chasseur qui attendait sa proie. Quand elle vit Juan s'approcher de la table, au lieu de se précipiter sur lui, comme elle avait toujours fait, elle resta assise, tranquille, sereine, souriante. « Bonjour, mon amour ! » lui dit-il en lui donnant un baiser et en la prenant dans ses bras. « Ça fait longtemps que tu attends ? ». « Non » répondit-elle peu loquace. Juan l'observa attentivement, cherchant à comprendre l'effet provoqué par sa présence, et lui dit : « Tu es magnifique, très belle, une vraie merveille, mais quelque chose a changé en toi ; tes yeux sont devenus encore plus beaux et ton visage reflète la sérénité, l'harmonie. Ton regard est devenu plus pénétrant ; j'oserais presque dire qu'il m'ensorcèle ».

« Sottises », dit-elle en riant « tout cela est le fruit de ton imagination ou peut-être dois-tu consulter un oculiste ». « Non » insista-t-il « il y a un étrange pouvoir dans tes yeux ». « Allez, arrête » dit-elle en feignant de ne pas comprendre de quoi il parlait. « Même ta voix a changé » insista Juan. « A part cela, pendant mes voyages précédents je t'ai cherchée mais personne n'a su me dire où tu étais. On m'a dit que tu n'étais plus à Cuzco ».

Kantu le fixa durant quelques instants dans les yeux et puis, entrouvrant légèrement les lèvres, elle expliqua : « En effet, je n'étais pas ici. J'avais des choses à faire loin de Cuzco » dit-elle sans rien ajouter. « Où as-tu été et pourquoi ne m'as-tu pas averti ? » demanda-t-il sur un ton inquisiteur.

« Mais regarde un peu, je vois que tu voudrais t'enquérir de tous mes déplacements. T'ai-je demandé où tu étais dernièrement ? » «Moi c'était différent, il s'agissait de travail » dit-il cherchant à se défendre mais Kantu contre attaqua : « Moi aussi c'était une question de travail, une question très personnelle ». « Ecoute, évitons de nous disputer. L'unique chose qui m'intéresse c'est de rester avec toi. Je t'ai manqué ? » demanda-t-il en cherchant à comprendre si elle était vraiment contente de le voir ou non. « Tu m'as beaucoup manqué et j'espérais te voir bien plus tôt » « Toi aussi tu m'as manqué. Je n'ai pas cessé un seul instant de penser à toi » dit Juan feignant de se montrer profondément amoureux.

Kantu se rendit compte de la supercherie masquée derrière ces douces paroles prononcées par celui qui l'avait toujours considérée comme un objet lui appartenant. Jusqu'à ce moment-là, elle lui avait toujours raconté tout ce qu'elle faisait, mais maintenant elle ne dirait mot de ce qu'elle avait vécu à Cuzco. « Durant tous ces mois je t'ai appelée plusieurs fois, mais personne ne pouvait me donner de tes nouvelles » reprit Juan, brisant le silence.

« J'ai voyagé » dit-elle énigmatique. Juan lui prit la main, la serra délicatement et la regarda dans les yeux, essayant de la séduire comme il avait toujours fait. Puis il lui murmura tendrement : « Tu es très belle ! Je ne sais pas comment j'ai pu rester loin de toi. J'avais tellement envie de te voir ».

« Cesse de faire le galant » le reprit-elle souriante. « Moi aussi j'avais envie de te voir ». « Et alors, que faisons-nous ici comme deux idiots ? » demanda-t-il. « Allons dans un endroit plus joli, plus intime. » « Non, d'abord mangeons quelque chose » dit-elle en faisant signe qu'ils occupaient une table. « Très bien », dit-il un peu contrarié « mais ensuite nous irons dans un endroit où nous pourrons rester seuls ». « Comme toujours, tu es pressé. Nous pourrions nous voir plus souvent si tu le voulais, mais tu dis toujours que tu es si occupé, que tu as tellement de travail ». « Mon travail est comme ça. Je ne sais pas comment je ferais sans lui ; c'est tout ce que je sais faire. J'aime voyager ; la vie en ville n'est pas faite pour moi ». « J'imagine qu'elle n'est pas faite pour moi non plus » dit-elle sûre d'elle, sirotant ce qu'elle avait déjà commandé. Quand ils sortirent du restaurant ils marchèrent longuement. Juan la tenait serrée contre lui. Il s'arrêta brusquement devant une porte et, lui montrant une clé, lui dit : « C'est la maison de ma sœur. Elle vit ici mais maintenant elle est en voyage. Je suis certain que ça te plaira ; c'est un endroit très intime ». « On verra ».

Kantu marchait d'un pas décidé, sûre d'elle, comme quelqu'un qui sait ce qui va se passer. Elle n'était pas pressée ; Condori et Mama Maru lui avaient enseigné à comprendre la nature humaine. Maintenant elle allait vérifier la validité des enseignements de ses maîtres. Elle avait toujours pensé que Juan était son âme sœur, l'homme de sa vie et c'était le moment de vérifier si c'était vraiment le cas, ou bien si l'amour qu'elle éprouvait pour lui n'était qu'une illusion, un tour de son imagination ». Juan, manifestant la confiance d'une personne qui s'apprête à jouir de son jouet, commença les habituels jeux amoureux. Il ne se rendit même pas compte qu'elle l'étudiait. Ils glissèrent vers le lit, il l'aida à se déshabiller, l'embrassant, la caressant, puis il commença à enlever rapidement ses vêtements. Kantu termina de se déshabiller calmement et, nue, elle se serra contre lui. Quand leurs corps s'unirent, leurs pensées, leurs sentiments et leur désir fusionnèrent, la passion paraissait s'allumer. Ils s'échangèrent baisers et caresses mais, cette fois Kantu s'appliqua à lui démontrer tout son amour et toute sa tendresse. Elle explora le corps de l'aimé cherchant de lire sur sa peau ses pensées, ses sentiments, ses désirs. Elle eut recours à tous ses sens pour parvenir à comprendre enfin qui était réellement Juan. Avec l'expérience qu'elle avait acquise, ce fut simple. Elle comprit ses vrais sentiments ; maintenant elle n'était plus la jeune fille inexperte mais une maîtresse capable de découvrir les points faibles et les points forts de l'homme qui lui avait fait perdre la raison. Juan aimait jouer avec les femmes : il les séduisait, les utilisait et, quand il s'en lassait, il les laissait sans aucun scrupule, sans aucun remord. Mais, malheureusement pour Juan, Kantu n'était plus une femme ordinaire mais une femme d'exception, capable de le piéger dans les filets de l'amour, capable d'utiliser ses connaissances et son énergie et lui offrir des sensations jamais éprouvées. Après l'amour, Juan, fatigué et fasciné par cette nouvelle Kantu, s'exclama étonné : « Kantu, tu as été incroyable ! Je ne t'avais jamais vue comme ça. Tu es magnifique. Maintenant je sais que tu es ma vie, que je ne peux plus vivre sans toi ». Mais elle, qui savait lire dans son cœur, savait qu'en ce moment il était capable de lui promettre tout l'or du monde, mais qu'ensuite il oublierait tout et continuerait à abuser d'elle comme il avait toujours fait.

Elle le regarda, lui sourit et dit : « Tu devras te décider : à partir de maintenant, ou tu resteras uniquement avec moi ou bien avec les autres. C'est toi qui décide ». « Pourquoi me parles-tu ainsi, mon amour ? » lui demanda Juan, soudain inquiet, comme un chasseur qui sent fuir sa proie alors qu'il était sûr de la tenir. « Tu devras apprendre à vivre sans moi, Juan, ou bien rester avec moi, toujours. Celle-ci pourrait bien être la dernière nuit que nous passons ensemble » affirma Kantu sûre d'elle « Moi j'aime la campagne, je ne sais pas vivre en ville » répondit-il en cherchant de se défendre. « Très bien » lui assura-t-elle « moi aussi j'aime la vie à la campagne ». « Oui, mais je ne peux pas t'emmener dans les endroits où j'irais ». « Certainement, je n'appartiens pas à ta classe, peut-être ne suis-je même pas ton type de femme ; toi, il te suffit de profiter de mon amour, de mon affection » répondit Kantu explicite. « On pourrait continuer de se voir comme nous l'avons toujours fait jusqu'à présent. Pourquoi changer si nous sommes bien comme ça ? » répondit Juan désarmé. A ses gestes et à ses mots, Kantu se rendit compte qu'il voulait éviter à tout prix une séparation qui devait lui semblait désormais inévitable. « Cette fois-ci non, Juan. J'ai compris maintenant. Tu veux seulement mon corps ; tu profites de mes sentiments. Pour toi l'amour n'a aucune valeur ».

« Ce n'est pas vrai. Si je ne t'aimais pas, je ne te chercherai pas, en revanche, regarde, je reviens toujours » « Tu reviens parce que tu me désires, et non parce que tu m'aimes » « Non, ce n'est pas vrai et tu le sais. Tu dois savoir que pour moi, il n'y a personne comme toi ». « Oui, mais tu as toujours joué avec les sentiments des femmes, et tu passes des bras de l'une aux bras d'une autre ».

« Oui… c'est vrai. Mais aucune femme ne te vaut. Il n'y a personne comme toi. Tu dois me croire, mon amour, je t'aime » dit Juan en ayant recours à toutes les armes de séduction dont il était capable. Kantu se détacha de lui, descendit du lit, se servit un verre d'eau et, alors qu'elle se désaltérait, elle lui dit résolue : « Ce soir, ce sera notre dernière nuit d'amour, Juan, notre nuit d'adieu. Nous scellerons d'un fermoir doré notre rencontre qui n'a abouti à rien ». « Qu'est-ce que tu veux dire ? » demanda Juan. « Qu'à la fin de cette nuit tout sera fini entre nous ? » « Je t'aime beaucoup, mais je ne peux pas continuer ainsi. Ou mieux, je ne veux pas vivre ainsi. Ce n'est pas une vie d'amour ».

« Tu veux dire que nous devrons vivre ensemble ? Ecoute-moi, je n'ai jamais eu la volonté nécessaire pour vivre avec une femme. Kantu, je resterai avec toi toutes les fois que tu voudras ; pour le moment c'est tout ce que je peux te donner » dit Juan confus, en cherchant à mettre un terme à la conversation. Il se sentit sûr de lui, de ses dons de séducteur. Il pensait que son attitude déterminée finirait par tourner en sa faveur. « Très bien » dit-elle sereinement « Faisons en sorte que cette nuit soit interminable parce que ce sera notre adieu ! »

Ils s'aimèrent. Kantu fit en sorte que cette nuit-là fut une nuit d'amour inoubliable. Elle se donna complètement, en lui offrant tout son amour, toute sa tendresse, toute sa passion. Elle fit couler toute son énergie jusqu'à tendre le *Pachachaka* et fit en sorte que Juan traverse ce pont. C'était la première fois qu'il vivait une expérience d'une telle intensité. Elle le conduisit du plaisir charnel vers la dimension de l'amour, de la spiritualité, en le faisant entrer dans un état où il ne réussissait pas à se reconnaître : pour la première fois il perdit le contrôle que, jusqu'à présent, il avait toujours réussit à maintenir. Il cria et gémit apeuré quand, projeté vers l'infini, il alla jusqu'au grand utérus de l'univers où il assista à l'explosion de lumières. Une infinité d'éclairs l'illuminèrent, sa conscience s'agrandit et lui ouvrit les yeux. Alors seulement il comprit ce qu'était l'amour, chose qu'il avait toujours cherché sans savoir ce que c'était et qu'il n'avait jamais trouvé dans ses fréquentes rencontres sexuelles. C'était une recherche qu'il avait entreprise depuis longtemps, cherchant désespérément sans savoir ce qu'il désirait vraiment trouver. Toutes les femmes qu'il connaissait lui procuraient simplement du plaisir, sans parvenir à le satisfaire complètement et, chaque fois qu'il coupait la relation avec l'une d'entre elles, il se sentait coupable. Et pourtant il continuait à se sentir assoiffé d'amour, d'affection, de sexe, de quelque chose qu'il n'arrivait pas à satisfaire. Cette nuit-là avec Kantu il était parvenu à trouver tout ce qu'il avait toujours cherché ; pour la première fois dans sa vie, il comprit que ce qu'il poursuivait était quelque chose de tangible, de concret, quelque chose qui existait vraiment. Il sentit que, au-delà du plaisir, au-delà du contact tactile, ses cinq sens avaient explosé en lui faisant connaître une dimension inconnue. Il avait essayé quelque chose de difficile à expliquer ou à décrire, quelque chose qu'il devinait à peine. Outre le fait de s'être trouvé face à lui-même, il avait rencontré la femme en mesure de lui faire vivre des moments inoubliables. Il vivait une expansion qui allait au-delà des limites de la connaissance humaine, une expérience qui ne connaissait ni barrière ni frontière. Il se sentait fondre, comme la glace qui se liquéfie dans l'eau et puis s'étend sur toute la terre en donnant naissance à des ruisseaux, des fleuves, des lagunes, des mers, pour enfin se jeter dans un grand océan. De manière inattendue quelque chose en lui avait changé, le miracle était arrivé, ce changement qu'il avait toujours cherché : maintenant, finalement, il avait compris ce qu'était l'amour. A la fin de cette expérience il tomba dans un profond sommeil, sans se rendre compte que Kantu se rhabillait, en s'éloignant pour toujours de lui.

L'aube se levait déjà quand il retourna à la maison. L'expérience de la *Pachachaka* avait été trop forte pour lui. Kantu passa toute la journée dehors et, quand elle rentra, elle trouva de nombreux messages qui disaient d'appeler un certain numéro. « Appelle. C'est quelqu'un qui te cherche désespérément » lui dit sa sœur, ignorant ce qui c'était passé. « Ça doit être urgent ».

Kantu, sûre qu'il s'agissait de Juan, hésita un instant et l'appela. Presque immédiatement elle entendit sa voix : « Allo ? » « Juan ? C'est Kantu. On m'a dit que tu as appelé » dit-elle en essayant de contrôler ses émotions, consciente qu'en ce moment même, elle mettait en jeu tout son bonheur et réalisation en tant que femme. « Mon amour ! C'est vraiment toi ? » dit-il d'une voix émue. « Oui, c'est moi. Dis-moi Juan, et sans m'appeler amour, que veux-tu ? » demanda-t-elle sans hésiter, après avoir fait une brève pause. « Kantu, puis-je venir te voir maintenant ? » dit-il d'une voix tremblante. Elle resta silencieuse, sans avoir le courage de lui répondre. « Donne-moi dix minutes et puis viens » se surprit-elle à dire. « Merci, Kantu ».

Il arriva chez elle avant l'échéance des dix minutes. Désespéré à l'idée de l'avoir perdue, il cherchait à la reconquérir. Il frappa à la porte, plus aussi sûr de ses dons de séducteur. Quand Kantu ouvrit, il la suivit à l'intérieur. Démontrant un calme qu'elle n'avait jamais eu auparavant, elle s'éloigna pour préparer une boisson. « Eh bien, que voulais-tu me dire ? » demanda Kantu. « On s'était mis d'accord que la nuit dernière serait la dernière nuit ». « Non, non » dit Juan « Toi et moi, nous nous appartenons. Ça ne peut pas finir comme ça ». « Je ne sais pas » dit Kantu en souriant « Je crois que nos chemins se sont croisés mais que maintenant, probablement, ils se séparent ». « Ça ne peut pas être ainsi ! J'ai besoin de toi ! » dit-il inconsolable par le fait que ses mots n'avaient plus l'effet qu'ils avaient toujours eus. « Juan, tu sembles désespéré » dit Kantu. Juan la prit par un bras en la contraignant à s'asseoir à côté de lui. « Tu es belle, fascinante, dangereuse et maintenant je suis entre tes mains » s'exclama-t-il avec les yeux fixés sur le sol. « Ne plaisante pas. Ça a toujours été moi celle qui était entre tes mains, celle qui mendiait ton amour, celle qui attendait patiemment tes appels téléphoniques, tes retours. Par amour j'ai renoncé à ma vie, à ma dignité… » Juan la serra contre lui : « Je suis venu pour te dire que j'ai besoin de toi. Je t'en supplie ». « Je suis désolée, Juan » dit-elle d'une voix cassée par l'émotion et les yeux pleins de larmes. « La nuit d'hier a été notre dernière nuit. Maintenant je sais que tout ce que tu veux de moi c'est du plaisir, que c'est seulement mon corps qui t'intéresse, que ni mes sentiments ni ma vie ne t'intéressent. Moi, je nourris l'harmonie des sentiments, le bonheur de l'esprit et ce n'est pas une chose qui s'obtient avec le plaisir ou la passion. Seul l'amour peut combler ce vide. Le moment de lutter contre mes sentiments est arrivé. » « Mais je veux rester avec toi, je ne peux pas te laisser. » « Maintenant c'est moi celle qui ne veut plus rester avec toi. Je me suis donnée complètement à toi, et maintenant je me rends compte de tout ce que j'ai perdu ».

« Que dis-tu, mon Dieu ! Je ne te comprends pas, tu es en train de dire que tu ne m'aimes pas ? » dit-il en haussant la voix et la serrant plus fort. « Bien sûr que je t'aime, je t'ai toujours aimé ! Mon amour est absolu » s'exclama-t-elle troublée. « Moi aussi je t'aime, je t'ai toujours aimée et maintenant je t'aime encore plus » lui dit Juan dans tentative désespérée de la garder. « Comment me faire croire que tu m'aimes alors que tu n'as jamais cherché à me convaincre de rester à tes côtés ? » « Mais je suis venu chez toi toutes les fois qu'il m'était possible ». « Je te parle d'amour, pas des miettes » lui répondit-elle résolument. « Je ne suis plus disposée à marchander ton amour, à te supplier de revenir, à t'implorer de m'aimer. A partir de maintenant je ne te chercherai plus, je ne m'humilierai plus à attendre que te vienne l'envie de me voir, Juan. Mais tu devrais le savoir : je t'aime et je t'ai toujours aimé ».

« Kantu, moi aussi je t'ai aimée ; c'est pour cela que je suis ici » répondit Juan cherchant à la persuader. « Et alors, pourquoi sommes-nous là à parler de la même chose pour l'énième fois ? » demanda-t-elle d'un air de défi et le regard plein de compréhension. « Maintenant tu es ici et je veux que tu décides ce qu'il en sera de notre histoire ». « Mais ma vie est là-bas, sur les montagnes » dit-il cherchant désespérément de se justifier. « Je te parle d'amour et de choix de vie et tu me parles de travail et de déplacement. En amour, il faut faire des projets communs, rester ensemble. L'amour est un sentiment, mais pour toi c'est seulement un jeu ! » Juan resta sans paroles. Il n'était pas disposé à renoncer à sa liberté, mais, en même temps, il ne voulait pas la perdre. Kantu lui prit les mains et, en le regardant sereinement, lui dit : « Juan, c'est trop tard. Désormais, je sais comment tu es vraiment. Retourne sur tes montagnes, vis ta vie, joue avec les sentiments de quelque autre femme. C'est le type de vie que tu as choisi ». Il sortit de la maison en silence, attristé, ennuyé. Kantu aurait voulu lui courir après, mais elle savait que si elle le faisait, tout serait encore perdu. Juan s'éloigna lentement. Son visage semblait contrarié, car jusqu'ici ce fut toujours lui qui mettait fin à une relation, il n'était pas habitué à perdre. Kantu le laissa partir. Pourquoi ne lui avait-il pas demandé d'aller avec lui dans les montagnes ? Elle aurait toujours été disposée à le suivre. S'il lui avait proposé de laisser Cuzco et d'aller vivre avec lui n'importe où, elle aurait accepté sans hésiter. Mais désormais elle savait que l'amour se donne, il ne se mendie pas.

Alors qu'il retournait vers la maison, Juan repensa à la nuit précédente : elle avait été la plus belle, la plus intense de toute sa vie ; mais il n'avait jamais rien éprouvé de semblable jusque-là. Il repensa à toutes les nuits passées inutilement aux côtés des autres femmes. Kantu était sortie de sa vie et maintenant il cherchait à se convaincre que, peut-être, il aurait dû se donner l'opportunité d'essayer de rester à ses côtés… Peut-être la solution était justement celle-là ! C'est elle qui avait raison : ils n'étaient rien d'autre que deux naufragés de la vie qui avaient besoin l'un de l'autre. Maintenant qu'il risquait de la perdre irrémédiablement, il commençait à comprendre les sensations et les sentiments : sans elle il n'était personne et il ne l'aurait jamais été. Il s'assit sur un banc du parc. Il tenta de mettre de l'ordre dans ses idées, de définir ses objectifs, de comprendre ce qui l'attendait dans le futur. Il repensa à Kantu et, soudain, une lumière s'alluma en lui : il commençait à l'aimer, il ne pouvait se permettre de la perdre parce que, si elle était sortie de sa vie, il ne l'aurait plus jamais retrouvée. Comme poussé par un ressort, il sauta sur ses pieds et se dirigea vers la maison de Kantu. Conscient que chaque minute était trop importante, il commença à courir à perdre haleine, sans s'arrêter jusqu'à ce qu'il n'arriva devant la maison de Kantu. Il frappa avec force à la porte. Les minutes d'attente se transformèrent en instants d'agonie. A peine Kantu ouvrit-elle la porte qu'il la prit dans ses bras et l'étreignit de toutes ses forces, lui murmurant décidé : « Je suis revenu ici pour te dire que je resterai toujours avec toi. Je t'emmènerai à la montagne, tu me suivras où que j'aille, nous partagerons notre amour comme s'il était le pain de chaque jour, de chaque seconde, nous resterons toujours ensemble… ». Puis, en lui prenant le visage dans ses mains et la regardant intensément dans les yeux pour lui prouver que dans ses paroles il n'y avait pas de mensonges, il continua : « Je t'aime, je t'aime. Maintenant je comprends que ma vie n'est pas une vie sans toi ».

Kantu le regarda et vit que le sentiment d'amour attendu depuis tant d'années existait vraiment maintenant. Elle se serra fort contre lui et les yeux remplis de larmes s'exclama : « Je t'aime, je t'aime de l'amour le plus pur ».

« Nous ferons de chaque seconde une heure. Nous ne nous séparerons plus jamais. Je resterai où tu seras et tu resteras où je serai » lui dit-il en l'embrassant et en la serrant dans ses bras comme il ne l'avait jamais fait. Une aura de lumière entoura les deux amants qui, à ce moment-là, entrèrent dans une dimension que, seuls peu de couples atteignent, là où le temps se confond avec l'espace. Au-delà des passions terrestres, il existe une lumière qui illumine tous ceux qui suivent l'amour comme but, comme leur idéal.

Kantu et Juan étaient parvenus à se fondre en un seul être et ils se seraient aimés pour toute la vie. Juan ne comprenait pas ce qui lui arrivait ; il sentait seulement que les dernières vingt-quatre heures l'avaient changé, qu'un sentiment d'amour et de dévotion pour l'autre avait déraciné son égoïsme et en avait pris sa place.

Pour obtenir ce miracle, Kantu avait dû utiliser d'une manière consciente ce pouvoir que chaque femme possède en elle, mais que peu d'entre elles se souviennent avoir. Et pourtant ce pouvoir est toujours là, en attente d'être libéré. Seuls le savoir, la connaissance, le courage d'oser et d'agir peuvent le délivrer, l'exprimer et l'élever vers l'amour qui n'opprime pas. Le véritable amour existe uniquement au moment où deux êtres comprennent que l'Amour est dévotion, expérience, connaissance. Et la *Pachamama*, comme pour bénir l'union de ces deux enfants, les encouragea à tourner le regard vers Vénus, l'astre des amoureux qui brille plus que tous les autres.

Maintenant la maison de Condori était sa maison. De temps en temps elle pensait à son maître, au nouveau chemin qu'il avait entreprit. Il était parti pour rejoindre les *Qhapaqkuna*, une confrérie ésotérique très secrète. De nombreuses années après avoir sollicité la permission pour y entrer, elle lui avait finalement concédée. Du peu qu'elle était parvenue à vérifier, Kantu savait que l'apprentissage du *Qhapaq riy* était dur et très difficile. Par expérience, elle savait que le chemin des *Amaru Runakuna*, celui des hommes et des femmes serpents, était très difficile, mais le chemin qu'avait maintenant entrepris son maître était cinq fois plus difficile. Elle désirait de tout son cœur que Condori ait la constance, la force, la patience et l'intelligence de l'affronter ; elle le lui souhaitait de tout cœur parce qu'elle avait appris à éprouver pour cet homme un amour qui outrepassait n'importe quelle expérience humaine.

Elle repensa à Juan ; il avait beaucoup changé. Au début il lui avait demandé de l'épouser ; il avait beaucoup insisté, mais cette fois c'était elle qui désormais pensait différemment au sujet du mariage, qui lui répondit : « Ça ne m'intéresse pas de me marier parce que le mariage est seulement un engagement, une formalité qui, parfois, finit par se transformer en une chaîne. Moi, je veux t'aimer librement ; je veux que notre amour continue à être beau ». « Mais si vraiment nous nous aimons tellement, je ne vois pas pourquoi nous ne pouvons pas nous marier » avait-il objecté.

« On va finir par se disputer et, peut-être même par se haïr alors que, si nous continuons à vivre librement ensemble, nous grandirons dans l'amour » avait-elle répondu. « Et puis, étant donné que tu ne t'es aperçu de rien, le moment de t'expliquer ce que j'ai dû affronter pour ce grand changement est venu».

Et ainsi lui avait-elle parlé de ses expériences avec Mama Maru et avec Tata Condori, de comment elle était parvenue à connaître ce qui, peu de mois plus tôt, était un mystère pour elle et qui continuait à l'être pour des milliards de femmes dans le monde entier.

Ils avaient fait un pacte : il pourrait travailler sur les montagnes et y passer tout le temps nécessaire ; il était libre de le faire comme elle était libre d'emménager dans la maison de Condori, qu'elle sentait comme sienne maintenant, et là elle aurait commencé son devoir de curandera. Entre eux s'était établi un pont de communication parce qu'ils avaient un intérêt, des objectifs concrets, des idéaux communs et, surtout, parce qu'ils savaient qu'ils s'aimaient et qu'ils avaient besoin l'un de l'autre. Ils étaient conscients du fait que tous les deux avaient un devoir à remplir sur la terre, que chacun d'eux avait son propre rôle.

Dès que Juan avait un moment de libre, il revenait chez Kantu et elle l'attendait avec plaisir. Quand elle devait s'occuper des autres, il comprenait et la laissait seule. Mais dans les moments libres, ils étaient ensemble dans la maison de Condori ou bien à Cuzco où Juan avait acheté une maison qu'il appelait avec sympathie « Notre nid d'amour ». Pour sauver les apparences devant la famille et les amis, ils disaient s'être mariés en secret. Ils vivaient un amour sans tabou, un amour absolu. Juan avait compris que sa compagne était une vraie femme et savait être le disciple auquel elle apprenait à aimer. Les réflexions de Kantu furent interrompues par la voix de Brígida qui était arrivée devant la porte de la maison apportant des vivres.

« Ma chérie, j'ai apporté le repas ». « Je n'ai pas encore faim » répondit la jeune curandera. « Si vous avez faim, servez-vous donc ». « Non » dit résolument Mama Brígida. « Nous mangerons tous ensemble, nous sommes ici pour prendre soin de toi qui tous les jours soigne tant de personnes et tu te fatigues beaucoup ».

« Quand on sert son prochain la fatigue passe rapidement, spécialement si on le fait avec beaucoup d'amour » s'exclama Kantu, en ajoutant « c'est Mama Maru et Tata Condori qui me l'ont enseigné comme faisant partie d'une prophétie qui devra atteindre le cœur de chaque femme. Notre mission sur la terre est de semer de l'amour partout parce que seulement à travers l'amour nous conduirons l'humanité sur le chemin de l'esprit, se rapprochant ainsi de la présence de Celui qui guide l'univers. La prophétie commence déjà à se réaliser : nombreuses sont les femmes qui suivent ce chemin, quelques-unes sont déjà arrivées, d'autres se réveillent ».

Brígida observa la curandera. Dans la pâle lumière qui pénétrait dans la pièce, une aura se détachait du corps de celui de la jeune femme et, voyant cette lueur, elle comprit qu'elle se trouvait devant une femme illuminée qui avait choisi de servir l'humanité. Kantu regarda l'amie avec des yeux pleins d'amour et lui offrit son plus beau sourire, alors qu'autour d'elle se dégageait une atmosphère de sacralité. Ce n'était plus une simple femme : désormais, elle était une Déesse de l'Amour.

PROJET DE L'UNIVERSITÉ DE LA VIE ET DE LA PAIX

Sciences, technologies, arts et spiritualité pour l'évolution humaine dans un monde d'harmonie et de paix

Le projet de l'Université de la Vie et de la Paix est un projet très important pour le futur de l'humanité. Pour en comprendre pleinement la philosophie et la finalité, il nous semble bon de citer quelques passages de la conférence du professeur Hernán Huarache Mamani intitulée : «La nécessité d'une nouvelle éducation».

« Après être entré en contact avec la culture occidentale, et après l'avoir longuement étudiée et expérimentée en la comparant à la vision culturelle de l'Ancien Pérou, je suis parvenu à la conclusion que nos connaissances sur l'univers féminin pourraient aider l'homme moderne à retrouver sa route vers une société de paix et de bien-être. Je suis conscient du fait que, au moment où je parle, la terre court un danger d'être dégradée et détruite par l'homme.

Un groupe de gouvernants de la société contemporaine, avides de s'enrichir comme ils le sont, ne prêtent pas attention aux considérables dégâts qu'ils causent à l'environnement. Des hommes sans aucune morale, appliquent les découvertes scientifiques et technologiques sans prendre en considération les effets futurs de leurs actes.

Quand les intérêts scientifiques, technologiques ou économiques d'un groupe d'hommes restreint triomphent et s'imposent sur le bien d'entières sociétés, c'est un signe clair que ce qui domine est une véritable dépréciation de la vie.

Je me demande si ces hommes sont conscients qu'avec leurs interventions, ils menacent l'extinction complète du genre humain. Ces hommes, qui avancent d'une manière tellement irresponsable, sont incapables d'éprouver de l'amour et du respect pour la vie et pour la terre.

En attendant, la majorité des êtres humains subit la menace d'anéantissement collectif à travers la contamination environnementale provoquée par les détritus chimiques, radioactifs, par le déversement du pétrole dans la mer, par l'utilisation des pesticides et par la désertification de vastes espaces verts.

Ou l'égoïsme d'une minorité prédomine ou la sagesse et la conscience d'une majorité d'êtres humains gagne. Quand j'observe la vie frénétique de la majorité des personnes qui chaque jour se rend au travail, je comprends qu'ils sacrifient la qualité de leur vie parce qu'ils vivent oppressés par les peurs, les douleurs, les tristesses, les solitudes ou les préoccupations.

Je me demande quelle peut être la solution. J'y ai pensé tant de fois et je suis toujours plus convaincu que, ou nous changeons nos modes actuels de penser, d'agir et de vivre dans le monde, ou bien le genre humain est destiné à disparaitre de la terre.

J'ai toujours pensé que pour résoudre ce problème, une éducation créative basée sur l'amour, la recherche de la vérité et le respect de tous les êtres vivants serait utile.

Pour atteindre ce but, il faut faire un grand saut de conscience et ainsi créer une nouvelle institution éducative qui complète et améliore celle déjà existante.

Cette nouvelle institution éducative devrait cibler et développer la créativité, la conscience, la dimension spirituelle et sacrée de l'existence en tendant à percevoir votre terre aimée comme un organisme vivant, dont nous faisons partie.

Mon expérience d'enseignant tant au Pérou qu'en Europe, m'a permis d'analyser les problèmes qu'affronte l'actuelle éducation:

a) l'éducation humaine est en retard par rapport au développement de la science et de la technologie ;

b) l'instruction actuelle est amorale, uniforme, apportant des connaissances superficielles fondée sur une accumulation de notions ;

c) l'éducation et l'instruction sont superficielles et externes, dirigées vers le matérialisme et le gaspillage de consommation ;

d) il n'existe pas beaucoup d'institutions éducatives tournées vers l'intériorité et le développement de la conscience et de la spiritualité ;

e) les institutions culturelles, scientifiques, technologiques, artistiques contribuent souvent à l'exploitation de la terre ;

f) on concède plus de valeur à l'argent qu'à la vie.

Pour préparer un nouvel homme du 3e millénaire et assurer la paix, la fraternité et la justice dans le monde, il faudrait mettre à disposition des personnes intéressées, des méthodes précieuses d'éducation que développent la nature humaine vers son unité, l'harmonie et le bien-être, en mettant en évidence la coopération, la tolérance, le respect pour tous les êtres humains et une vie en commun harmonieuse avec la nature.

Pour faire ceci nous devons privilégier les disciplines suivantes :

1. L'éducation à la paix et à la conscience cosmique ;

2. La science de la vie et de la construction : l'utilisation des énergies pour défendre la vie et préserver l'environnement ;

3. Médecine holistique respectant les traditions des peuples ;

4. La science agricole visant à défendre la concaténation écologique ;

5. L'éducation alimentaire basée sur la science des aliments et l'art de les préparer ;

6. Le développement et la transformation humaine: groupe de croissance, créativité, méditation et évolution spirituelle ;

7. Arts et créativité: musique, art, théâtre, peinture ;

8. Education familiale pour développer une société solidaire ;

9. Science de la communication pour améliorer l'information dans les intérêts de tous les hommes ;

10. Psychologie humaine: psychologie appliquée basée sur l'utilisation des 90 % des capacités que nous n'utilisons pas encore ;

11. Etude de toutes les cultures et religions du monde ;

12. Economie et démographie pour une société qui répond à des besoins essentiels de chaque être humain ;

13. Administration et utilisation rationnelle des ressources naturelles avec le minimum de pollution ;

14. Ingénierie écologique pour résoudre les problèmes de pollution.

En enseignant et en appliquant ces disciplines avec respect envers tous les êtres vivants de la terre, nous sommes capables de créer une société juste, pacifique et solidaire pour plus de 10 milliards d'êtres humains sans grande pollution, en utilisant les technologies actuelles en plus de celles qu'avaient développées les hommes des Andes, des cultures pré inca et inca du Pérou.

C'est pour cela que nous les indiens sud-américains, créateurs d'une culture de vie dans les siècles passés, avec le même esprit de foi, d'enthousiasme et de créativité nous projetons la création d'une institution éducative orientée à développer une spiritualité de l'homme. Notre culture avait développé une science et un art qui se basaient non seulement sur la capacité analytique de l'homme, mais surtout sur la qualité de l'imagination et sur l'intuition des femmes.

La culture andine était une culture féminine qui permit de résoudre des problèmes sociaux, politiques, économiques, éducatifs à travers deux institutions : l'"*Yachaywasi*" et l'"*Akllawasi*".

Dans la première, l'éducation était dirigée vers l'extérieur et avait une influence sur le développement matériel de la société.

La deuxième était une institution basée sur une éducation intérieure pour le développement de la spiritualité. Il y a sept siècles, l'*Akllawasi* préparait les femmes péruviennes qui inspirèrent ensuite le gouvernement du Tawantinsuyo.

C'était une société globale qui proposait le développement des valeurs matérielles et spirituelles de l'homme. Dans ce but, elle donna vie à une science, à un art et à une technologie qui étaient ciblés sur la protection de la vie et la garantie de la Paix pour tous les peuples des Andes. L'esprit de ces femmes sages fut l'inspiration, le moteur et l'impulsion qui donna l'origine à l'une des sociétés humaines plus juste et solidaire de la terre. Malheureusement cette institution, une véritable université au sein de laquelle les femmes péruviennes jouissaient d'un statut que les femmes modernes atteignent seulement maintenant, fut renversé par un groupe de guerriers qui durant plusieurs siècles n'apporta que chaos, destruction et mort dans les Andes. L'*Akllawasi* fut définitivement anéantie par les envahisseurs espagnols.

Si aujourd'hui, pour faire obstacle au chaos régnant dans le monde moderne, nous voulions offrir à l'homme, plus que le confort, la paix, la tranquillité et l'évolution spirituelle, il serait nécessaire de créer une institution similaire à l'*Akllawasi*.

Je suis absolument convaincu que seule une institution de cette nature pourrait nous aider à trouver des solutions responsables aux problèmes économiques, environnementaux qui nous affligent.

En ma qualité d'éducateur, j'ai cherché la clef qui pouvait m'aider à créer une telle institution et maintenant, je suis certain que le moment est venu de recréer l'*Akllawasi*, c'est-à-dire une vraie université dans laquelle former l'aspect féminin de l'humanité.

C'est le défi crucial de ce siècle, et le futur de l'être humain dépendra de la façon dont nous affronterons l'éducation et l'instruction des hommes et, fondamentalement, des femmes. »

Ce discours du professeur Mamani a touché notre cœur par son extrême sensibilité. Nous voulons le remercier de nous avoir fait connaître la culture féminine qui existait en Amérique du Sud et l'œuvre créatrice et constructive des femmes de l'ancien Pérou.

Nous avons choisi son discours pour la clarté d'analyse, la méthode et les valeurs qui illustrent bien la recherche d'une nouvelle éducation qui puisse résoudre le problème de l'appauvrissement et de dépréciation de l'éducation de l'être humain que nous affrontons aujourd'hui.

Nous souhaitons seulement ajouter à ce qu'il a dit que pour un rêve aussi grand et fantastique, il est facile de se faire emporter par la vague de l'enthousiasme et désirer qu'il se réalise dans peu de temps. Nous sommes conscients que pour mener un projet d'une telle nature, il faut de l'espoir, de la foi, de l'action mais surtout de l'amour.

L'Université de la Vie et de la Paix s'élèvera sur les Andes là où elle a eu ses origines et où il est nécessaire de faire revivre l'expression la plus haute de la Culture Andine. Beaucoup de femmes qui ont connu nos idées ont dit que l'Italie et les autres nations européennes ont aussi besoin d'une institution similaire qui pourra naître en même temps dans d'autres lieux.

L'accueil du projet nous encourage et nous sommes toujours plus convaincues qu'il aura besoin, comme la terre a besoin de l'eau et du soleil, d'hommes et de femmes qui offrent leur compétence spécifique pour le concrétiser et de fonds économiques, non pas froids et distants mais réchauffés par le cœur de cœur de ceux qui tomberont amoureux de ce rêve.

Avec l'esprit idéaliste qui nous caractérise nous avons décidé d'accepter le défi et de rendre propice la naissance d'une authentique université féminine pour laquelle nous avons demandé la collaboration du professeur Mamani, persuadées du fait qu'il est mesure de reconnaitre l'importance du féminin qu'il a toujours défendu de toutes ses forces.

LES FEMMES DE L'ASSOCIATION INCA

Depuis des années le professeur Mamani poursuit un grand rêve : réaliser l'Université de la Vie et de la Paix.

Le premier pas a été fait avec la création de l'école "de la Vida y de la Paz" pour les enfants de la maternelle au lycée à Arequipa, au Pérou.

Si vous souhaitez plus d'informations sur son travail, vous pouvez vous mettre en contact avec :

ISTITUTO MAMANI / I.N.C.A.
Via Argine, 1
CH-6930 Bedano
www.mamani-inca.net
istitutomamani@bluewin.ch
www.hhmamani.com

TABLE DES MATIÈRES

Achevé d'imprimer en avril 2012
sur les presses de la Nouvelle Imprimerie Laballery
58500 Clamecy
Dépôt légal : avril 2012
Numéro d'impression : 203318

Imprimé en France

La Nouvelle Imprimerie Laballery est titulaire de la marque Imprim'Vert®